U0125394

以趋势交易为生

（原书第2版）

Second Edition

［美］托马斯·K.卡尔（Thomas K. Carr）　著

刘茜　译

Trend Trading for a Living
Learn the Skills and Gain the
Confidence to Trade for a Living

机械工业出版社
CHINA MACHINE PRESS

技术分析作为一种独立的方法可以取得不错的效果，但更好的办法是将技术分析与相关的基本面筛选方法结合起来。本书将详细介绍10个基于技术分析的交易系统，与本书第一版相比，新增了一个"红利系统"，这些系统已经被证明是有利可图的。作者在书中将手把手地带你完成交易的所有步骤，读完这本书你可以像专业人士一样阅读价格图表，找到、交易和管理你的头寸。

Thomas K. Carr

Trend Trading for a Living, Second Edition

978 - 1 - 260 - 44069 - 0

Copyright © 2019 by McGraw-Hill Education.

All Rights reserved. No part of this publication may be reproduced or transmitted in any form or by any means, electronic or mechanical, including without limitation photocopying, recording, taping, or any database, information or retrieval system, without the prior written permission of the publisher.

This authorized Chinese translation edition is published by China Machine Press in arrangement with McGraw-Hill Education (Singapore) Pte. Ltd. This edition is authorized for sale in the Chinese mainland (excluding Hong Kong SAR, Macao SAR and Taiwan).

Translation Copyright © 2023 by McGraw-Hill Education (Singapore) Pte. Ltd and China Machine Press.

版权所有。未经出版人事先书面许可，对本出版物的任何部分不得以任何方式或途径复制传播，包括但不限于复印、录制、录音，或通过任何数据库、信息或可检索的系统。

此中文简体翻译版本经授权仅限在中国大陆地区（不包括香港、澳门特别行政区及台湾地区）销售。

翻译版权 © 2023 由麦格劳 – 希尔教育（新加坡）有限公司与机械工业出版社所有。

本书封底贴有 McGraw-Hill Education 公司防伪标签，无标签者不得销售。

北京市版权局著作权合同登记号：01 - 2019 - 4715。

图书在版编目（CIP）数据

以趋势交易为生：原书第2版 / （美）托马斯·K.卡尔（Thomas K. Carr）著；刘茜译. —北京：机械工业出版社，2023.4

书名原文：Trend Trading for a Living, Second Edition：Learn the Skills and Gain the Confidence to Trade for a Living

ISBN 978 - 7 - 111 - 72857 - 3

Ⅰ. ①以… Ⅱ. ①托… ②刘… Ⅲ. ①股票交易-基本知识 Ⅳ. ①F830.91

中国国家版本馆 CIP 数据核字（2023）第 103897 号

机械工业出版社（北京市百万庄大街22号 邮政编码100037）

策划编辑：蔡欣欣　　　　责任编辑：蔡欣欣
责任校对：张爱妮　张　征　责任印制：张　博

中教科（保定）印刷股份有限公司印刷

2023 年 9 月第 1 版·第 1 次印刷

169mm×239mm·19.25 印张·3 插页·284 千字

标准书号：ISBN 978 - 7 - 111 - 72857 - 3

定价：129.00 元

电话服务　　　　　　　　网络服务

客服电话：010-88361066　机　工　官　网：www.cmpbook.com
　　　　　010-88379833　机　工　官　博：weibo.com/cmp1952
　　　　　010-68326294　金　书　网：www.golden-book.com
封底无防伪标均为盗版　　机工教育服务网：www.cmpedu.com

这本书献给已故的、深爱我的父母——汤姆和南·卡尔，我的妻子——伊娜，还有我们的三个了不起的孩子——娜塔莎、娜迪亚和内森。我很幸运认识你们，我爱你们所有人。

推荐序

让我们来谈谈你对金融市场的兴趣。我们将从最残酷的真相开始，那就是：通过交易这项游戏很难盈利和谋生。毕竟，除了造币厂，没有人能够印得出钞票，钞票也不会从树上长出来。

相比投资，交易有数学上的优势，好的交易者会比好的投资者在更短的时间内赚更多的钱。但问题出在细节上。交易者的工作是捕捉价格的上下波动，而这些波动在买入并长期持有的投资者的持有期内来看，是相对平稳的。因此，交易者需要拥有更具有挑战性的时间管理能力。

认真对待这一事业，并找到一个策略，以利用市场的变化。事实上，你的成败取决于你选择的路径。最危险的路径是，单纯追逐利润而并不了解它的下行风险。最安全的方向则是一步一个脚印地培养技能，并在出现问题时采取防御措施。

幸运的是，你已经找到一种方法，那就是托马斯·卡尔所著的《以趋势交易为生》。这部内容翔实的著作向所有的交易者打开了一座市场宝库，欢迎他们加入我们的队伍。事实上，你会发现，在你启动交易并获取利润的道路上所需的一切，都会出现在那些带给人启发的字里行间。

即便如此，也不要停止学习。培养卓越的交易技能是我们一生的追求，在这一过程中，我们要不断地寻找新的思路、方法和策略。这种积极的学习过程，使我们在一个充满掠夺性的市场中仍能够好好地生存。

确保你的交易符合你的生活方式。当你的操作超出你的能力范围时，你可能会蒙受巨大的损失。如果你不能实时跟踪市场，不要高频率地交易。不要做超短线的日内交易，也不要买入并长期持有。永远不要通过交易来解决个人问题，它是一个可怕的伙伴。

通过观察，了解股票在不同周期的反应，努力成为一名幸存者。了解股票市场日、周、月的独特特征。这些重复的趋势会影响价格的走势和交易者的交易方式。它们揭示了产生高概率交易的明显特性。

找出奇怪的市场行为，并应用简单的技术进行交易。掌握一些走势形态设置，让它们成为你获得回报的方式。要意识到追逐热门股票并非是一种赚钱的好办法。不要追求刺激，要遵循经典的市场机制理论的精确性。它们将会创造持续稳定的利润。

在担心收益之前先管理好风险。最重要的风险管理规则几乎不需要解释：在不知道何时退出的情况下，不要进入交易。了解你的仓位风险，当价格走势表明你错了时，立即离场。小金额的交易是新玩家控制风险的最佳方式，直到他们学会如何赚钱。记住：市场机会将在明天、下周或者明年等任何时间出现。

专注于精确的买入点和卖出点。确定你的买入价，当市场不给你买入时机时，你就保持观望。当你的买入或卖出信号不一致时，就减少仓位。谨慎行事，明智行事。记住：以好的价格买入坏股票比在错误的时机买入好股票的回报高得多。

当消息面以不同的方式发送相同的信息时，就会出现最佳交易。移动平均线、新闻报道和跨市场波动等信息都可能突然涌现在你面前，告诉你买入或卖出。但不要仅仅为了支持你的偏见而寻求偏激的数据和意见。当市场准备"翻脸"时，是"六亲不认"的。

最后，要投入大量的时间研究和观察市场。培养一种捕食的本能，避免贪婪，并将这种习惯视为终身嗜好。要努力完成你的分析，不要偷懒。培养你自己的交易风格，不要随波逐流。

要有耐心，最终会有稳定的交易回报的。

艾伦·法利

《摇摆大师》作者

致　谢

完成《以趋势交易为生》这样一本全面的书籍，依靠的是众多人的工作。作为一名市场和交易系统的初学者，我很荣幸遇到许多优秀的导师，他们对这本书的贡献渗透在本书的每一页中。在此让我来对其中最重要的一些人表示感谢。

我非常感谢已故的尼古拉斯·达瓦斯（Nicholas Darvis），他是我的第一个也是最重要的市场灵感的来源，我在引言中讲述了他的故事。正是他的"箱体系统"（box system）让我开启了系统开发的研究，正是他在从事全职工作的同时，仍能够在股市创造令人瞩目的财富故事，激励我相信，如果他能做到，那么我也一定能做到。

我也要感谢亚历山大·埃尔德（Alexander Elder），一位大师级的导师与市场心理学家。埃尔德博士向我揭示了应用于价格图表的技术分析，优雅而富有逻辑性。本书所阐述的系统中嵌入的许多关键概念都来自他的开创性的著作——《以交易为生》，此书现在被认为是交易类著作中的经典。

我也想认识一位如家人般的朋友，已故的吉恩·布朗宁（Gene Browning）。吉恩是一位成功的期权交易者，是一个有信仰的人；同时，他也确实是一个有着精彩人生的典范。

如果不是艾伦·法利（Alan Farley），这本书就不会出现。艾伦致力于向他人传授交易的艺术。很多年前，艾伦通过他的网站开始了交易员培训业务，正是他（当时的交易大多是专业人士的游戏，大众对交易的规则一无所知）激励我建立了自己的网站，而这个网站现在是交易培训的主要在线平台之一。我非常感谢艾伦自愿为这本书写推荐序，这对我而言是莫大的荣幸。

《以趋势交易为生》的第2版增添了新的内容。我在交易系统中增加了基本面分析的相关内容。长期以来，我一直感兴趣的是，是什么让优秀的公司变得伟大？直到最近几年，我才对公司细节和股价走势之间的关系有所了解。我发现，一旦将"估值和增长指标"纳入选股条件中，不仅会使风险降低，而且会使整体市场收益显著增加。帮助我发现这一点的有很多人，大多数投资者都会对他们的名字很熟悉：比如威廉·奥尼尔（William O'Neil，《投资者商报》创始人）、扎克斯投资研究公司的米奇·扎克斯（Mitch Zacks）和凯文·马特拉斯（Kevin Matras）、对冲基金经理马丁·茨威格（Martin Zweig），以及提出"买你所知"的大师彼得·林奇（Peter Lynch）。他们和其他人一起，帮助我找出了与股票近期价格变动最密切相关的少数几个基本参数。

特别感谢杰出的编辑丹尼·威尔勒（Dianne Wheeler）和她在 McGraw-Hill 出版社的所有同事，感谢他们对本书充满信心，以及对出版工作的专业精神与奉献。感谢我们的所有朋友和合作伙伴！

目　录

引　言

从教授到交易者

请跟随我做一次一分钟的头脑风暴：股票市场对你来说代表什么？你联想到了什么画面？你对股票、投资和华尔街有什么感觉？当我反思股市对我的意义时，我想到的是：

- 流动的数字、数字，还是数字
- 绿色或红色的柱状图，起伏，波动，潮起潮落
- 产品、服务、技术、商品和信息的大熔炉
- 国家经济和人们心理状况的晴雨表
- 权力、贪婪、纪律、腐败、智慧、狂喜和痛苦
- 那些热爱赚钱、精力充沛的人们的游乐场
- 创造财富、自由和机会的高效而便捷的工具

显然，我对股票市场的印象是各种事物的混合体。股市对我来说是人类文化中最具挑战性，也是最刺激的舞台之一。我喜欢艺术、文学、建筑、科学和电影。我是一个虔诚的人，熟知世界上主要的哲学理论，但是在人类制造的所有产品中，没有什么产品能像股票市场那样完全吸引我的智力、意志、热情。

我对股市的了解来自于我最喜欢的连环漫画人物：在小富豪里奇的页面上反复出现的形象。这个"可怜的小富家子"站在一个有玻璃罩的机器前，手里拿着长长的纸带，仔细端详着那些他注定要继承，且不断增长的财富。这个画面在

我六岁的大脑里久久存在，从那时起，我就一直在努力体会当里奇先生盯着那长长的纸时，他理解了什么。如果我想像他那样生活（哪个小男孩不想？），我知道有一天我必须破解那个神秘的股票行情的秘密。

在八岁生日那天，我收到了一直想要的礼物，那就是 1968 款最新豪华版惠特曼股市游戏机。这款经典游戏的玩法就像大富翁一样，只不过你不是买著名的地产，而是买卖一些世界上最大的、增长最快的公司的股票。当时，这些公司包括梅塔格食品、伍尔沃斯、美国汽车公司、国际鞋业和通用食品公司。（历史变了！）玩家通过交换物品的方式竞购股票，当他们买了别人投资组合中的股票时，将被迫分红。不幸的是，我找不到和我一样热衷股票的玩伴，所以大部分时间我都是一个人玩，常常一连玩几个小时，在聚敛一小笔财富的同时与自己竞价。有趣的是，我总是赢！对了，1968 款豪华版惠特曼股市游戏机已停产，但你偶尔可以在易贝网上买到，价格大约在 20 美元。

另一件童年时与股市有关的事情发生在我 12 岁那一年，那时我已经可以独自一人放学后去市中心的公共图书馆了。还记得我用新借书证借的第一本书是霍华德·休斯的传记。我津津有味地翻看每一页，在休斯的身上看到了一个真实的成年版小富豪里奇。虽然我并不太喜欢这个人，但我记得读完这本书后，真想倾尽自己的一生去做那些他能做的事。我的脑海里一直萦绕着风险、投机、投资热情，以及里奇和休斯都有的那种自由和权力。

再去图书馆，我走到图书管理员面前，问她："有关于股票市场的书吗？"她忍住笑，礼貌地把我送到楼上一个角落里的书架前。她看了看那些堆放整齐的书，拿下一本递给了我，说："看，你可能会喜欢这本书。"这本书的书名太棒了——《我如何在股市中赚到 200 万美元》，它描述了一个名叫尼古拉斯·达瓦斯的年轻职业舞蹈家，是怎样仅靠三种信息进行股票交易而积累财富的：一只股票在一天中的最高价、最低价和收盘价。达瓦斯投资的是在成交量强劲的公司基础上出现股价突破的公司，这些公司都是基本面稳健、持续成长型的公司。一旦买入，达瓦斯只需要记下股票在底部之上波动的"箱体区间"。根据每日的高点和低点，这个"箱体区间"就是达瓦斯所说的股票的交易区间。如果股价突破了箱体的上限，他会把箱体移动到更高的位置；但是如果股价跌破箱体的下限，他会卖掉股票止损。

这是我第一次接触系统性的股票交易方法，我被它深深地吸引了，但并不能完全理解。而且我也知道，达瓦斯对他所交易的公司所做的那种基本面分析，也超出了我 12 岁时大脑的能力范围。几年过去了，我才拿起另一本股票市场方面的书。这一次，我发现了一个真正的赢家！一个教会我如何盈利的系统，可以把股票市场变成一台虚拟印钞机的系统。那就是罗伯特·利塞洛 1977 年的畅销书《如何在股市中自动赚到 100 万美元！》。这本书写作的背景是 20 世纪 70 年代的熊市，利塞洛利用了通常出现在市场顶部和底部的波动性，开发了一套系统。像达瓦斯的箱体区间法一样，利塞洛的系统简单、机械，容易操作：在对一只股票开始建仓后，如果股价下跌，系统会让你买进更多股票；如果股价上涨，便会让你卖出股票。书中给出一个数学公式，每个周末的收盘价决定你的仓位：买一点，卖一点，或者持有。利塞洛声称，通过这种方式，一只股票可能会在一个区间内上下波动——使得买入并持有者的净收益很小——而使用自动投资管理（Automatic Investment Management，简称 AIM 系统）系统的投资者，则可收获可观的利润。我们把这叫作"波段操作"，只要这只股票长期来看符合这种结构，那么利塞洛的 AIM 系统就可以玩得转。

读完利塞洛的书后，我决定测试一下他的系统，看看是否起作用。我请父亲解释一下报纸上的一小段文字，上面列出了纽约证券交易所上市的所有公司，以及它们当天的交易情况。他告诉我如何看懂这些数字，并建议我重点关注一家我熟悉的公司。我选择了麦当劳。我们每周至少吃一次汉堡包，虽然当时我并不知道它是美国增长最快的连锁店，但我从店面的大招牌上可以清楚地看到，我们当地餐馆供应的汉堡包数量一直在增加。所以我应用 AIM 系统虚拟买入 500 股麦当劳的股票。

利塞洛的 AIM 系统只需要每周浏览一次股票收盘价即可。但我觉得太少了，所以我每天都查看价格。我仍然记得，在我虚拟买入后的第一天，麦当劳的收盘价就上涨了 25 美分，净赚 100 美元时，我感到无比兴奋。据我回忆，到第一周结束的时候，麦当劳已经涨了整整 1 美元。一周赚了 500 美元，得来全不费工夫！

利塞洛的方法的问题在于，它只适用于股票价格大幅上下波动的情况。不论 1 美元的涨幅多么令我印象深刻，它都没有触发 AIM 抛售股票的信号。要触发信号，至少需要上涨 3 美元。因此第二周我又看了一遍，之后每天我都会查阅报纸，看看我的股票在纽交所战场上表现如何。每一天我的希望都会随着每一个四分之一点的涨跌而起伏。这种情况持续了大约两个多星期，最后因为我觉得无聊而放弃了。

我决定重新解读达瓦斯的箱体区间法。我仔细翻阅了图书馆里的《我如何在股市中赚到 200 万美元》这本书，认真记录了如何应用这个系统的各个方面。我又一次对我最喜欢的公司麦当劳进行了虚拟投资。它当然符合达瓦斯投资的特征：强劲的盈利增长、炙手可热的发展前景，以及基于长线而做的投资。因此，1974 年夏初，我在自己的虚拟交易账户中"买入"了 500 股麦当劳股票，并兴奋地开始测试达瓦斯的方法。我编了一个基本的电子表格，用于跟踪每日的高点和低点，以确定突破箱体的位置。当时，麦当劳的股价在 40 美元出头，刚刚突破了长达数月的震荡区间，这一区间的下限在 29 美元，上限在 35 美元。我知道麦当劳是一家基本面稳健的公司，这个突破可以作为"达瓦斯买点"。因此，我在 42 美元附近买入，并将止损点设在新震荡区间的下限——37 美元左右。大约三周后，该公司股价反弹到接近 48 美元，月底收于 44 美元，所以我决定将达瓦斯箱体上移了 2 美元，止损价是 39 美元，而我已轻松赚入 1000 美元。这种感觉棒极了！

有一阵子，情况看起来不错。然而，当时的股价已无限接近止盈点，但箱体区间的卖出点并没有被触发，所以我继续交易。之后灾难降临了。麦当劳公布的盈利下滑，甚至低于预期，紧接着又有几次评级下调。在纽约时间的那一瞬间，我在一次虚拟交易中被迫离场，但感觉到的痛苦一点也不比真的损失 1500 美元少。突然间，我作为华尔街年轻大亨的职业生涯就这样结束了。

后来，我长大了，开始对运动、派对感兴趣——那是青春期常见的消遣。18

岁那年，我去大学学习医学，后来我发现我讨厌一直待在医院，而且一看到血就恶心。于是我转向了神学和哲学，经过 10 年的学习后，我获得了两个硕士学位和一个博士学位，为本科生教授柏拉图和阿奎那的基础理论。

那时的我，还是个食不果腹的学生，度过了非常节俭的 10 年，还背负着大量的学生贷款和信用卡债务。即使全职教授的薪水相对稳定，也无法让我拿出真金白银进入交易游戏。但当我接受了一份暑期学校的工作时，5000 美元的奖金带来了一个相当出乎意料的回报，像是消除了多年前那次交易留下的阴影。

那一年是 1996 年，美国金融业正在经历一场革命：华尔街正在成为主流，标志就是全天候的金融电视传播的出现。先是美国有线电视新闻网——财经网络，接着是美国全国广播公司的财经频道，然后是彭博电视台。紧接着是线上廉价的经纪公司、网上交易聊天室、投资者课程、廉价的行情播报网站、电子邮件提示等，很快几乎所有人都在交易股票！股市刚刚经历了一年的大行情，当时是 20 世纪 90 年代大牛市的中期。出租车司机相互分享着股票信息，餐厅员工在轮班之间进行着交易——一个短线交易员的时代已初现端倪。空气中到处弥漫着快速赚钱的气息。我深吸一口气，下定决心。那年夏天我开了一个网上经纪账户，把暑期在学校工作赚的 5000 美元全部存了进去。那时候没有固定的交易规则，所以有了 5000 美元，可以用它当保证金，购买价值 10000 美元的股票，并在一天中反复交易。

只有这么少的资金，我决定选择低价股。所以我浏览了聊天室和投资者课程，寻找灵感。很快我找到了。在所有的主流网站上，交易员们都在议论一家小型上市公司，该公司正在开发一种将污水转化为安全饮用水的工艺。有传言称，这位 CEO 将在本周某个时候接受网络新闻节目的采访，将在摄像机前喝一整杯净化过的水，以证明他对公司的系统的信心。人们纷纷猜测，这种面对数百万观众的商业秀，会促使机构投资者纷纷买进股票。

这似乎是我所能找到的最确定的东西。所以我决定在这家废水处理公司身上进行我的第一笔真正的股票投资。当时这家在纳斯达克上市的小盘股交易价格在 2 美元左右，所以我期初买入了 1000 股。那天晚上我紧张地看着新闻，但新闻中没有提到这家公司。传言还在持续，第二天该股开盘价约 2.50 美元。我欣喜若狂，又多买了 1000 股。就在收盘前，该股触及 3.00 美元的高点，我又买进了 1000 股，使我的仓位达到 3000 股，总投资额为 7500 美元，其中的三分之一是从我的经纪公司那里凭保证金借的。

那天晚上，当新闻宣传片中提到一个关于"奇迹"净水系统的专题报道时，我的心跳加速，这个系统可以彻底改变全世界饮用水的供应方式。这一净化过程被认为有可能拯救世界各地数百万儿童的生命，否则他们将无法获得干净、安全的水。就在那一刻，我打开了关注该股票的话题讨论，和许多投资者一起分享这段预告片的狂欢时光。他们和我一样，在期待这一刻到来时买了数千股这家公司的股票。我从没想过股票交易能这么容易，这么有趣！我们都准备靠着它"赚大钱"（clean up），这真是"一语双关"（clean up 还有"清零"的含义）！

这晚我焦躁不安地看着电视上的其他故事，终于等到汤姆·布罗考宣布我们正在等待的节目开始了。预告片中甚至显示，一家"创新型水处理公司"的首席执行官受到布罗考的挑战，要喝一杯由他的系统净化过的水。这位 CEO 宣布："好的，我会喝的!"听完这些话，我开始了一个臆想过程，从那以后我重复了无数次这种臆想：我开始盘算着如何处理这笔意外之财。我的保守估计是，股价将在一夜之间翻倍，给我带来至少 125% 的账面回报率。我计划卖掉一半，其余的作为自由交易持有，因为股价涨到了两位数，有了 7500 美元的新存款，我将开始下一次征战，一次又一次做同样的事情，直到像我听说过的许多其他短线交易员一样，年轻的时候就能退休去海边的豪宅，整天在游泳池边闲逛。

广告结束了，布罗考再次站在屏幕上，准备介绍当晚的最后一个故事。电视机前有数百万名观众。他首先概述了全球水污染问题，这一问题在发展中国家造成了大量人口死亡。他提出利用紫外线和微过滤器对废水进行消毒的理念。这时，布罗考的右肩上闪过了一家公司的标识和名字。一家拥有这台机器的专利权和独家营销权的公司，这台机器能够将未经处理的污水转化为甚至能够装进依云瓶子里的洁净水。那时，还有数百名对冲基金经理、共同基金分析师、经纪人和短线交易员在内的所有人都能清晰地看到它的标识和名字——不是我所拥有股票的那家公司，而是它的主要竞争对手！

当最初的震惊过去后，我立刻开始否认，一定是弄错了。国家广播公司（NBC）弄错了公司的名称，明天的公关活动将会纠正错误的信息。或者，我很快想到，事实上，这对我们投资的公司非常有利。现在，人们将投资整个行业，我们的小公司将被卷入1996年巨大的净化水泡沫中！

当我回想起布罗考的采访时，我聚精会神地看着这位CEO喝了一整杯从他的机器里取出来的水。我们得知，这些水是从城市排水系统中回收的。毫无疑问，这种对生产饮用水的过程的能力的信心展示，将大大超出行业分析师的预期。想象着第二天会有数千个电话打给经纪人，询问在这个细分市场中每一家公司的情况，我又兴奋了！

一切都很好——直到布罗考问了最后一个问题："那么你的机器什么时候能上市呢？"这是一个合理的问题，像是布罗考这样的一流新闻记者会问的问题。时至今日，CEO回答中的每一个细节——语调、韵律、音节——仍然深深地印在我的脑海里。"哦，这个过程现在太贵了，不适合市场销售。""那么……"布罗考追问道，"要多久才能降低成本？""嗯，还需要15年，也许20年。"这位CEO回答说。

就这样，我体验到了一种无力感。那时候没有盘后交易，我只能等待。我知道，整个晚上，交易员们面前的卖单开始堆积如山。第二天早上股市开盘时，股价就会暴跌。随之而来的，是我对提前退休的希望破灭！果然，第二天该股开盘价是1.75美元，远低于我持仓的平均成本。我前面有太多的卖单，无法在这个价格卖出，等我的卖单填写完成时，我得到的是每股1.38美元的价格，再加上佣金，损失超过了3500美元。我的交易账户暴仓了。出于羞愧和自卑，我把钱从账上电汇出来，第二天就把账户关闭了。

即使在经历了那次尴尬之后，我也无法摆脱这种交易困扰。第二年夏天，我又教暑期班，并用挣来的5000美元开了一个小的交易账户。这一次，我决定用正确的方式来做事。我会把自己转变为一个长线持股者，一个价值投资者，一个优秀基本面和财务规范的拥护者。我读了很多林奇、巴菲特、茨威格和奥尼尔的书，才知道我要找的是这样一家公司，它的利润不断增长、定价权不断增强、手头现金充裕、负债率低、新产品火爆以及增长前景看好，是一个集所有这些能力于一身的神奇组合。我相信，通往市场财富的道路，就是在其他投资者之前找到下一个微软、沃尔玛或星巴克。策略很简单：在它被人尽皆知之前买进，然后一直坚持到十几次分红除权之后，卖掉你的股票，大赚一笔。

满怀着这种希望，我开始寻找下一个大目标。于是，我发现了一系列的股票，它们注定要把我和我的血汗钱分开，这当然不是它们的错。但当时，我不可能知道，1997 年夏天并不是开始新的多头建仓的最佳时机。尽管科技股和互联网板块行情如火如荼，但大盘早就应该进行调整了，而且它确实也这么做了：标准普尔指数横盘四个月后，在年中开始下跌，跌幅比其高点低了 13%。正是在这样的环境下，我决定，将以一个成功的长期投资者的身份开始我的职业生涯。

经过几天的研究，我买进一家小公司的股票，它为航空产业提供检测设备。该公司的新闻稿称，它与几家大型航空公司签订了独家合同。新上任的管理层已经放弃了在其他地方成功的事业。手头几乎没有债务，现金充裕，甚至可以开始收购竞争对手的股份。这家公司到处弥漫着巴菲特的味道。它有合适的产品，在合适的人手下管理，并有着优秀的商业计划，会把我和我的积蓄带到财务自由的顶峰。不幸的是，它处在错误的行业。当航空公司的利润开始枯竭时，我的小公司和它的独家合同很快就被股市拒之门外了。股价从每股 5 美元跌至 1 美元以下，随后从纳斯达克退市。这家公司最终宣告破产。

接下来，我买进了一家精品电子产品经销商的股票，它的市盈率（P/E）低得离谱，没有负债，还有很多媒体的正面报道。该公司在市场回调中表现良好，当时刚刚聘用了一位新的 CEO。此外，该公司刚刚完成一系列小型收购，这将确保其在该行业的重要地位。无巧不成书，这时沃尔玛、百思买和电器城刚刚开始扩大它们的业务，而这家小公司无法与之竞争。于是，我又一次赔钱了。

然后我决定再试一次"买入并持有"的策略。用仅存的一点点现金（约1000 美元）买进了一家公司的股票，在戴尔和思科之后，这只股票被认为是1997 年的必选股票。这只股票是一家名叫"高通"的公司，它的拉丁名

Qualcomm 又是如此特别。

10 月下旬，大盘股指从低处反弹，有望再创新高。因此，我把剩下的交易全押在了高通（QCOM）上。三周内，它跌了 40%。但这是长期持有的股票，所以我负责地继续持有。我又持有了六个月。这期间，时涨时跌，起伏不断。最后，我在略低于盈亏平衡点时卖掉了股票，只为消除自己的恶心。想象一下，不到一年后，高通的股价飙升了 2500% 时，我有多伤心！如果我持有这些价值 1000 美元左右的股票，我就有机会在一年内赚 25000 美元。

到这个时候，我决定制定三条规则，并一直坚持至今：

1. 不听信聊天室的小道消息。

2. 不依赖新闻报道。

3. 不盲目听从"必须拥有这只股票"的炒作。

我必须谦卑地承认，作为一个交易者，我的准备工作存在着不足。尽管我接受过多年正规教育，但关于经济学和金融方面的培训我从未参加过。我还记得大学时那愚蠢的经济学课上的供求曲线，但微观和宏观经济关系中的微妙之处我早已不记得了。因此，我决定把预测一家公司盈利前景这一工作留给专业人士去做。对于热门的股票消息或交易消息的闪现，已有大群人趋之若鹜，而我从来就不喜欢从众。

不，如果我想在交易游戏中获得成功——到目前为止，我必须做一个坚定的决定。那就是，我必须找出一种交易方法，这种方法要非常适合我的经验、脾气，以及作为全职教授的我，在时间和精力受到限制的情况下还可以正常运用。经过几周的研究，我发现，我还需要学习更多的技术分析，这种方法依赖于价格随时间变化的简单数学关系以及直观的价格形成机制。

想一想：基本面分析依赖于海量的数据输入，从资产负债表和盈利预测到管理层变化、行业周期、产品开发，以及一大堆其他的东西，不胜枚举。任何一个人的头脑，无论在商业理论方面多么训练有素，怎么可能追踪到所有的事情呢？你不仅要知道你想投资的公司的一切，还必须知道它的竞争对手，它所处的行业……

然后你必须以国家，甚至全球经济的视角来分析，在这一背景下权衡这些信息。坦率地说，谁有时间这样做呢？

现在考虑一下这个想法：如果你所需要知道的关于一家公司未来前景的一切都已经包含在它的股价里了，那该怎么办呢？这是技术分析的关键假设：如果股价在上涨，市场会对公司的前景看好；如果股价下跌，它就不会。就这么简单。技术分析节省了大量时间，任何人，无论受过何种教育，都可以利用它，而且如果应用得当，效果非常好。

我当时就决定，将专注于技术分析。技术分析中固有的学科组合与我的学术经验似乎很吻合：作为一名古代文献学者，我既有客观辨别语言关系的经验，也有较主观的解释艺术的经验。在我看来，技术分析是最能将这两种技能运用到市场的东西。那么，在我作为交易者的训练中，下一个任务就是学习技术分析的艺术。

学习技术分析

我们将在《以趋势交易为生》第 2 版中看到，技术分析作为一种独立的方法效果不错，但什么方法更有效呢？我的意思是更好的方法是将技术分析与几个已被证明与远期股价最相关的基本面筛选方法结合起来。但我有些超前了。我们将在第一章中详细讨论这个问题。现在，让我回到这个故事。

技术分析师通过价格图表来决定股票是否值得买入或卖出。价格图表生动地描述了股票价格和交易量随时间变化的历史趋势。它们是固定的图形，反映了股票的价格走势，它是从过去的某时点发展到现在的"清晰图像"。因此，研究图表的分析师既是历史学家，又是心理学家，还是哲学家：他/她有经验，能通过阅读图表了解其过去的价格模式，这样他/她就可以对股票的当前状态形成一个概况，并提出一个概念框架，股票最有可能在这个框架中移动。换句话说，技术分析家之于金融界就像文学理论家之于学术界一样：在解释和应用艺术方面有丰富的经验。

因此，在我重新准备学习技术分析的具体细节后，我开始寻找导师。我做的第一件事就是参加一位教授发起的研讨会，他的名字我在这里就不提了，因为他后来被美国证券交易委员会判定犯有欺诈罪。然而，尽管这位交易员的营销策略受到了怀疑，但他实际上教授了一种有效的技术方法论，其框架构成了本书中概述的几个系统的基础。在研讨会上，我学习了如何使用移动平均线来确定趋势方向和强度，以及如何使用随机指标来确定进入和退出的时间。到目前为止，我都受益于这两种方法，我认为这一特定结构是所有可能的结构中最可靠的。我真的要感谢这个人，他奠定了我的整个"趋势之友"体系的基础。

在亚马逊上的一次搜索让我找到了第二位导师，亚历山大·埃尔德。他在1993 年出版的畅销书《交易为生》，到现在仍被认为是该领域的经典之作，书中对数学和技术分析师所使用的各种工具的算法和意义都有很好的介绍。埃尔德本人就是一位心理学家，所以我立刻觉得和一个像我一样，没有华尔街或商学院背景的人在一起很自在。

我现在所知道的关于最普通的技术指标的大部分知识都是从这位前辈那学到的。我学到了技术指标和价格模式告诉我们的股票市场的心理状态。我了解了趋势线和通道线，以及如何使用它们来应用预测支撑线和阻力线，进而预测未来的价格走势。最重要的是，也许我学会了识别和评估价格和情绪波动之间的差异。价格趋势与这些趋势的直观数学描述之间的差异，为当前的状况和未来可能的趋势预测提供了重要的心理线索。

后来我又向其他导师学习了很多，我花时间向威尔斯·怀德学习如何将各种指标与趋势线结合起来看。我从史蒂夫·尼森那学到了 K 线图的精妙之处。除了阅读关于日内交易的所有畅销书外，我还广泛阅读了关于股票市场本身、华尔街历史，以及它的几个主要参与者的传记。有了这些积累，我开始把各种技术交易系统组合起来并进行试验，这些系统可以算出市场盈利的概率。我在本书中谈到趋势交易时提到的正是这套系统——现在增加了某些基本指标。

当我写第 1 版的《以趋势交易为生》时，我指出在这些系统中使用了四种不同的输入源（没有特定的顺序）：

- 价格模式

- 移动平均线

- 技术指标（我使用的组合随市场变化，但核心的五个是 MACD、随机指标、RSI、CCI 和 OBV）

- K 线图

在第一章中，我们将看到，在技术投入的组合中只需增加两个基本指标，我们就可以在减少难以避免的损耗的同时大幅增加我们的总体回报。不管怎样，这四种基本面分析工具仍然是我在选择股票时遵循的依据。它们的运行方式如下：价格模式提供了由过去价格描述的历史背景，而过去价格又反过来赋予当前价格以意义。移动平均线给了我们两个变化的时间关系之间的一条看上去很平滑的曲线。各种不同的技术指标呈现了这两者之间的数学关系。K 线图标明了当前收盘价和盘中交易区间之间的关系。

> **定义：** 股价走势是指股票价格在上升（看涨趋势）或下跌（看跌趋势）时在股价图上显示的总方向。当一只股票不处于趋势中，而只是在交易区间内上下波动时，我们称该股票为无趋势或区间波动。

这四个工具共同描绘了股票的过去和现在状态之间的关系，就像哲学家的工具（逻辑学、知识理论、形而上学等）允许他或她将古老的智慧应用于当今的问题。

所以我开始在实时交易中完善我的系统。为了做到这一点，我知道我需要一个有经验的团体的支持。为此，我加入了一个名为"硅投资者"（Silicon Investor）的在线交易论坛。1998 年 7 月，我在那里发起了一个名为"趋势之友"的讨论话题，它很快就成了该网站上最受欢迎的话题之一。在每天的很多帖子中，我都在想如何更好地将这些元素组合成一系列可行的、有盈利的系统。我公布了当天挑选的股票，然后记录了利润和亏损情况。不久，其他更有经验的交易员加入了我的行列，向我提供建议，并为整个方法的完善做出了贡献。我们组成了一个紧密互助的团体。不到一年，我们就持续盈利，甚至有几次是完胜。

尽管当时还没有人知道，但至少在 1999 年，也就是臭名昭著的科技股泡沫之年，这一年交易员总是会记得的，纳斯达克市场正以抛物线的形式上升。服务员和理发师都在退出对高通、思科、雅虎和亚马逊的投资。每个人都在交易股票，谈论股票，炒作股票。交易者时髦、性感，并且（被所有人都认为）富有。他们被媒体当成摇滚明星一样对待，在《早安美国》和《今夜秀》中都能看到他们。银行家、医生、牙医和律师放弃六位数的薪水，待在家里，穿着浴袍坐在电脑前，进行日内交易。一年半后，市场崩溃，日内交易变得令人不齿。然而，在那之前，这场狂欢持续进行，不少人陶醉其中。

一些人在那些令人陶醉的日子里赚了很多钱。一个著名的例子是丹·茨万格。1999 年，他从贪婪而无能的经纪人手中挽回了 11000 美元，最终盈利了 1400 万美元。另一个名叫瓦谢的家伙以 15 万美元的价格出售了他的交易组合，他的经纪人将它降到 30000 美元，之后他买回了自己的投资组合，并将它变现成 700 万美元。

我们做得也很好。"硅投资者"论坛讲述了我在高成交量交易领域的实验性尝试。因为我承受市场波动的能力并不强，当我继续完善我的系统时，我总是被那些众所周知的大盘股问题所困扰。我们的收益率没有达到纳斯达克当年的回报率（86%），但我们成功地完成了第一个全年盈利的交易。

然后是 2000 年，也就是清算年。当 2000 年的风波平息后，一些在过去一年里并没有被人们听到的词汇开始在金融节目中流传，像估值、可持续性，以及可怕的这个词——"泡沫"。随着有先见之明的获利者与看涨的后来者发生冲突，盘中的波动性增加了 5 倍。快速致富的淘金潮已经结束，但大多数交易员和投资者花了大约 6 个月的时间才意识到这一点。在这段时间里，经常会出现疯狂的盘中震荡，即使是已故的鳄鱼猎人史蒂夫·欧文也会害怕地退缩。

正是在这样的环境下，我开始试验一种交易系统，我称之为 BTT-MAX。BTT 代表"趋势之友"（现在我们的母公司名称），缩写的 MAX 部分代表"移动平均交叉"。在这个系统中，你 100% 的时间都会投资在一个或多个市场上最不稳定的股票上（交易系统从创建一个"高 β 值"股票的观察名单开始）。这个系统要求你看日内每小时的图表，在看多空均线时，你就会做多看多了；一旦发现看跌的均线，你就卖掉股票，立刻做空。由于在那种环境中每隔几个小时就会有信号出现，而且由于那个时期波动剧烈，BTT-MAX 很快积累了巨额回报。

我永远不会忘记我在 BTT-MAX（以下简称 MAX）第一次进行的真金白银的实践。那时，我任教的那所大学正在放春假。有了充裕的时间在电脑前度过一天，我决定用这个新系统做些交易。我使用 MAX 交易的第一只股票是网威公司（2014 年被收购的 Novell 公司），当时的定价是 30 多美元，但在当年年终达到了个位数。我一开始的时候是每次买 100 股，每小时接收一次信号。经过 3 天的交易，股价上涨了近 800 美元。挣钱太容易了！受到来自成功的鼓励，我加大了规模，并开始在系统中同时交易 4 只股票。两天后又涨了 2200 美元。当我的同事们在给草坪施肥时，我只需每隔几个小时就点击一下鼠标，就能获得 3000 美元。乐趣还不止于此，即便这三个月的市场急剧波动，我充分地运用了 MAX，最后我的账户金额翻了 5 倍！

不久，这个简单易操作的系统马上为人所知，并附上一个吸引人的标题——一位宗教学教授将混乱的市场变成了一罐金子。硅投资者论坛一跃登上了热门名单之首，并持续好几个星期。我很快就发现我的手机响个不停，几乎都是采访请求。《华尔街日报》想知道我是否认为市场行情会卷土重来，把 2000 年 3 月的高点拉回来。我不记得我当时是怎么说的，但我确定应该类似于这样："这真的不重要。重要的是拥有一个像 BTT-MAX 这样伟大的交易系统，它可以在任何市场上赚钱！"

然后，《美国新闻和世界报道》（U. S. News and World Report）做了一个关于兼职交易员的专题报道，并将我作为他们的海报人物。这个故事包括了坐在拥挤的大学办公室里的一整版"斯托克斯博士"。我不知道的是，这个故事的重点是亏损的交易员，在三个小时的采访中，我唯一的一句话是关于在瞻博网络

（JNPR）交易中损失 1500 美元。从那之后，我明白了一个事实，媒体希望负面地描述交易员（贪婪的，不负责任的，反社会的辍学者），所以我拒绝了所有后续的采访。

经验丰富的交易员都知道，像 BTT-MAX 这样一个利用特定市场条件的系统，只有在这些条件发生变化时才会发挥作用。情况果然如此，我们的利润开始枯竭。从那以后，我完善了这个系统，以便在市场情况不好的时候远离市场。也是从那以后，我一直在教我的客户如何使用这个系统（如果你有兴趣了解更多，请给我发电子邮件）。但我怀疑，我们将永远不会像 2000 年那个神奇的夏天那样，看到来自金融体系的回报。

利用 BTT-MAX 获利的那些让我欣喜若狂的日子以来，在市场泡沫破灭后的这些年里，我一直在努力拓展自己的交易系统领域。2002 年，我开始向公众提供这些系统产生的选股。我推出了我们的第一个网站，以及第一个每日市场咨询，直到现在，在 4000 多笔交易之后，仍然每天都在发布。几年前，我辞去了教书的工作，全身心投入这项事业中。而今天，我很高兴地说，我们比以往任何时候都做得更好。现在，我们原来的网站提供五只每日金股和每周金股的推荐和 ETF 挑选通讯服务（ETF pick letters）——包括我们最受欢迎的资讯服务——动量通讯（The Momentum letter），以及交易教学手册、网络研讨会、私人辅导和账户托管服务。2015 年，我建立了一个姊妹网站，该网站每月发布一项服务，这项服务面向那些寻求合理收益投资和大盘走势建议的长期投资者。

我最近的一次创业是在 2017 年 6 月，我的两个最赚钱的交易服务是：咨询网站"热门股通讯"和"低价股通讯"（The Hot Stoxx Letter and The Penny Stoxx Letter）。按相同的原则，这些通讯服务利用两个交易系统，在这本书中你都可以感受到这是如何实现的。这两个交易系统显示历史测试的平均年投资回报率（ROI）分别为 153% 和 164%，自 1999 年以来没有亏损！看一看图 0.1，看看只要 2000 美元的启动资金和八年的交易，我的"热门股通讯"和"低价股通讯"就可以做什么。请记住，这些都是经过反复测试的数字，因此受到这些东西固有的所有限制。不过，如果我自己这么说的话，这是非常惊人的事情。

热门股通讯				低价股通讯			
年	年初	年末	ROI	年	年初	年末	ROI
2010	**$2000**	$5898	194.9%	2010	**$2000**	$7754	287.7%
2011	$5898	$6258	6.1%	2011	$7754	$22021	184.0%
2012	$6258	$11683	86.7%	2012	$22021	$34574	57.0%
2013	$11683	$56687	385.2%	2013	$34574	$54004	56.2%
2014	$56687	$122841	116.7%	2014	$54004	$296643	449.3%
2015	$122841	$176400	43.6%	2015	$296643	$536924	81.0%
2016	$176400	$676494	283.5%	2016	$536924	$1451843	170.4%
2017	$676494	**$1417255**	109.5%	2017	$1451843	**$1936759**	33.4%
年平均投资回报率			**153.3%**	年平均投资回报率			**164.9%**

图 0.1 "热门股通讯"和"低价股通讯"投资回报率

图由 DrStoxxTrading.com 提供。

不，我没有神器。说到交易，没有这样的事情。尽管我自己的交易在很大程度上是自动化的，但仍然很难，常常令人沮丧。图 0.1 中的数字并没有显示出长时期的缩减，你会问："这真的有效吗？"把它们简化成 Excel 电子表格，这样的统计数据看起来很诱人。但在顶部的 2000 美元和底部的数百万美元之间，就如同坐过山车一般，是一段漫长而激动的旅程。我很幸运地发现了一直有效的方法，并形成了独特的交易方法，多年来为我的家庭、客户和订阅者服务。如果你已经准备好学习这种方法，我准备通过这本书教你。但是请注意：前面的工作很艰苦。

事实上，自从 20 世纪 90 年代末市场近乎垂直上升以来的几年里，没有什么是容易的。大盘股指一直在越来越窄的区间内交易，其波动性是历史最低的，因为美国证券交易委员会和美联储现在加快了打击过度行为的步伐，全球和地方经济不得不对恐怖主义、石油价格暴跌、可怕的自然灾害以及通常被认为是最稳定的国家政治风险等因素轻描淡写。近年来，对冲基金遭受了严重的资金外流，而高频率的算法机器交易正在兴起。

好消息是，在任何市场条件下，只要有合适的系统，交易都能很好地补充你的收入，如果你有耐心坚持一段时间，交易甚至可以让你相当富有。然而要想快速掌握交易所需的技能，还需要做一些工作。学看图有点像学习一门外语，但困难的部分已经有人为你做了。你手里握着我们为你做的多年来所有密集劳动的精华，在这里，有你所需的所有信息，可以找到准备买入的股票，并退出那些对

利润风险敞口最大、风险敞口最小的头寸。与第 1 版相比，《以趋势交易为生》
第 2 版中概述的交易系统有了很大的改进。每个系统都是完整的。这里没有教你
一些一般的原则，然后让你自己把这些原则应用到市场中。我已经为你做了必要
的申请步骤。你所需要做的就是"复制"我的作品。

所有这些都在说，如果我能做到，你也能做到！不管你受过什么样的教育，
你的交易经验有多少，你对数字的敏感程度如何，你的金融知识有多少，你都可
以以趋势交易为生。只要你能点击鼠标，能告诉我一条线是向上移动还是向下移
动，那你就可以以交易为生。

Trend Trading for
a Living 以趋势交易为生

第一部分　准备工作

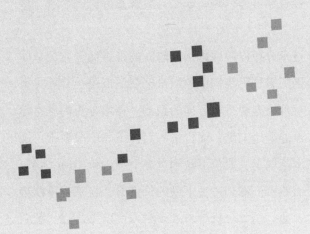

第一章
建立盈利交易系统的最佳方法

我把这个新的章节添加到《以趋势交易为生》的第 2 版，是因为自从第 1 版出版以来，我有了一个重要的发现。尽管这个发现并不新鲜，许多其他成功的市场参与者在我之前很久就知道了这个道理，但对我来说就是新的。

早在 2007 年，当我将手稿的最终版本提交给 McGraw-Hill 出版时，我是一名活跃的交易员、股票顾问和交易系统开发人员。对我来说，所有以这三种身份参加的活动都围绕一种单一的交易方法：技术分析。技术分析，正如我在引言中所定义的，利用价格波动、价格惯性和价格模式的力量来确定哪只股票最适合买卖，以及什么时候最适合买卖它们。技术分析专门研究价格图表，对这些图表所代表的基础公司并不关心。它根本不考虑该公司在哪个行业，销售什么产品和提供什么服务，也不考虑该公司是否有利可图或濒临破产。对技术分析师来说，最重要的是股价的变化。

作为一种独立的交易方法，技术分析以股票价格随时间的推移而变化的数学比率为基础。呈现这些数据的价格图表告诉我们证券的价格在最近是上升还是下降。技术分析就是利用这些信息对价格走势进行合理的预测。技术分析的基本论题是，价格一直在上涨的股票有可能继续上涨，而价格一直在下跌的股票很可能继续下跌。技术分析的另一个基本论题是，股价下跌到过去上涨的价格时，将来很可能会从这个价格开始反弹，而股价上涨到过去下跌的价格时，将来很可能会从这个价格开始下跌。简而言之，通过技术分析带来的预测力可以用"过去的就是序曲"这句古老的格言来概括。

技术分析真的有效吗

所有这些都回避了一个问题：技术分析真的有效吗？是否有通过专注分析过去的股价走势，就可以获得一致的、可预测未来走势的方法？如果说技术分析在整个交易中持续进行的话，那么这些问题的答案显然是肯定的。每一家主要的投资银行和每一家主要的金融分析公司现在都有特许的市场技术人员。商业频道如CNBC、彭博社和福克斯财经频道，经常邀请图表专家预测市场走向。像 TD Ameritrade 和 E＊TRADE 这样受欢迎的在线经纪商提供的技术交易平台，提供实时的日内图表、全方位的技术研究和先进的绘图工具。可见，哪里有技术分析，哪里就有需求，哪里有需求，哪里就有有效的结果。

没那么快。技术分析的光环，让人认为它是一种快速致富的宝藏地图，近年来备受关注。然而，在各种财经新闻媒体上，我们都看到了诸如"为什么技术分析不起作用"（Seeking Alpha）、"技术分析存在根本缺陷"（福布斯），甚至"技术分析之愚"（Motley Fool）之类的标题。那些只是标题，没有骂人的话！这种反转可能有很好的理由。在我的网络研讨会"以交易为生：完整的股票与期货课程"中，我引用了同行评议的研究结果，结果显示，仅使用技术分析做出市场决策的交易员，相对于整体市场而言，往往表现不佳。例如，发表在《经济行为与组织杂志》（Journal of Economic Behavior and Organization）上的一项对 5500 名德意志交易员进行的为期七年（2000—2006 年）的研究报告指出，表现最差的交易员群体是那些只使用技术分析的人。作为一个整体，90％的纯技术型交易员表现逊于整体市场。⊖公平地说，这项研究只调查了零售经纪商中的散户交易员，他们经常使用期权作为交易的一部分。这往往是交易员的一个子集，无论他们使用什么方法，他们的表现总是低于整个市场。事实上，同样的研究表明，只使用基本面分

⊖ 阿维德·霍夫曼和赫什·舍夫林，"技术分析和个人投资者"，《经济行为与组织杂志》，第 107 卷，B 卷，2014 年 11 月，第 487–511 页。

析的交易者，或者使用技术面和基本面相结合的分析，其平均表现也低于市场。

虽然荷兰人的研究可能有缺陷，但也有其他人支持相同的论点。举一个例子，新西兰梅西大学对应用于全球 49 个不同市场的 5000 多个技术分析策略进行了研究。这项为期八年的研究得出结论，虽然这些策略随着时间的推移是盈利的，但其优势并不比偶然性大。[一]

这项研究应该让吹捧技术分析的人停下来。巴菲特曾经试图学习技术分析，但最终还是放弃了。"我意识到技术分析并不管用，"他打趣道，"因为当我把图表倒过来时，并没有得到不同的答案"。[二]想想那些投资界的传奇人物：格雷厄姆、巴菲特、林奇、邓普顿、博格尔、德雷曼、费雪、内夫，他们每个人都在市场上积累了财富，但其中却没有一个技术分析员。可以肯定的是，他们每个人都使用了投资规则，每个人的工作都有一个有条不紊的、循序渐进的分析过程，每次新的投资都可以复制这个过程。但在这一过程中，没有一个包括技术图表或技术指标。

我马上会为技术分析辩护。首先，让我实话实说。技术分析的一个方面就是众所周知的"房间里的大象"。问题在于，与基本面分析不同，基本面分析使用的是公司自己提供的客观数据，技术分析的工作方式是客观标准和主观标准的混合。一段时间内的价格点和基于它们的指标是客观的，但技术分析的真正核心价格走势、K 线形态、价格趋势、支撑位和阻力位、突破和破位、谐波、周期、波动和回调等则主要基于主观解释。每一位技术分析师都非常清楚，这门学科很容易在事后发现其主观性，但在图表的形态上却不那么容易发现。所有技术交易者都知道，当图表被认为是头肩形态（看跌）时也可能在几根 K 线之后变成双底突破形态（看涨），或者当完美的 a-b-c 修正回调到斐波那契回撤位（看涨）演变成完整的五波主导下跌趋势（看跌）时，多么令人沮丧。成功的技术交易者通过止损、对冲和各种形式的自由交易来对冲这种不确定性，但如果缺乏这些技

[一] 本·R. 马歇尔，罗切斯特·H. 卡汉和贾里德·卡汉，"世界各地的技术分析：它曾经增值了吗？"，2010 年 8 月 1 日。

[二] 史蒂夫·克里斯特，"技术分析与市场"，《财富日报》，2008 年 11 月 20 日。

巧，肯定会造成一个非常糟糕的交易环境。

技术分析的主观性导致了另一个问题，很多人都在讨论这个问题：认知（confirmation）或数据挖掘偏好（data mining bias）。⊖由于技术分析本身的发展，近年来人们对这个问题的关注越来越强烈。它成为自己成功的牺牲品。几十年前，一个简单的价格与时间关系图已经发展成一系列技术工具，从业者可以随意配置。如今，一个典型的技术制图平台就可以呈现出几十种图表类型（OHLC、K线、卡吉图、砖形图、直方图等）、几十种叠加（移动平均线、布林线、价格包络线、SAR 等）和数百种技术指标（MACD、随机指标、RSI、CCI 等），更不用说指标上叠加了可定制的时间框架和指标周期性偏好。有了这样一个准备就绪的巨大工具集，一个训练有素的技术人员似乎可以为各种安全要求创建各种各样的图表。因此，可能出现的偏好是，考虑到所有的变化，完全有可能创建一个图表，其中包含一组指标和叠加，显示某股的看涨表现，同时创建另一个图表，其中包含一组不同的指标和叠加，显示该股的看跌表现。显然，这两张图表之间的唯一区别在于创建它们的分析师的主观想法。

正是这种主观性导致了认知偏好。想象一下这样一个场景：投资公司 Main Street 的分析师史密斯向同事们展示了一张图表，显示了为什么苹果公司的股票本周大受欢迎。与此同时，投资公司 Broad Street 的分析师约翰逊向她的同事们展示了一张图表，显示了苹果公司的看跌走势。鉴于可能的技术图表的形态几乎千变万化，这种情况是合理的。如果我们对史密斯和约翰逊的推理过程再深入研究一点，我们很可能会发现，针对同一只股票、同一张图表，却产生两种不同的解释，这种差异是由认知造成的。如果史密斯的公司看好苹果公司，因此会为史密斯所展示的强劲上涨势头的图表而鼓掌，那么他可能更倾向于推出凸显价格上涨势头的指标。相反，如果约翰逊的公司看跌苹果公司，约翰逊可能更倾向于使用显示看跌、超买状况的指标来解读同一图表。

⊖ 在许多交易和投资网站上都有大量的文章讨论"认知"或"数据挖掘偏好"，因为它会影响股票分析。其中包括 Dave Walton 的"数据挖掘偏好"和"抽样思维"。

技术分析中存在认知偏好，也就是说，人们希望图表显示的是看涨或看跌，然后寻找正确的形态和指标来确认这种偏好——这是一件真实的事情，而且是件严肃的事情。有一些好消息：在第2版《以趋势交易为生》中，我概述了一个计划，你可以用它来纠正大部分的偏见，以及加入大量的客观性。在讨论这个问题之前，让我们先考虑一下，虽然技术分析是有问题的，但它也为华尔街创造了一些规模最大、快速赢得的财富。吉姆·罗杰斯，也就是乔治·索罗斯的量子基金的联合创始人之一，曾经打趣地说道，他"从没见过一个有钱的技术分析员"。罗杰斯先生，让我给你介绍几个有钱的技术分析员：

- 《斗牛：华尔街冠军交易员的教训》(*Pit Bull: Lessons from Wall Street's Champion Trader*) 一书的作者、1984 年美国投资锦标赛冠军得主马蒂·施瓦茨开发了一种利用短期价格波动交易的技术方法。在美国证券交易所买了一个席位后，施瓦茨开始交易股票、期权和期货。他的账户最终从 40000 美元增加到 2000 多万美元。马克·库克，他是杰克·施瓦格的畅销书《股市奇才》(*Market Wizards*)[一]中的主角，他在 1992 年以创纪录的 564% 的回报率赢得了美国投资锦标赛冠军。库克日内交易 (Cook day-trades) 是一种被称为累积点数指标 (cumulative tick indicator) 的专有工具，用于交易标普期货合约。在交易中亏损了 80 多万美元 (包括他的家庭农场!) 之后，库克用这个工具挽回了所有损失，而且回购了农场，并创造了成功的交易生涯。

- 詹姆斯·西蒙斯经常出现在福布斯 100 强富豪榜上，他利用技术分析 (还包括其他工具) 管理一家对冲基金，该基金在顶峰时，管理的资产超过 150 亿美元。被称为"量化之王"的西蒙斯收取的业绩报酬高达 44%，是业内最高的收费之一。即使在收费之后，该基金在第一个十年内净回报率仍达到惊人的 2478%，1994—2014 年平均每年增长近 72%。[二]

[一] 杰克·施瓦格，《股市奇才》，修订和更新版 (纽约：哈珀·柯林斯出版社，2003 年)，第 79 – 113 页。

[二] 理查德·鲁宾和玛格丽特·柯林斯，"独家对冲基金如何加速推进其退休计划"，彭博社，2015 年 6 月 16 日。

- 埃德·塞科塔也是《股市奇才》[⊖]（*Market Wizards*）系列的主角，他是一名大宗商品交易员，擅长创建程序化技术交易系统。人们对埃德的资产净值和交易表现知之甚少，但可以肯定的是，他曾指导过几位成功的对冲基金经理，其中包括迈克尔·马库斯。据报道，他通过大宗商品交易，将3万美元变成了8000万美元。保罗·都铎·琼斯二世是趋势跟踪技术交易的创始人和系统交易的坚定支持者，建立了他的财富交易期货市场的主要趋势。1983年，他以30万美元成立了一家对冲基金，到了2012年，他管理着120亿美元的资金。

- 理查德·丹尼斯是著名的"海龟交易者"的创始人，他通过期货交易把5000美元变成1亿美元。他使用的趋势交易系统是100%程序化的，完全基于技术分析。事实上，丹尼斯的方法是非常机械的，他把这些方法教给了一群非专业人士（"海龟"），把自己的钱交给他们，让他们交易，当他们违反规则时就解雇他们。在丹尼斯的五年试验期中"幸存"下来14名交易员，他们净赚了1.75亿美元。

这里列出的人都是成功、富有的交易员，他们都把技术分析作为主要的交易方法。他们有一个共同点：他们都交易期货合约。这并不奇怪。期货交易有助于技术分析，而其他类型的交易则不然。大宗商品、货币、债券、指数，这些都是庞大的全球性实体。无论是大豆，黄金，美元、日元还是原油，这些合约的当前价格的涨跌都代表着数以十亿计的资金投入，从气候变化和消费趋势到国内生产总值、国债、利率、通货膨胀、贸易平衡，以及一系列其他全球社会经济、政治和财政状况。对期货合约进行充分的基本面分析是不可能的，这种类型的分析包括对这类事物的各种因素进行充分的分析。有太多的输入向量需要解释。

当我们谈到股票和股票交易时，我们所面对的是一种与众不同的证券。股票是一种名义上的实体，代表个人对非常具体的一家企业的所有权。一家企业比起白银、小麦、10年期国债等要有限得多。企业有财务沿革，有资产，出售商品和服

⊖ 杰克·施瓦格，《股市奇才》，新泽西州霍博肯：约翰·威立父子出版公司，2012年，第151–174页。

务，所有这些都可以衡量和评估。它们是由那些在商业世界中的行为可以被衡量和评估的人来管理的。企业必须每三个月公布一次它们的资产负债表，这些报表上有可以衡量和评估的数据。因此，毫不奇怪，最成功的股票投资者，如这里所列——金融界的格雷厄姆、巴菲特和林奇——都是基本面分析的践行者。然而，令人惊讶的是，成功的股票投资者和使用技术分析的投资者之间存在着竞争。

例如，我们可以想到马丁·茨威格，他曾是对冲基金经理，也是 1986 年的经典著作《华尔街赢家》（*Winning on Wall Street*）的作者。茨威格开发了一个基于技术分析的市场择时工具，这个工具告诉他什么时候可以全力跟进，什么时候应该撤退。这个工具准确地预测了几个大盘的顶部和底部。此外，茨威格在选股过程中使用了相对强度这一技术分析的标准工具。茨威格的基金非常成功，他曾经拥有当时美国最贵的房子，一套位于纽约市的顶楼公寓，这套公寓于 2014 年售出了1.25 亿美元的价格。茨威格还发布了"茨威格预测"（*The Zweig Forecast*），该预测从 1980 年到 1995 年提供了所有市场咨询产品中风险调整后的最高回报。

《投资者商业日报》和《市场图表》的创始人威廉·奥尼尔也被认为是一个将技术分析与基本面相结合的人，他创造了一个成功的交易系统。奥尼尔因在畅销书《如何在股票市场赚钱》（*How to Make Money in Stocks*）中提出的 CAN-SLIM方法论而名声大噪。他使用了多种技术指标，包括成交量分析、图表走势、支撑位和阻力位、相对强度以及更广泛的市场趋势，对符合基本面条件名单的股票的进入和退出进行计时。奥尼尔的成功是别人很难匹敌的。30 岁时，奥尼尔成为有史以来在纽约证券交易所拥有交易席位的最年轻的人。20 世纪 90 年代，他成功地担任了共同基金经理，并培训了几名学生，他们现在都成功地经营着自己的基金。奥尼尔作为一个选股专家的名声如此之大，以至于他一度可以向金融专业人士收取 7.5 美元的投资顾问费。

另一位运用技术手段成功的股票投资者是史蒂夫·科恩，他也是施瓦格的《股市奇才》中的一位主角。[一]科恩是 S. A. C. 资本顾问公司（S. A. C. Capital

---

（一）杰克·施瓦格，《股市奇才》，第 266 - 279 页。

Advisors）的创始人，该公司于1992年成立，拥有科恩2500万美元的自有资金。2014年，该公司管理的资产超过140亿美元。2012年，S. A. C.资本顾问公司旗下的国际基金是最赚钱的对冲基金；S. A. C.基金自推出以来，即便是在收取了业界最高的50%的业绩报酬之后，平均每年的投资回报率仍超过30%。科恩对他的交易策略严加保密。从他接受的几次采访中，我们知道科恩的主要交易策略是"事件驱动"（收益、股票发行、合并等）。然而，一旦建立头寸，科恩的管理策略就是监控价格表的技术指标。科恩被称为"一触即发的交易员"，因为有时，出于对事件的瞬间反应，他会在几秒钟内完成头寸的买卖。[⊖]在我们的使用技术分析的成功股票投资者名单上，还有德里豪斯资本管理公司（Driehaus Capital Management）创始人理查德·德里豪斯。德里豪斯专注于小盘成长股，这是市场中最不稳定、风险最大的板块之一。为了降低风险，德里豪斯转向技术分析。他被认为是动量投资的创始人之一，该策略在多个时间框架内使用价格图表来确定价格趋势的方向和强度，以及买入和退出的最佳时机。德里豪斯的业绩记录凸显了这一策略的成功。在上市后的12年时间里，德里豪斯资本管理公司为客户创造了超过30%的年复合回报率（扣除所有费用后）。相对于所管理的超过110亿美元的资金规模来说，这是一个不小的成就。[⊜]

显然，技术分析是有问题的。它的主观因素太容易使交易者在图表中只能看到自己想看到的东西。然而，正如前面的专业人士的名单所示，它也可以是一个非常赚钱的投资方法。这样的矛盾也提出了一个重要的问题：考虑到它容易受到偏好的影响，我们如何才能让技术分析像对茨威格、奥尼尔、科恩和德里豪斯这样成功的股票交易员那样为我们工作？同样，还有一个好消息：在接下来的章节中，我们将详细介绍10个基于技术分析的交易系统，再加上在第2版《以趋势交易为生》中增加的一个多空"红利系统"，这些系统已经证明了自己的作用。与本书的第1版不同，这一次这些系统中的每一个都使用了两个关键的基本面筛

⊖ 史蒂夫·科恩，《投资领域》，2018年3月19日。

⊜ "理查德·德里豪斯简介"，《交易员日志》，2011年5月3日，2018年3月22日查阅。

选工具，它们在很大程度上减少了认知偏好。这些升级形成了技术分析和某些公司特定指标之间的结合，这些指标可用于稳定我们原来的交易系统。令人高兴的是，对原始系统的这些调整也大大提高了它们的性能。

系统的完善

在讨论细节之前，让我们先看看我所做的研究，是它导致我做出了这些改变。我必须警告你：你即将看到的事情是相当令人震惊的。当我第一次发现它时，我以为我构建的系统出了什么问题。经过几年的测试，我才意识到了根本问题——什么是最好的解决方案，以及如何使用该解决方案获得一致的、可重复的结果。一旦意识到这一点，我的发现就会渗透到我所做的每件事中。我依此开设了"活生生的股票与期权交易"课程。我在两个主要的咨询网站上，把它整合到我的各种每日和每周市场咨询信息中。我注册了客户培训账号，开始教他们这些理念。我在我们的 Youtube 频道上发布了一系列视频，致力于讲解与传播我的发现。当然，我也开始根据这项研究所教给我的知识来管理我们的家庭基金和账户。

先说点儿背后的故事。我将要和你们分享的是最初在建立一个新的动量交易系统时的发现。我从 2014 年出版的《市场中性交易》（*Market Neutral Trading*）一书中所做的前期研究中了解到，股价的上涨势头是未来短期价格走势最有力的预测因素之一。换言之，近期强势上涨的股票在近期上涨的可能性大于下跌的可能性。我们在这里称之为动量理论（momentum-thesis），它有很深的渊源。上述投资者都是在这篇论文的基础上发家致富的。财政部前部长劳伦斯·萨默斯发表了一篇文章力挺这一论点。⊖即使是有效市场假说的创始人，也不得不向他的一位研究生承认，那种认为处于上升趋势的股票比处于下降趋势的股票更可能在短期内上涨的动量论调是其有效市场理论面临的"最大的尴尬"。⊜

⊖ 劳伦斯·萨默斯，"股市是否理性地反映了基本价值？"《金融杂志》，1986 年 7 月，第 591–601 页。

⊜ 克里夫·阿斯内斯，"法玛谈动能"，2016 年 2 月 5 日。

然而，我的研究对动量理论提出了质疑。我的发现令人震惊。我了解到，如果你选取一组按最低价格和最低平均成交量筛选的股票（这样做是为了排除低价股和低流动性股），然后对剩余的股票应用一系列相对强度筛选，使通过筛选的股票都是当前股价变化最活跃的股票，你很可能会留下一套短期强势股，然而（你准备好听结果了吗？）——竟然赔钱了。

这些系统选出的股票不仅表现逊于大盘，它们在短时间内甚至会让你的账户余额达到接近零的水平。

我来举例说明。以下筛选条件是为筛选价格和日成交量前 3 名股票而构建的，这些股票在 3 个不同的时间段内表现出持续强劲的价格动量：

1. 当前价格 > 每股 5 美元

2. 平均成交量（20 天）> 100000 股

3. 12 周内价格相对变化百分比 = 前 30 名股票

4. 4 周内价格相对变化百分比 = 前 10 名股票

5. 1 周内价格相对变化百分比 = 前 3 名股票

运行此筛选标准，它在市场上所有股票中为我提供了 3 只股票，价格超过 5.00 美元/股，在过去 20 天内日均成交量超过 10 万股，在价格相对变化前 30 名的股票中，即过去 12 周相对于标准普尔 500 指数的价格变动排名前 10 名，还在过去 4 周价格相对变动排前 10 名，在过去一周价格相对变动前 3 名。最近一次筛选（2018 年 3 月 20 日）产生了以下 3 只股票：

- 达克索公司（DXR）

- 蓝林控股（BXC）

- 阿卡迪亚生物科学（RKDA）

从随后的图表中可以看出，随着成交量的大幅上升，这 3 只股票在最近几周都显示出非常强劲的价格动量。根据动量理论，这类股票在未来应该会继续表现出相对强势。

如果你是一个技术分析专家，你可能已经知道，我们试图交易的股票的走势看起来将像图 1.1 所示的那样。不过，为了便于叙述，让我们回溯一下这个选股系统，看看会发生什么。为此，我将在扎克斯投资研究（Zacks Investment Research）（4.0 版）的研究向导构建软件中输入图 1.1 中的数据，设定一个 4 周的再平衡期，并在 5 年的回溯期（2013 年 3 月至 2018 年 3 月）内运行我们的测试。

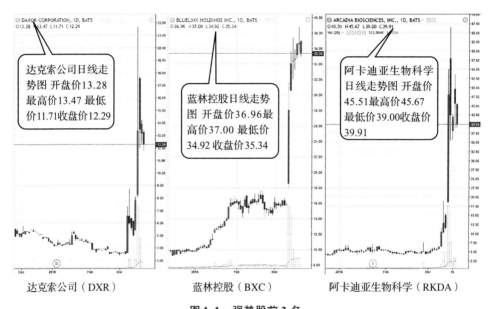

达克索公司（DXR）　蓝林控股（BXC）　阿卡迪亚生物科学（RKDA）

图 1.1　强势股前 3 名

图由 TradingView.com 提供。

这意味着在再次运行筛选测试之前，我们将给每只股票 4 周时间。如果一只股票在每次新一轮的筛选中都保持在相对强势的前 3 名，并且高于所要求的最低价格和成交量水平，我们将继续投资该股票，直到下一轮筛选。如果它无论出于什么原因从名单上掉下来，股票都将以收盘价出售，换成名单上的一只新股票。理论上，每次购买新股票都会增加收益。

有了这些参数，来看看我们的简单动量交易系统表现如何。5 年期回报如图 1.2 所示（系统回报为灰色阴影）。如果我们给出这些回报数据的曲线（见图 1.3），可以看到，我们的动量系统在早期曾有一段时间表现优于整个市场。图 1.3 显示，在前 23 个月的再平衡期之后，该账户一度增长了 130%，即年化投资回报率超过 73%！这还不错。

模拟统计	初始投资：10000 美元	策略测试数据	标准普尔 500 指数
	复合回报率%	-96.1	92.5
	复合回报额 $	388	19246
	复合年化增长率%	-47.8	14.0
	胜率%	51	65
	胜出期/总周期	33/65	42/65
	平均持股数（只）	3	—
	期内平均换手率%	99.5	—
	平均每期回报率%	-3.2	1.0
	期内平均胜率%	9.5	2.5
	期内最大胜率%	27.3	8.3
	期内平均败率%	-16.4	-1.6
	期内最大败率%	-49.7	-6.0
	最大回撤率%	-98.3	-9.5

图 1.2　2013—2018 年相对强度系统测试统计（4 周再平衡）

图由扎克斯研究向导软件提供。

不幸的是，那之后一直都是下坡路。从图 1.3 可以看出，使用该系统，我们 10000 美元的初始投资达到最高 2.3 万美元，5 年后降至 388 美元，总体回报率为 -96.1%。与同期的标准普尔 500 指数 92.5% 的涨幅（年化增长率 14.0%）相比，糟糕透了。

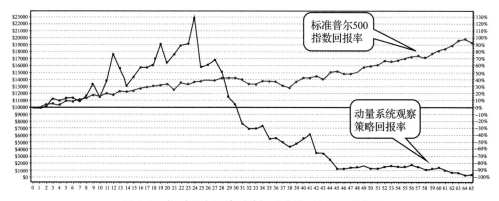

图 1.3　相对强度系统测试权益曲线（4 周再平衡）

图由扎克斯研究向导软件提供。

或许 4 周的再平衡期对我们的火箭股来说太长了，无法保持其势头。那么，如果我们把再平衡期缩短到 2 周，会发生什么呢？通常，根据我的经验，缩短依赖相对强度的交易系统的再平衡时间往往会提高业绩。让我们看看在相同的时间段内进行相同的系统扫描，并在 2 周的再平衡期内运行时会发生什么情况（见图 1.4）。

模拟统计	初始投资：10000 美元	策略测试数据	标准普尔 500 指数
	复合回报率%	−99.6	97.0
	复合回报额 $	41	19699
	复合年化增长率%	−66.4	14.0
	胜率%	37	65
	胜出期/总周期	49/131	85/131
	平均持股数（只）	3	—
	期内平均换手率%	91.0	—
	平均每期回报率%	−2.7	0.5
	期内平均胜率%	11.5	1.7
	期内最大胜率%	66.9	7.0
	期内平均败率%	−11.2	−1.5
	期内最大败率%	−65.2	−6.7
	最大回撤率%	−99.6	−10.0

图 1.4　2013—2018 年相对强度系统测试统计（2 周再平衡）

图由扎克斯研究向导软件提供。

随着再平衡期的缩短，我们可以看到，我们的回报从真正可怕到绝对残暴！事实上，这一次我们在回溯期前几周的曲线里甚至没有看到一个像样的凸点。回报率从一开始就很差，而且越来越差，在交易 5 年后，最初的 10000 美元只剩下可怜的 41 美元（见图 1.5）。

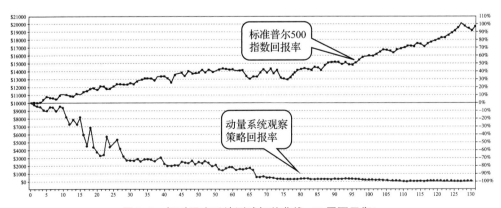

图 1.5　相对强度系统测试权益曲线（2 周再平衡）

图由扎克斯研究向导软件提供。

即使紧缩至一周的再平衡期也未能带来任何改善。事实上，我们从 10000 美元开始的初始投资，经过 5 年的高相对强度股票交易，每周进行一次系统筛选，剩余的初始投资本金仅为 22 美元（见图 1.6）。

模拟统计 初始投资：10000 美元	策略测试数据	标准普尔 500 指数
复合回报率%	−99.8	96.1
复合回报额 $	22	19613
复合年化增长率%	−70.4	14.0
胜率%	44	64
胜出期/总周期	114/262	167/262
平均持股数（只）	3	—
期内平均换手率%	89.8	—
平均每期回报率%	−1.7	0.3
期内平均胜率%	7.2	1.2
期内最大胜率%	33.0	4.3
期内平均败率%	−8.5	−1.3
期内最大败率%	−64.1	−5.9
最大回撤率%	−99.8	−11.3

图 1.6 2013—2018 年相对强度系统测试统计（1 周再平衡）

图由扎克斯研究向导软件提供。

或许我们回溯测试的问题在于，我们选择了一个很糟糕的时期来测试动量交易系统。这的确是一个值得认真核实的可能性。例如，如果我们将回溯期的开始日期移到标准普尔 500 指数在 2008 年金融危机后触底的那一天，会发生什么？2009 年 3 月 13 日，标准普尔 500 指数触及 666 点的盘中低点，这一天被称为所谓的大衰退的最低点，听上去令人毛骨悚然，但却是事实！从那以后，该指数在 5 年里以惊人的速度上涨了 172.2%。对于大盘来说，这是一个非常乐观的时期。有人会认为，完全建立在相对强度基础上的交易体系在这种市场条件下保持良好的运行是完全合理的。但不幸的是，统计数据无法证实这一假设。在 5 年回溯期内使用 4 周的再平衡期，我们得到的是如图 1.7 所示的回报。

模拟统计　　初始投资：10000 美元	策略测试数据	标准普尔 500 指数
复合回报率%	−79.3	174.2
复合回报额 $	2073	27424
复合年化增长率%	−26.7	22.0
胜率%	38	68
胜出期/总周期	25/66	45/66
平均持股数（只）	3	—
期内平均换手率%	95.9	—
平均每期回报率%	−0.9	1.6
期内平均胜率%	15.4	4.0
期内最大胜率%	48.2	13.5
期内平均败率%	−10.9	−3.4
期内最大败率%	−37.7	−8.8
最大回撤率%	−94.2	−14.8

图 1.7　2009—2014 年相对强度系统测试统计（4 周再平衡）

图由扎克斯研究向导软件提供。

至少在这种情况下，经过五年的测试，我们的账户上还有 2000 多美元。然而，与采用买入并持有指数（不包括股息）策略的投资者账户中的 27424 美元相比，这并没有带来多少安慰，特别是当我们以 95.9% 的平均换手率进行交易时，还要计入所有交易的手续费和佣金（见图 1.7）。

就像我们之前试图通过缩短再平衡期来提高回报一样，从 4 周到 2 周再到 1 周的再平衡期只会进一步减少我们账户的余额：从 2073 美元降到只剩 130 美元！

这些论证和前面的讨论有助于我们确定三件事：

1. 技术分析中所有主观因素都必须加以考虑；

2. 技术分析手段已经使一些人获得了巨大的财富；

3. 单凭价格动量，还不足以成为建立一个可盈利的交易体系的技术基础。

说完了这些，我们现在可以转而讨论在市场上什么是真正有效的。

如何进行技术分析

我刚才展示的发现让我提出了这样一个问题：即便技术分析有问题，但那些伟大的交易者通过技术分析赚到了很多钱，如果说仅仅依靠价格动量是行不通的，但那些伟大的投资者却从价格动量中获利了，那么我该如何建立一套成功的交易系统，来利用技术分析和价格动量，而不让我的账户归为零呢？

为了回答这个问题，我回到我的系统构建软件，并开始输入数字。我从之前详细描述的、可怕的动量筛选开始——它毕竟是围绕着一篇久经考验的论文构建的——该论文得到了业界一些巨头的支持。但在这个过程中，我开始以不同的组合方式添加基本的预筛选工具，并使用各种运算符、函数和值。我测试的论点是，动量本身不是问题所在；问题是股价涨得最快的股票，往往是由大量流入造成的交易不平衡，而这种不平衡反过来又是由某些催化剂事件造成的，如果不是由公司本身的真实价值来证实，就不可能形成持续的势头。然而，如果我们首先筛选具有真实价值的公司，或者我的论文是这样写的，然后在此基础上加上我们的动量筛选工具，我们很可能发现具有持续发展势头的股票。

当我开始在动量筛选中构建基本的预筛选工具时，我并不是凭空开始的。读了几年基本面分析方面的著作后，我开始列出了一系列指标，这些指标基于我之前的研究，也与股价的持续上涨密切相关。这些作品的作者都是基本面分析的超级明星。向他们学习为我节省了大量的时间。这个简短的清单包括：

- 历史每股收益增长
- 预期每股收益增长
- 历史销售收入增长
- 预期销售收入增长
- 每股收益上限
- 上调每股收益预期上限
- 销售收入上限
- 上调销售收入预期上限
- 分析师强烈推荐
- 分析师上调评级
- 同行业市盈率低值
- 低市销率（价格/销售额）
- 低价格/自由现金流量
- 股本回报率
- 投资回报
- 内幕交易
- 机构买入

在5年的时间里，我一个接一个地不断输入这些增长和估值指标，单个的和组合的，不断变化的值、周期和函数，然后一次次地运行筛选，每次筛选屏幕上都有相同的相对价格变化筛选工具，就像前面提到的糟糕的动态屏幕所示的那样。几乎在每一种情况下都有改进（怎么可能没有呢？）然而，最后我发现，在我们的动量筛选中，在可以添加的几十个预筛选工具中，只有两个起了很大的作用。我稍后将详细讨论它们。现在，让我向你展示这两个预筛选工具对我们的系统性能影响有多大的不同。

我想添加到原始动量筛选的第一个预筛选工具是一个估值筛选工具。它列出几个不同的估值指标供我们选择。金融分析师最常用的估值指标是市盈率。不过，由于许多最好的动量股没有实际净收益，也没有市盈率，所以这不是一个好选择。这一事实也排除了市盈率增长率（P/E to Earnings Growth Ratio）这个指标。

股票投资者常用的另一个估值指标是市净率（P/B）。在我2014年出版的书《市场中性交易》的第7章中，更详细地讨论了这个指标。在那本书里，我讲述了芝加哥大学的经济学家约瑟夫·皮奥特罗斯基博士的工作。皮奥特罗斯基博士证明了低P/B类股票的表现往往优于高P/B股，而且一旦将其他基本参数考虑在内，它们的表现就会更好。但将P/B作为估值指标的问题在于，大多数低P/B类股票的价格动量很小。它们的P/B如此之低的原因是：它们的股价已大幅下跌。事实上，大多数濒临破产的公司都会在低P/B的情况下度过一段时间。

与我们的目的完全相符的估值指标是市销率（价格/销售额，P/S）。当一家公司的每股已发行股份所对应的销售收入高出每股股价很多时，这个比率就比较低了。这个指标可以将具有以下基本特征的公司筛选出来：

- 有强大的盈利潜力，因为公司的销售收入正在增加，即使还没有真正的净收入
- 公司的股票波动幅度相对较小（这往往会推动每股销售比率），从而使之对需求驱动的价格势头更敏感
- 不像那些没有预筛选工具而通过我们原始筛选的公司的股票，它们不会被高估

市销率低就是数值在1.0以下。这意味着该公司以每股1美元的价格卖出超过1美元的产品。在动量游戏中，往往正是这样的一系列股票把真正的赢家卷入动量博弈中，因为这些股票是投资者将继续购买的股票，而他们看到了标的公司

的真正价值。如果我们在筛选中添加一个市销率预筛选工具，我们得到的是一个动量筛选，如下所示：

- 当前价格 > 每股 5 美元

- 平均成交量（20 天）> 10 万股

- 市销率 < 1.0

- 价格在 12 周内的相对百分比变化 = 前 30 只股票

- 价格在 4 周内的相对百分比变化 = 前 10 只股票

- 价格在 1 周内的相对百分比变化 = 前 3 只股票

有了这个基本的预筛选工具，在我们的五年回溯期内，预期回报率会有所提高，这是合理的。的确，我们确实看到了巨大的进步。当然，当最初的选股收益率在五年内达到96.8%，再平衡期为4周时，除了上涨，别无选择！那么，我们修改后的筛选结果如何呢？图 1.8 显示了使用与原始筛选相同的回溯期和相同的再平衡期的返回值，只是现在添加了市销率预筛选工具。

模拟统计　　初始投资：10000 美元	策略测试数据	标准普尔 500 指数
复合回报率%	32.9	92.5
复合回报额 $	13287	19246
复合年化增长率%	5.8	14.0
胜率%	55	65
胜出期/总周期	36/65	42/65
平均持股数（只）	3	—
期内平均换手率%	96.4	—
平均每期回报率%	0.8	1.0
胜出周平均盈利率%	6.1	2.5
胜出周最大周盈利率%	19.3	8.3
失败周平均亏损率%	−5.9	−1.6
失败周平均周亏损率%	−30.9	−6.0
最大回撤率%	−62.1	−9.5
平均连胜期（周）	2.1	2.6
最大连胜期（周）	7	6
平均连败期（周）	1.8	1.5
最大连败期（周）	7	4

图 1.8　相对强度系统测试统计（4 周再平衡），2013—2018 年，市销率预筛选

图由扎克斯研究向导软件提供。

这是一个很大的进步。在我们的股票达到相对强度要求之前，只需简单地增加一个基本面预筛选工具，我们就可以将一个迫使我们在 5 年内陷入全面亏损的系统，变成一个利润接近 33% 的系统！这证明了市销率的力量，可以让我们持有势头型的股票，而这些股票往往能维持上升趋势。不过，我们仍远低于基准指数（标准普尔 500）。我们显然走在正确的道路上，我们还可以做得更好。

第二个将添加到我们现在正在改善的动量筛选的预筛选工具是用于衡量每股收益增长的工具。然而，有了它，我们衡量的不仅仅是收益的绝对增长，而是一种非常特殊的增长形式。在我们的第二个预筛选工具中，我们需要在最近的时点要么提高预期收益（收益预期调整），要么超出预期（收益的惊喜），使分析师对其收益公告感到惊讶。结果发现，正收益预期调整和正收益的惊喜与价格近期上涨走势有很强的相关性。

麻省理工学院博士、扎克斯投资研究公司创始人伦·扎克斯博士是这一发现的先驱。他在 1979 年发表在《金融分析师杂志》（*Financial Analysts Journal*）上的一篇文章中对这一主题进行了研究。[一]扎克斯在那篇文章中的论点是，推动股价上涨的不是实际收益，而是分析师对公司收益的预期，特别是当这些预期被发现过低时。当分析师明显低估了一家公司的盈利潜力时，他们被迫提高盈利预期，这样在公司发布季度报告时就不会显得糟糕。有时候，这些低估并不那么明显，并不是所有影响公司股价的事情都会被公开，在这种情况下，通常会发生的事情是，公司超出分析师的预期，让每个人都感到意外。无论哪种方式，结果都是可以预测的：当这种差异被定价到股票中时，股票价格会突然而且通常是持续地上涨。

持续跟踪分析师的预判、指引的变化以及每股收益的意外情况并非易事。幸运的是，扎克斯根据他的发现，建立了一个股票排名工具：Zacks 等级，根据上市公司收益预期调整和每股收益惊喜的数量和规模，将上市公司分为五个不同的

○ 伦·扎克斯，"每股收益预测：准确性不够"，《金融分析师杂志》，1979 年 3—4 月，第 35 卷，第 53 - 55 页。

等级。Zacks 等级为 1 的股票（占所有股票的 5%）往往优于等级为 2 的股票
（占所有股票的 15%），等级为 2 的股票往往优于等级为 3 的股票（占所有股票
的 60%），等等。有五个 Zacks 等级的表现数据，可以追溯到 1988 年。从那时
起，我们看到所有股票的年度投资回报率根据 Zacks 等级进行了一致的分层（见
图 1.9）。请注意，在 22 年的时间里，Zacks 等级为 1 的股票表现几乎是标准普
尔 500 指数的 3 倍。

年份	#1 等级	#2 等级	#3 等级	#4 等级	#5 等级	S&P 500
1988	37.46%	29.69%	20.79%	19.13%	18.39%	16.20%
1989	36.09%	26.84%	15.85%	9.55%	-5.10%	31.70%
1990	-2.97%	-13.69%	-21.32%	-23.85%	-34.71%	-3.10%
1991	79.79%	56.80%	45.98%	36.60%	34.35%	30.40%
1992	40.65%	29.63%	18.04%	12.24%	17.31%	7.51%
1993	44.41%	26.86%	14.78%	8.59%	9.54%	10.07%
1994	14.34%	5.15%	-3.56%	-11.14%	-10.90%	0.59%
1995	54.99%	46.84%	30.63%	17.35%	9.11%	36.31%
1996	40.93%	28.60%	16.07%	7.71%	8.02%	22.36%
1997	43.91%	33.87%	22.93%	10.17%	3.05%	32.25%
1998	19.52%	12.92%	-3.47%	-8.77%	-14.84%	28.25%
1999	45.92%	35.53%	31.02%	18.46%	17.69%	21.03%
2000	14.31%	-1.47%	-17.75%	-19.52%	-3.95%	-9.10%
2001	24.27%	11.70%	14.09%	17.93%	20.20%	-11.88%
2002	1.22%	-14.51%	-19.39%	-23.50%	-17.59%	-22.10%
2003	74.74%	71.02%	66.69%	57.34%	55.99%	28.69%
2004	28.79%	23.26%	18.51%	11.92%	16.63%	10.87%
2005	17.97%	12.01%	6.54%	-1.31%	-5.08%	4.90%
2006	23.69%	26.63%	18.09%	15.17%	16.88%	15.80%
2007	19.91%	5.42%	-4.34%	-13.06%	-23.90%	5.49%
2008	-41.13%	-43.48%	78.42%	59.91%	49.18%	26.46%
2009	66.87%	82.46%	78.42%	59.91%	49.18%	26.46%
2010	28.15%	35.04%	27.89%	29.28%	27.18%	15.06%
年均回报	28.07%	19.61%	10.73%	5.09%	2.75%	9.65%

2010 年的结果为 2010 年 1 月 1 日—12 月 31 日

图 1.9　1988—2010 年 Zacks 等级表现

数据由扎克斯投资研究公司提供。

当我们把 Zacks 等级筛选工具列入我们现在改进的动量筛选时会发生什么？
我们的目标是要求所有通过的股票不仅具有较低的市盈率，而且具有较低的
Zacks 等级（1 或 2），因为这些股票正在提高其盈利预期或在宣布盈利时令分析

师感到惊讶，而且，正如本文引用的研究所示，意味着这些股票未来最有可能上涨。加上这个，我们的动量筛选现在看起来是这样的：

- 当前价格 > 每股 5 美元
- 平均成交量（20 天）> 100000 股
- 市销率 < 1.0
- Zacks 等级 < 3
- 12 周内价格相对变化百分比 = 前 30 名股票
- 4 周内价格相对变化百分比 = 前 10 名股票
- 1 周内价格相对变化百分比 = 前 3 名股票

我们知道，当我们通过增加市销率要求来预先筛选低估值的动量股时，我们的筛选性能会大大提高。基于前面的研究，我们还应该期望，当我们添加一个较低的 Zacks 等级作为第二个预筛选工具时，我们应该看到性能的提高。事实上，这正是我们所看到的，如图 1.10 所示。

模拟统计　初始投资：10000 美元	策略测试数据	标准普尔 500 指数
复合回报率%	249.0	92.5
复合回报额 $	34901	19246
复合年化增长率%	28.4	14.0
胜率%	65	65
胜出期/总周期	42/65	42/65
平均持股数（只）	3	—
期内平均换手率%	97.9	—
平均每期回报率%	2.3	1.0
胜出周平均盈利率%	7.2	2.5
胜出周最大周盈利率%	18.3	8.3
失败周平均亏损率%	-6.8	-1.6
失败周平均周亏损率%	-17.7	-6.0
最大回撤率%	-29.9	-9.5
平均连胜期（周）	2.8	2.6
最大连胜期（周）	8	6
平均连败期（周）	1.5	1.5
最大连败期（周）	5	4

图 1.10　2013—2018 年相对强度系统测试统计
（4 周再平衡），市销率和 Zacks 等级预筛选

图由扎克斯研究向导软件提供。

惊艳！这是我们第一次在系统筛选中看到真正的、稳健的表现（见图1.10）。发生了几件好事。首先，我们现在已经成功地将我们最初的动量筛选从一个彻底的失败者转变成了一个在过去五年中，复合指数超过标准普尔500指数2.5倍的失败者，年投资回报率超过主要基准的两倍。这些都是巨大的回报。这就是金融专业人士所说的α净回报率高于基准指数，就像我们在这里看到的α一样，你可以在华尔街找到任何你想要的交易工作！此外，看看我们的最大回撤率。通过将Zacks等级作为预筛选工具添加到我们的市销率中，我们将系统的最大回撤率从 − 62.1%（见图1.8）变为 − 29.9%（见图1.10）。与标准普尔500指数仅下跌9.5%相比，后一个数据似乎仍不稳定，但考虑到基准指数持有500只大盘股，而我们的动量筛选只持有3只股票。基于这些原因，我们应该期待更大的波动。波动性是我们为追求更高回报而付出的代价。

我们能做得更好吗？当然可以。事实证明，4周的再平衡期还不足以让我们预先筛选的动量的全部威力爆发。让我们看看当我们将等待时间从4周减少到2周时会发生什么（见图1.11）。

模拟统计	初始投资：10000美元	策略测试数据	标准普尔500指数
	复合回报率%	581.9	97.0
	复合回报额 $	68190	19699
	复合年化增长率%	46.4	14.4
	胜率%	56	65
	胜出期/总周期	74/131	85/131
	平均持股数（只）	3	—
	期内平均换手率%	89.2	—
	平均每期回报率%	1.7	0.5
	胜出周平均盈利率%	5.9	1.7
	胜出周最大周盈利率%	22.1	7.0
	失败周平均亏损率%	− 3.8	− 1.5
	失败周平均周亏损率%	− 14.7	− 6.7
	最大回撤率%	− 26.6	− 10.0
	平均连胜期（周）	2.1	2.8
	最大连胜期（周）	5	11
	平均连败期（周）	1.6	1.5
	最大连败期（周）	5	3

**图1.11　2013—2018年相对强度系统测试统计
（2周再平衡），市销率和 Zacks 等级预筛选**
图由扎克斯研究向导软件提供。

现在，随着我们的估值和收益预期的预筛选到位，我们的动量筛选（为期 2 周的再平衡期）比 4 周的再平衡期回报率翻了一倍多，从五年期 249% 的投资回报率上升到了 580% 以上。我们还注意到，我们的最大回撤率则从 −29.9% 变为 −26.6%。但这还没结束，看看当我们进一步将再平衡期降低到 1 周时会发生什么（见图 1.12）。

模拟统计	初始投资：10000 美元	策略测试数据	标准普尔 500 指数
	复合回报率%	1451.3	96.1
	复合回报额 $	155125	19613
	复合年化增长率%	72.3	14.3
	胜率%	58	64
	胜出期/总周期	152/262	167/262
	平均持股数（只）	3	—
	期内平均换手率%	88.6	—
	平均每期回报率%	1.1	0.3
	期内平均胜率%	4.0	1.2
	期内最大胜率%	18.8	4.3
	期内平均败率%	−2.7	−1.3
	期内最大败率%	−10.9	−5.9
	最大回撤率%	−19.5	−11.3
	平均连胜期（周）	2.3	2.6
	最大连胜期（周）	7	10
	平均连败期（周）	1.6	1.5
	最大连败期（周）	4	4

图 1.12 2013—2018 年相对强度系统测试统计

（1 周再平衡），市销率和 Zacks 等级预筛选

图由扎克斯研究向导软件提供。

看看！这些数字已经不在图表上了，很好！五年来每周只需点击一次鼠标，就能将 1 万美元变成 15 万美元以上，这不是在开玩笑，看看图 1.13 所示的这条回溯测试的权益曲线。这真是太漂亮了！

正如这些测试所显示的，将纯价格动量筛选与估值筛选工具（P/S）和盈利增长指标（Zacks 等级）相结合，具有获得惊人利润的潜力。随着我们的最低持有时间减少到 1 周，我们的五年期投资回报率增加了近 6 倍，从 249% 增加到 1451%，是同期标准普尔 500 指数的 15 倍还多，我们将我们的最大回撤率从 −62% 变为可控的 −19.5%（见图 1.12），甚至只持有 3 只股票！这些数字真是太棒了！

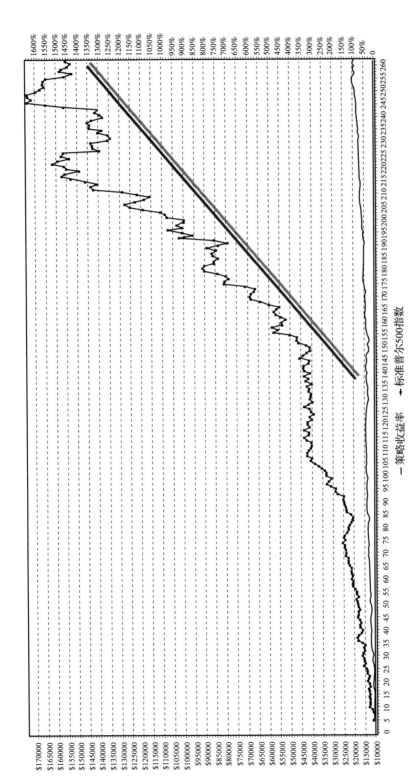

图1.13　相对强度系统测试权益曲线（1周再平衡），2013—2018年，市销率与Zacks等级预筛选

数据由扎克斯研究向导软件提供。

基本面预筛选趋势交易

接下来，我们将继续展示前面所说的一切与以趋势交易为生有什么关系。在这本书的第 1 版中，我给出了 10 个完全公开的交易系统：5 个看涨，5 个看跌。这些系统只是基于技术分析的。然而，我们已经看到，技术分析存在问题。在技术分析中有一些主观因素很难消除，而其中最显著的方面——动量，当它被用在自己身上时就不起作用。同时，我们已经看到，通过使用两个强大的基本指标对动量筛选进行预筛选，我们可以构建一个基于动量的异常强大的技术交易系统。

这是一个更庞大的体系：我在动量系统之外的研究表明，我们也可以通过在我们的选股过程中加入同样的两个基本面预筛选工具，建立基于回调、突破、反弹、缺口和均值回归（我们的新红利交易系统，见第二十章）的制胜技术交易系统。对于看涨的技术系统，我们将使用之前描述的筛选的最终版本，只是没有加入相对强度预筛选工具。运行此筛选将为我们提供一份经过估值和收益增长筛选的股票的观察名单，然后我们可以应用看涨技术系统，以便为我们的入市和退市计时。对于看跌的技术系统，我们将简单地调整市销率和 Zacks 等级，以确保我们的观察名单中的股票是市销率被高估，并且在每股收益预期调整和每股收益惊喜方面排名靠后的那些股票。运行这一看跌预筛选将为我们提供一份被审查为估值过高和盈利增长疲弱的股票观察名单，然后我们可以应用看跌技术系统，为我们入市和退市计时。让我来展示一下为什么这是一个天才的想法。

以下是基本预筛选工具的参数：

- 当前价格 > 每股 5 美元
- 平均成交量（20 天）> 100000 股
- 市销率 < 1.0
- Zacks 等级 < 3

根据市场情况，运行此筛选程序通常会为我们选出 100 ~ 200 只股票。如果通过筛选的股票太多，你可以降低市销率，这也将提高我们的股票质量。看看当我们在没有任何其他技术或基本要求的情况下回溯测试此筛选时会发生什么。我们所期望的是，过去的股票表现应该非常好，因为它们代表的公司，在所有其他条件相同的情况下被低估了，并且表现非常低迷，以至于分析师必须调整他们的盈利预期。让我们对这个看涨的预筛选工具进行 10 年的回溯测试，看看会发生什么。在这个较长的回溯期内，我们将捕捉到 2008—2009 年股市崩盘期间的价格走势，这将对我们的理论进行真正的检验。我们将坚持 1 周的再平衡期，正如我们所看到的，这将大大提高表现。结果如图 1.14 所示。

模拟统计	初始投资：10000 美元	策略测试数据	标准普尔 500 指数
	复合回报率%	320.0	162.3
	复合回报额 $	42002	26226
	复合年化增长率%	15.3	10.1
	胜率%	60	60
	胜出期/总周期	315/523	313/523
	平均持股数（只）	146.9	—
	期内平均换手率%	20.8	—
	平均每期回报率%	0.3	0.2
	期内平均胜率%	2.2	1.6
	期内最大胜率%	16.9	12.1
	期内平均败率%	−2.5	−1.9
	期内最大败率%	−18.5	−18.1
	最大回撤率%	−52.0	−50.9
	平均连胜期（周）	2.4	2.4
	最大连胜期（周）	9	10
	平均连败期（周）	1.6	1.6
	最大连败期（周）	6	6

图 1.14 2013—2018 年看涨预筛选统计数据（1 周再平衡）

图由扎克斯研究向导软件提供。

考虑到我们在筛选时只有两个基本面预筛选工具，没有技术预筛选工具，这些都是很好的结果。你可以看到，我们过去 10 年的总复合回报率几乎是标准普尔 500 指数的两倍（分别为 320.0% 和 162.3%），年平均增长率为 520 个基点（15.3% 和 10.1%）。这种出色的表现基于平均每次筛选近 147 只股票，这种测试的样本量很大。另外，请注意，我们筛选样本的最大回撤率几乎与标准普尔 500 指数一样低（分别为 −52.0% 和 −50.9%），而我们的样本股票数减少了 70%。

现在让我们测试一下看跌的预筛选。为了使这个筛选正常运行，我们需要做的就是将市销率筛选从小于 1 改为大于 5（高），并将 Zacks 等级筛选从小于 3 改为大于 3。根据市场情况，运行此筛选通常会为我们提供 50 ~ 60 只股票。如果通过筛选的股票太少，这可能发生在极度悲观的市场，你可以降低市销率。任何高于 2.0 的市销率都显示了我们通过此筛选所寻找的结果。因此，我们的看跌预过滤器筛选如下：

- 当前价格 > 每股 5 美元
- 平均成交量（20 天）> 100000 股
- 市销率 > 5.0
- Zacks 等级 > 3

如前所述，让我们使用相同的 1 周再平衡期，对这个看跌的预筛选工具运行 10 年回测，看看会发生什么。结果如图 1.15 所示。

这次，我们看到了极好的结果，也正是我们在寻找的，通过预筛选工具进行筛选，旨在生成一个看跌的股票观察名单。你可以看到，我们过去 10 年的总复合回报率仅为标普 500 指数的 30% 左右（分别为 53.0% 和 162.3%），平均年增长率显示负 580 个基点（分别为 4.3% 和 10.1%）。表现不佳是基于平均每次筛选近 53 只股票的结果。另外，请注意，我们筛选样本的最大回撤率现在比标准普尔 500 指数高 15%（分别为 -58.8% 和 -50.9%）。我想出版第 2 版《以趋势交易为生》的原因是想与读者分享这种新的趋势交易方法。如果说我们在第 1 版中设计的趋势交易系统完全依赖于技术分析，那么在第 2 版中提出的新方法将使用预筛选工具进行筛选，即通过看涨和看跌的预筛选工具来建立经基本面估值和收益增长筛选的股票观察名单。正是从这些观察名单中，我们将建立用于趋势交易的技术系统。试想一下，如果我们进行一次预筛选，经过 10 年的测试证明，我们获得了市场上最看涨的股票，并且只用这些股票就可以发现明显的回调、螺旋弹簧、看涨背离、阻力位突破、底部看涨突破和看涨均值回归等形态，那么我们的利润潜力会有多大。然后想象一下，做同样的事情，只需要一个看跌的预筛选工具，就可以发现明显的反弹、下跌缺口、看跌背离、支撑破位、上升楔形破位等形态，以及看跌均值回归形态。这些正是你将从这本新书中学到的东西。

模拟统计　　初始投资：10000 美元	策略测试数据	标准普尔 500 指数
复合回报率%	53.0	162.3
复合回报额 $	15301	26226
复合年化增长率%	4.3	10.1
胜率%	55	60
胜出期/总周期	289/523	313/523
平均持股数（只）	53.1	—
期内平均换手率%	27.4	—
平均每期回报率%	0.1	0.2
期内平均胜率%	2.3	1.6
期内最大胜率%	24.4	12.1
期内平均败率%	−2.6	−1.9
期内最大败率%	−13.4	−18.1
最大回撤率%	−58.8	−50.9
平均连胜期（周）	2.2	2.4
最大连胜期（周）	11	10
平均连败期（周）	1.8	1.6
最大连败期（周）	9	6

图 1.15　2013—2018 年看跌预筛选统计数据（1 周再平衡）

图由扎克斯研究向导软件提供。

第二章

交易工具

趋势交易是理想的依托家庭开展的业务。仓库里没有存货，不用运输货物，没有麻烦的客户，没有冷冰冰的电话，没有噱头营销。你不必在车库里买卖，也不必去跳蚤市场找东西在易趣网上出售。与房地产投资不同，交易员不必担心做任何维护工作，也不必担心拖欠还款的利息。在这里，没有沃尔玛这样的强势客户降低你的价格，没有特许经营费，没有雇用员工，没有导购，不用建立社交媒体平台，也不用聘请律师。

是的，需要一定数量的启动资金，而且，会有一些小的间接费用会对你的利润造成小的影响。不过，与大多数家庭企业相比，趋势交易的进入壁垒可能比任何企业都低。利润率却远远超过90%。这是很难匹敌的！

你真正需要做的就是准备一把舒服的椅子，一台带有大显示器（或多显示器）的新电脑，一个高速互联网连接，一些软件以及纸、笔。我猜你们中的许多人读到这里时，已经理解大部分内容，如果还没有，让我来给你们一些更重要的指导。

硬件

我建议使用最新型号的台式计算机或苹果计算机。在其中，基于 Windows 的选项是更好的选择，因为大多数用于交易的软件都只能在这种系统中运行。随着苹果新兵训练营（Boot Camp）软件的启用，以及类似的跨平台解决方案的出现，基本上没有问题了。然而，仍然存在这样的情况（甚至在本书第 1 版出版 10 年后），即最广泛的交易软件选择只能在 Windows 平台上使用。某些软件特性可能会因跨平台而丢失功能，这也是事实。出于这些原因，最好还是使用基于 Windows 的计算机进行交易。

对于计算机本身，处理器的速度不是这里要关注的问题。如今的处理器速度如此之快，效率如此之高，以至于在从一款中端产品（如英特尔的 Corei3 或 AMD 的 Ryzen3）转向高端处理器方面几乎没有明显的改进。然而，重要的是你的计算机的内存容量。尽管用更便宜的芯片可以省下几百美元，但不要吝啬在内存上花钱。作为一个交易者，你将同时运行实时数据的交易平台、实时数据的图表软件、实时新闻提要、处理大量数据的扫描软件以及几个自动刷新的浏览器窗口。唯一能让这一切同时进行而不会遇到错误和冻结的是大量的随机存取内存（RAM）。

10 年前，在这本书的第 1 版中，我提出 500MB 将是一个最低 RAM 容量目标，这在现在看来很可笑。目前，大多数 PC 的标准配置是当时的 16000 倍！但是，虽然 RAM 容量有所增加，但你使用的交易软件和交易平台的复杂性也有所提高。好消息是 RAM 仍然很便宜，而且它仍然是你最重要的硬件投资。冒着听起来又过时的风险，我建议在 8GB ~ 16GB 之间的内存容量范围内选择。这将确保你的交易经验没有挫折感。这也意味着你应该运行 64 位操作系统，因为 32 位操作系统不能处理超过 4GB 的 RAM。

显示器也是交易工具中的一个重要部分。一般来说，显示器越大越好。因此，笔记本电脑不是交易的最佳选择。当你在路上，并且需要密切关注投资组合时，它们是很好用的。我发现自己经常在我们当地的咖啡店交易（就在海滩对面），用的是无线宽带连接的笔记本电脑。但是，试着一下子打开你的交易工作站、实时图表、报价流、你的观察名单，就会很快意识到尽可能多的显示器是多么必要。

一些交易者使用不止一个显示器进行交易，如果你能负担得起，这不是一个坏主意。大多数新显示器允许你通过 USB 端口直接插入主板，但请注意，一些高端和较旧的显示器将需要一个多显示器显卡，这可能是对你的计算机的昂贵升级。你的另一个选择是买一台超大显示器。如今，它们的尺寸超过 40 英寸，采用商用级的 LED 屏幕和 4K 分辨率。这些庞然大物并不便宜，它们比同样大小的电视更贵，但在一个单一的、无缝的桌面上工作，而不是在多显示器上创建更多功能分割的桌面上工作，要拥有这种便捷性可能只得付出额外的费用。

如何以更低的价格购买专业级交易计算机

说到费用，我有一个很好的建议给那些想升级到专业级、多显示器交易终端，但也需要保持总费用较低的读者。我每三年升级一次我的交易计算机。我在六台不同的计算机上有 20 多年的交易经验，对交易所用计算机行业很了解。一些无良的计算机零售商毫不犹豫地在台式机套餐的价格上收取高额溢价，仅仅因为它被称为"交易计算机"。然而，那些了解计算机的人会告诉你，没有必要提高价格。交易者需要速度、效率、大量的内存和大量的监控空间，但如今这些品质在所有标准组件中都是非常常见的。交易计算机没有什么特别的，就像游戏计算机里也没有什么特别的东西一样。因此，交易计算机的价格应该没有太多差别。这就是为什么我决定与一家计算机零售商合作，这家零售商不仅为交易提供服务，而且还将价格保持在应有的水平，而不涨价。

美国交易计算机公司没有最炫目的网站，也没有你能找到的最大的个人计算机系列。但它拥有高质量的机器，恰到好处的配置，以我找到的最低价格进行交易（我做了很多调查！）美国交易计算机公司的老板过去为一些生意最好的商人制造机器，直到他开了自己的店。现在他卖的计算机和大师交易的计算机一样，却比他们便宜了几百美元！其母公司在 Better Business Bureau（BBB）获得 A + 评级，并提供免费送货、免费退货和五年免费保修。但是，当你从美国交易计算机公司订购时，最大的优势是他们在每台计算机上只使用最先进的组件（英特尔处理器、英伟达显卡、华硕军用级主板、英睿达硬盘、曜越电源等）。他们非常

自信，保证自己的计算机是最可靠的，价格最低，技术最好，并承诺如果达不到
这些，给你退款。

我现在用他们的一台中档计算机"猎户座"交易，它有一个 27 英寸的显示
器，是迄今为止我工作使用过的速度最快、性能最平稳的计算机。这是这台神奇
计算机的规格：

- 英特尔 I7 7820X Skylake 8CPU
- 华硕 TUF X299 主板
- 具有四个监视器支持的 NVIDIA 图形卡
- 铂胜 16 GB DDR4 2400 存储器
- 英睿达 MX500 SD 驱动
- 曜越科技 600W 80 + 认证电源
- Cyberpower（硕天科技）微型电池备份/不间断电源
- 7 个 USB 2.0 端口，7 个 USB 3.0 端口
- 免费保修五年

看看这个坏小子，告诉我你不能在这样的提款机上敲打银行的热键（见
图 2.1）。

图 2.1　交易计算机

图由美国交易计算机公司提供。

一则消息是：登录公司网站（www. tradingcomputersusa. com），结账时在优惠券代码框中输入"stoxx18"，不仅可以免费升级硬盘，还可以为你节省100美元。请告诉店主杰瑞，你从我这里听说过他的网站，或者你在这本书里读到过，他会对你特别好。让他知道你的具体需求是什么，他会帮助你配置一个专门为你定制的计算机。

软件和制图服务

你使用哪种软件取决于你的交易账户中的资金种类。如果你的交易额低于10000美元，那么你就需要找到方法，以尽可能低的成本获取你的流媒体数据和图表。（请记住，我刚开始时只有5000美元。）但是，如果你可以用25000美元或把更多的资金存入你的账户，那么你就可以升级到下一个级别，我将向你展示如何升级。对我们所有人来说，好消息是，尽管仍有一些昂贵的服务旨在满足高级交易者的需求，但正如本书中介绍的，一个有经验的交易者和一套可靠的交易系统，可以在花很少的安装和维护费用的情况下进行可盈利和高效的交易。

事实是，你真的不需要在所有软件上花钱。交易圈里有大量的免费服务。如果你想使用本书中所介绍的交易系统，其中的两种必须是你会用到的交易工具。首先是Finviz. com（以下简称Finviz）。Finviz是一个受欢迎的门户网站，为交易员和投资者寻找实时报价、新闻、股票屏幕和图表。Finviz的主页是我最喜欢浏览的网页之一，可以通过标签了解交易日发生的事情，获得最新的经济数据；当天最大赢家和输家名单；标普500指数的专有"热图"；道琼斯、纳斯达克和标普500指数的盘中走势图；外汇价格；期货价格；等等（见图2. 2）。

图 2.2　标准普尔 500 指数的热图

图由 Finviz. com 提供。

就我们的目的而言，我们将在 Finviz 中使用的唯一功能是它的股票筛选工具。在第七章中，将展示如何使用此工具来建立你的"最佳多头"和"最佳空头"观察名单。关于交易系统，你将在本书的第三部分和第四部分学到，并将其应用于这些观察名单。如果你打算按我阐述的方法进行交易，那么 Finviz 将永远是你常规交易程序的第一站。

在一个免费的 Finviz 账户上，你可以构建并保存两个基于基本面的预筛选屏幕，一个用于看涨股票，一个用于看跌股票。我将在第七章展示这些屏幕的确切参数。运行它们很简单：只要打开屏幕，你的新的合格候选名单就产生了。你需要做的是，将两个股票名单导到一个 Excel 电子表格中。如果你是 Finviz 的一般会员，必须手动完成这项工作，而 Finviz 精英会员（截至本文撰写之日，每月仅需 25 美元）通过双击两鼠标就可以做到。你将把这些名单转移到任何你正在用的图表服务或系统筛选服务上。整个过程只需要两分钟。但 Finviz 满足不了我们的制图需求。因此，我们需要到其他网站寻找。

这让我们来到 TradingView. com（以下简称 TradingView），这是我最喜欢的技术制图在线服务网站。在我看来，基于 22 年使用零售交易工具的活跃交易，这个网站提供了最好的基于网络的技术图表包。TradingView 提供实时技术图表；交易策略回溯测试；预先编程的股票筛选（使用技术和基本面筛选）；超过 50 个技术绘图工具；基本公司数据；收益、拆分和股息警报；实时新闻提要；预先建立的自定义指标（由一个大型建筑商社区提供）。所有这些都免费！如果你想升级到专业软件包，每个月大约支付 10 美元，你还可以得到实时价格提醒，短信提醒，保存的图表样式，不限量的指标模板，无数的观察名单，最快的数据访问速度，延长的时间数据，交易模拟器无广告、即时刷新，甚至可以将你的平台与你的在线经纪人的平台连接，根据图表直接进行热键交易和交易管理。TradingView 实时支持本国股票、期货、基金、外汇和外国股票的交易。

TradingView 作为一个图表服务门户网站，我最喜欢的是它简洁的外观和对用户的友好。普通版的默认图表布局也很清爽，并提供了一个巨大的宽屏模板，而许多其他"免费"服务则只提供小的、暗的、难以看懂的图表。TradingView 的绘图工具直观且易于使用，鼠标上的滚动旋钮可让你轻松进行放大和缩小的操作。只需在屏幕上轻扫一次，就可以将画面拉到你想要的时刻，然后在图表上单击一次，就可以再次回到当前的状态。它还有一个重播功能，允许从过去的一个自定义点开始，观察图表随着时间的推移而产生的变化。这真是一个了不起的软件。

看看 TradingView 中典型图表的可读性和功能齐全的呈现（见图 2.3）。

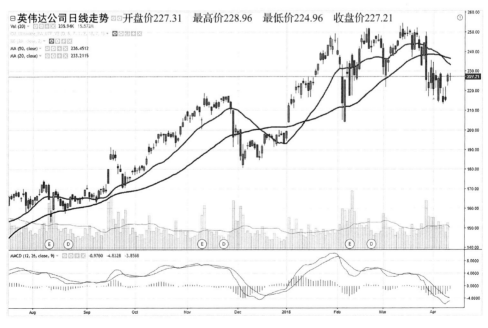

图 2.3　带指标的日线图表——英伟达（NVDA）

图由 TradingView.com 提供。

TradingView 的绘图工具是首屈一指的，配备有自定义图形、K 线图模式识别、斐波那契回调线和预测模式，能帮你跟踪价格走势和预期走向（见图2.4）。

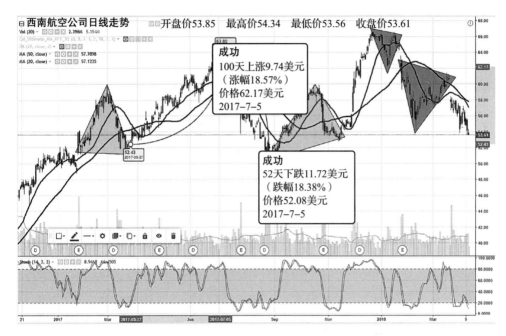

图 2.4　带有指示器和绘图工具的日线图表——LUV

图由 TradingView. com 提供。

TradingView 还有一个特性，那就是你可以构建多屏幕模板。可以在最多八个不同的时间框架中显示一只股票，或是在相同或不同的时间框架中显示最多八只股票。此功能使你能够轻松地采用多种时间框架和跨市交易策略，它还可以在你浏览图表寻找交易结构时，简化你的研究过程。图 2.5 中的图表显示了特斯拉（Nasdaq：TSLA）在八个不同时间段的股价：每周、每天、4 小时、每小时、30 分钟、15 分钟、5 分钟和 1 分钟。

在你的工具包中有一个免费的 TradingView 账户，还有一个你立马就会学到的免费工具，你可以通过预先筛选的看涨和看跌的观察名单来寻找与本书所介绍的策略的关键指标相匹配的结构。虽然这可能是一个漫长的程序，但这种手动阅读图表的练习是训练你所有交易技能的重要组成部分。在计算机出现之前，所有的技术交易者都是这样做分析的：一张图接一张图、一个指标接一个

图 2.5　特斯拉的多时点走势图

图由 TradingView.com 提供。

指标、一条 K 线接一条 K 线。然而，我们生活在一个不同的时代，一个技术更先进的时代，一些人可能更愿意利用这一点来自动化分析过程。这个工具就是 Metastock！

　　Metastock 是一款高端、可下载的软件产品，提供全套技术交易服务：股票筛选、股票图表、实时交易警报、系统回溯测试、专家顾问、实时新闻提要及其专有的价格预测工具。自 1982 年以来，Metastock 已经发展成为认真且活跃的交易者公认的最重要的交易平台。1996 年，该公司与全球最大的多媒体信息公司路透社（Reuters）建立了合作伙伴关系，如今，它为现在合并的汤森路透集团（Thomson Reuters）提供技术分析和制图服务。20 多年来，Metastock 每年都获得《股票与商品》杂志的读者选择奖。最重要的是，要论平台所能提供的功能和实用性能，在台式机或笔记本电脑上安装 Metastock 所需的花费是相当合理的！软件许可有一次性费用，为 499 美元（截至本文撰写之时），但是所有北美和南美股票及美国共同基金的数据运行费起初的月开销不到 30 美元。

对于本书的读者来说，Metastock 是一个完美的选择。在《以趋势交易为生》成功出版后，Metastock 找到我，问我是否可以将我为这本书开发的交易系统放到 Metastock 平台上。我同意了，我和 Metastock 的专业程序员一起构建了一套专门为那些想以趋势交易为生的人而设计的工具，教他们如何进行交易，推出了 Stoxx 博士的趋势交易工具包。

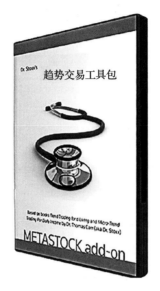

图 2.6　Stoxx 博士的 Metastock 趋势交易工具包

图由 Metastock 提供。

Stoxx 博士的趋势交易工具包是在 Metastock 平台上运行的附加组件。《以趋势交易为生》第 1 版和现在的第 2 版中列出的每一个交易系统都被编码到工具包中，同时每天两次实时提示新形态、止损建议和目标价格，引自我 2010 年的书——《每日收入微观趋势交易》里的两个日间交易结构，与交易系统匹配的、预先打包好的图表模板。只需点击几下鼠标，就可以浏览那些符合本书交易系统的所列股票或是实时、每天收盘时的股票。你还可以对每个系统进行回溯测试，每个系统都是开放的，允许你进入并优化参数。有了这个工具，就不需要滚动查看几十张图表，比较技术数据点，只需工具包即可为你完成工作。如图 2.7 所示，本书中介绍的交易系统中的每一项都包含在工具包中。

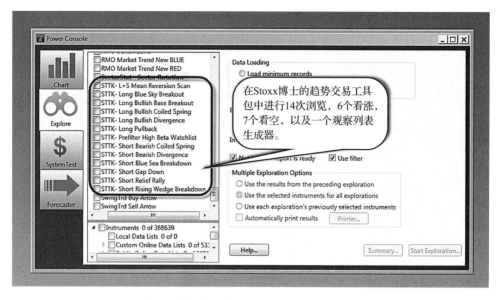

图 2.7　交易系统扫描列表——Stoxx 博士的趋势交易工具包

图由 Metastock 提供。

还有两个工具，对我们在第七章中讨论的构建观察列表非常有帮助。不过它们都要花钱购买，而且其中一个很贵。在第七章中，我将展示一种使用 Finviz. com 中的免费筛选工具构建观察列表的方法。虽然这是一个可行的解决方案，并且根据我们在第一章中讨论的各种基本标准进行筛选，会给你一个观察名单，但这并不理想。正如我们在上面看到的，要准确匹配两个基本的预筛选工具，且这两个预筛选工具被证明是短期股价的强大驱动力，需要订阅以下服务之一。它们都是由扎克斯投资研究公司提供的。

第一个也是最便宜的工具，是每年订阅 Zacks Premium。登录 Zacks 主页后，单击顶部工具栏中的服务，然后单击 Zacks Premium。第一个月免费。之后，每年的费用是 249 美元。如果你愿意按月付款，还有另一个选择：注册 Zacks Investor Collection，将获得 Zacks Premium 作为套餐的一部分，同时还有 Zacks Research 专业团队编辑的一长串选股信。30 天免费试用后，你每月需要支付 59 美元。不管怎样，你想要的是 Zacks. com 上的股票筛选工具。在这里，你可以建立一个筛选，根据 Zacks 排名筛选出股票（见第一章），以及我们提到的其他筛选工具，正如我在第七章教你怎么做的。

如果你真的想把股票筛选和系统建设技能提高到一个新的水平，可能需要考虑 Zacks Research Wizard。Zacks Research Wizard 是一个可下载的软件，它连接到 Zacks 超过 18 年的股票数据库。有了这个工具，你可以用你所想到的基本标准建立无限多种股票筛选，包括 Zacks 排名。你还可以使用计算表达式接口创建自己的定制筛选工具。作为趋势交易者，我们并不需要研究向导，因为 Zacks Premium 提供了完美的服务，而 Finviz 自由选择权是一个可行的选择。此外，Zacks Research Wizard 的筛选类别中除了相对强度、价格变化和 beta 测试之外没有其他技术指标，因此它不能用于查找本书中概述的技术交易结构。而且它很贵。价格根据你需要多少回溯测试数据而有所不同，但起价在每年 1800 美元左右。Zacks 提供终身访问价格，截至本书撰写时，为 3500 美元。如果你真的想建立自己的交易系统，并有基本准则的经验，那么这当然是一个可以考虑的产品。我建议，如果你想尝试 Zacks Research Wizard，那么下载下来，尝试免费试用。如果你喜欢这个工具，觉得它可以帮助你的交易（它的确帮助了我的交易），打电话给 Zacks 的销售客服，让他们知道你从这本书中了解到了 Zacks Research Wizard。我是它们的长期用户，并且已经培训了我的许多指导员客户，使他们了解 Zacks Research Wizard 的各种功能。我的客户几乎总是通过提到我的名字，或者我的一本书的名字，然后礼貌地寻求到更低的折扣。试试看！

互联网服务

在这个问题上，我建议最好用你能负担得起的快捷服务。你还需要一个你能负担得起的最好的调制解调器。我们选择了 Verizon 的高端调制解调器，它高高兴兴地"坐"在车库外的一个房间里，整个房子里，甚至是三楼都会有强烈的信号。现在大多数新的台式机都有内置的 Wi-Fi 接收器，如果你尽可能靠近调制解调器，它会很好地为你服务。

在线经纪人

简单介绍一下你的在线经纪人：你需要一个好的、便宜的、你能熟练输入的交易系统。在多年的交易中，我使用了大多数流行的在线经纪公司：Schwab、E＊Trade、Scottrade（现在是 TD Ameritrade 的一部分）、Investrade、互动经纪公司和 MB Trading。所有的公司都提供折扣定价，可能有些公司的折扣更大，还有用户友好的交易和账户管理界面。

目前，我与互动经纪人（IB）一起管理我们的家庭基金和账户服务。我强烈推荐所有活跃交易者使用 IB。我发现他们很可靠，有强大的客户支持（这是多年前的一个弱点），还有一个多功能的账户管理界面，可以把你的交易平台变成一个类似网上银行的东西。最重要的是，IB 拥有受欢迎的折扣，经纪人中最低的手续费和佣金结构（每 100 股交易 0.50 美元或更少），支付更高的利率，收取更低的保证金借款和卖空维持费用。IB 拥有融券的最佳库存，如果他们没有股票，通常在一小时内，他们会进入市场为你购买。如果你愿意把你持有的股票借给别人做空，IB 现在也会付给你佣金，这是一个抵消你的多头投资组合风险的好方法。有些人觉得 IB 的交易员工作站（TWS），也就是你输入交易的地方，不好用。我首先承认，在使用 TWS 方面存在一个学习曲线，特别是如果你从 Schwab 或 TD Ameritrade 等大型零售公司迁移过来的话，你习惯了他们方便用户的平台和"入门"的工具。而 IB 迎合了"自己解决"的人群。但一旦你熟悉了这个平台，你可能和我一样觉得，对于我列出的功能和财务效益，IB 是在线经纪人的首选。保持尽可能低的交易管理费用是交易成功的一个重要部分，而 IB 肯定会帮助你做到这一点。

第三章
如何像专业人士一样阅读价格表

我们从所有交易形式中最重要的技术要素——价格表开始我们的趋势交易之旅。在这一章中，我将确切地告诉你如何建构和阅读用于选择新交易和监控未平仓头寸的图表。顺便说一下，我不会泄露这里所有的商业秘密。如果你真的想深入了解图表分析的细节，我建议你看一些关于这个主题的免费 YouTube 资源（在我的 Stoxx 博士频道上有一些），如果你真的想提高这些技能，在我们的主要网站上有两个图表阅读研讨会的内容可能会有所帮助。然而，这里所说的，将很大程度上有助于建立一套诊断技能，你需要根据图表中记录的过去价格变动来对未来价格变动做出合理的概率预测。

指标

你首先要做的是在 TradingView 或 Metastock（或者你将使用的任何其他图表包）中建构你的默认图表，并使用所有覆盖图和指标来进行技术上合理的交易选择。

如果你使用 TradingView，则可以在同一桌面上设置多个图表（平铺界面），这些图表将同时显示同一股票的不同时段的表现。单击鼠标，你可以在查看每只股票的周、日、时价格和各种日内图表时，实现从一只股票到另一只股票的自由切换。你也可以用 Metastock 做同样的事情。Metastock 的 Trend Trading Toolkit 插件为了方便用户，预先准备了图表模板。然而，经济有效的选择是 TradingView，这很容易建构。

　　无论使用哪种图表服务，都应将以下指标添加到默认图表中，并将其保存为主要观察名单图表模板：

- 简单移动平均线（SMAs）：20 日均线、50 日均线、200 日均线
- 指数平滑异同移动平均线（MACD）：12–26–9 日周期
- 随机指标（KD）：5–3（或 5–3–3）结构
- 能量潮（OBV）
- 相对强度指标（RSI）：14 日结构
- 顺势指标（CCI）：20 日结构

　　如果你感到困惑，别担心。这里有一些简单的入门知识，介绍这些指标的含义和使用方法。

简单移动平均线（SMAs）：20 日、50 日和 200 日均线设置

- **理论**：移动平均线（MA）显示的是在给定时间段内股票的一般收盘价或平均收盘价。20 日均线显示最近 20 天的平均价格，以此类推。简单的移动平均线是指价格的平均值。
- **读取指标**：SMA 代表在给定时间段内的价格共识。当价格离共识太远时，它往往会像被磁铁吸住一样回到共识水平那里。反过来，SMA 往往会成为价格的障碍，阻止任何可能出现的趋势。SMA 还表明了趋势：如果它们倾斜上升，则价格趋势是上升（看涨）。如果价格下降，则价格趋势是下降的（看跌）。如果坡度很陡，则趋势很强；如果坡度很缓，则趋势很弱。平稳或波动的 SMA 显示的是一个窄幅震荡的市场。如果短时间段 SMA 值高于长时间段 SMA（例如，20 SMA > 50 SMA）表明市场处于上升趋势。下降趋势则相反。

- **用途：**

  1. 显示支撑和阻力区域。

  2. 确定当前趋势的方向和强度。

- **图表示例：**图 3.1 显示了标准普尔 500 指数曲线（SPY），其中叠加了 20 日均线（虚线）和 50 日均线（实线）。我在这里没有提到 200 日均线，但它将在我们的交易系统中发挥作用。请注意图 3.1 左半部分中的价格向上倾斜是如何由向上倾斜的日均线来确认的，20 日均线明显高于 50 日均线。还要注意 20 日均线是如何支持这一上升趋势的，在该趋势的大部分时间里，价格保持在移动平均线以上。此外，请注意，在 2018 年初，SPY 的价格过高，在 2 月份恢复到平均水平。当价格跌破 20 日均线，然后是 50 日均线，20 日均线开始从上升趋势转为下降趋势，这标志着趋势特征的改变。2 月中旬，价格再次达到与日均线距离的极端水平，这一次是从下方开始，并在 3 月初恢复到平均水平。从这个点到 4 月，我们看到价格在 50 日均线的上方和下方震荡。图 3.1 的右边是下降的 50 日均线，低于 50 日均线的 20 日均线也是下降的，这表明 SPY 现在处于下降趋势，最近的价格（再次）恢复到平均水平。

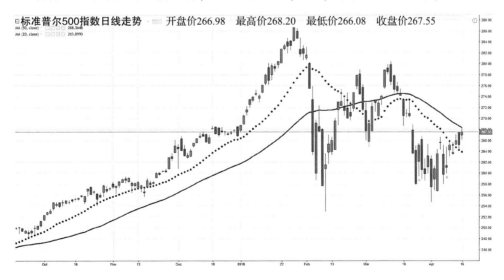

图 3.1　叠加了 20 日均线和 50 日均线的 SPY 曲线图

图由 TradingView.com 提供。

指数平滑异同移动平均线（MACD）：
12 - 26 - 9 周期

- **理论**：MACD 用来衡量短期价格共识和长期价格共识之间的差异，并假设当这些差异出现时，当前价格趋势的强度在增加，当它们收敛时，趋势的强度在下降。周期性结构表示如下：12 天移动平均价格（短期）、26 天移动平均价格（长期）和 9 天移动平均价格之间的差异。MACD 使用指数移动平均（EMAs）而不是简单的移动平均。均线给予最新价格条更大的权重，使其对最新价格变动的反应更灵敏。通过从较短的 EMA（MACD 线）中减去较长的 EMA（MACD 线），然后计算这些值的 9 天移动平均值（信号线），计算出 MACD 的两条线。通过这种方式，随着时间的推移，这两条线彼此远离和靠近，在零线的上方和下方上下滑动。这两条线与零线的交叉，以及这两条线本身的交叉，都表明了潜在的交易信号。直方图条覆盖 MACD 线，并绘制在零线的上方和下方。它们表示 MACD 和信号线之间的距离。

- **读取指标**：我们从 MACD 指标中最常读取到的是零线上方或下方的曲线。正 MACD 指数（高于零线）表明多头控制市场，低于零线则表明空头控制市场。MACD 和信号线的交叉表明趋势特征的早期和潜在变化。当这些交叉点出现在 MACD 线的极端数值之后时，它们尤其有效（极端值取决于股票的波动性；对于 SPY 来说，低于 -2.0 或高于 2.0 都是极端值）。直方图条的长度可以用来确定趋势的强度：直方图条越长，趋势越强（反之亦然）。此外，MACD 信号线和 MACD 直方图都可以用来显示与价格的看涨或看跌背离，这可以给出交易信号（术语"背离"将在后面的章节中解释）。

- **用途**：
  1. 决定价格走势的方向；
  2. 判断价格走势的强弱；
  3. 标记趋势方向的变化；
  4. 显示价格与 MACD 之间看涨或看跌的差异。

- **图表示例**：图 3.2 与图 3.1 是基于同一个 SPY 图表，下面有 MACD。请注意，在图 3.2 左侧的主要上升趋势中，我们看到 MACD 通过保持在零线上方来确认上升趋势。随着 2018 年初趋势强度的增加，我们看到 MACD 线分离，直方图条的高度增加，证实了趋势强度的增加。从 2 月中旬到图 3.2 右侧，MACD 基本保持在零线以下，证实了下跌趋势。请注意，在价格图的第一个突出显示部分，在极端正值读数（>2.0）之后的 2018 年 1 月下旬，MACD 和信号线交叉，发出了趋势变化即将到来的预警信号。我们在图 3.2 的右半部分看到零线的三个交叉点，表示趋势方向的重大变化。我们还看到 4 月趋势信号在图 3.2 最右侧的早期变化，当 MACD 线在达到极端负值读数（< -2.0）后从下方越过信号线。

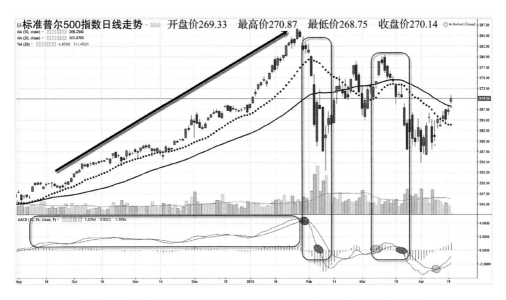

图 3.2 叠加了 20 日均线和 50 日均线的 SPY 曲线和 MACD 指标图

图由 TradingView.com 提供。

随机指标（KD）：5 -3 -3 结构

- **理论**：随机指标衡量的是在给定的时间段内，最近收盘价与总价格区间（从高到低）之间的关系，该指标由两个值组成：①％K，以百分比为基础

（0～100%），其中当前收盘价相对于过去 x 天内价格的高低范围；②%D，是%K 值的移动平均值。随机指标的下跌表明价格趋向于接近其最近交易区间的下限（看跌），而随机指标的上涨表明价格趋向于接近其最近交易区间的上限（看涨）。一旦%K 达到指定的低值（通常为 20）或高值（通常为 80），股票就被称为超卖或超买。%K 和%D 的交叉点可以指示趋势的变化。

- **读取指标**：随机指标给出了明确的买入信号：一旦它越过 20 线（超卖），然后%K 上穿%D。它还给出一个明确的卖出信号：一旦它超过 80 线（超买），然后%K 下穿%D。

- **用途**：

1. 显示股价处于超买或超卖的状态。

2. 显示趋势交易的进入和退出信号。

3. 当它偏离价格时作为反向指标。

- **图表示例**：在图 3.3 中，SPY 的随机指标结构为 5－3－3（5 周期，3%D，3 平滑）。请注意，在一个稳定的上升趋势中，市场不断创造新的价格高点，如图 3.3 左侧所示，超买随机指数（>80）不能作为一个有效的交易信号。在

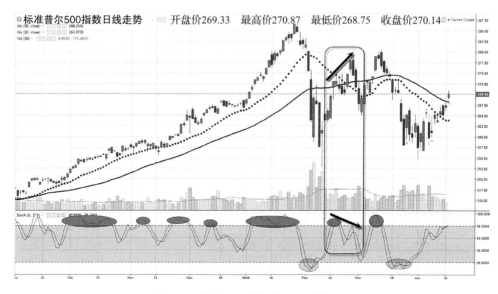

图 3.3　带有 KD 指标的 SPY 曲线图

图由 TradingView.com 提供。

强劲且可持续的上升趋势中，市场可能会持续数周甚至数月超买。然而，一旦市场变得更加不稳定，如图 3.3 右侧所示，在 20 日均线下穿 50 日均线之后，随机分析中的超买和超卖读数给了我们更有效的交易信息。请注意，在 2018 年 2 月下旬（图 3.3 中突出显示的部分），由于 SPY 的股价高于 277.50 美元，相对于最近的价格支点，股价处于较高水平，而随机指标相对于最近的价格支点，股价处于较低水平，这就是所谓的看跌背离，我们将在后面的章节中讨论。它通常预示着趋势的强烈逆转。

能量潮（OBV）

- **理论**：OBV 的测量方法是将一天上涨的成交量加上一天的总成交量，再减去一天下跌的成交量。由于 OBV 测量的是正数和负数的连续求和，因此不需要回溯，不需要对此指标进行设置。因为 OBV 测量的是净上行和净下行的成交量，它的测量值随着时间的推移会形成一个图像，显示一只股票是在一段时间内集中（买入的股票多于卖出的股票）还是在一段时间内分散（卖出的股票多于买入的股票）。上升的 OBV 表示集中，下降的 OBV 表示分散。OBV 主要用于确认价格的变化状态——上升趋势、下降趋势、突破、暴跌——而不是触发新的买入或卖出信号。

- **读取指标**：如果一个价格趋势被支撑性成交量所证实，OBV 将随着价格的涨跌而涨跌，随着价格的涨跌而创出新高或新低，并随着价格的涨跌而走出盘整区域。当我们在指标中观察到这些情况时，我们可以说 OBV 证实了当前的价格变动。当这些情况没有被我们观察到时，OBV 可能是一个反向指标，或者至少是一个警告信号，表明价格走势并不准确。OBV 有时充当一个领先的指标：如果它先于价格上涨，价格就会随之上涨，反之亦然。

- **用途**：
1. 确认当前趋势、突破或下跌走势的有效性。

2. 作为一个逆势或警告性的指标，发出虚假突破或下跌以及趋势减弱的信号。

3. 作为一个领先指标，有助于在突破前的盘整期持仓。

● **图表示例**：在图 3.4 中，SPY 下面有 OBV。OBV 是用来确认价格走势的，只要 OBV 与价格走势一致，价格上涨时向上移动，股价创新高时 OBV 也创新高，就可以确认价格的看涨趋势。我已经圈出了图 3.4 左侧的三个部分，清楚地显示了 OBV 是在什么时候与价格同步移动的。在第一部分（2017 年 10 月至 11 月初），我们可以看到股价在上升趋势中创出新高，而 OBV 也处在上升趋势。第三个重点时段（2018 年 1 月）也是如此。这两个时期都是开始做多头寸的安全时期。然而，这三个时期中的第二个时期（2017 年 11 月中旬至 12 月下旬）却显示出分歧：价格呈上涨趋势，而 OBV 保持平稳。这表明，在这段时间内，看涨的上升趋势容易受到回调的影响，并不是启动新多头头寸的最佳时机。图 3.4 右边的第四个周期显示，价格从 2018 年 4 月初的低点反弹，OBV 没有证实这一点，OBV 在这段时间内保持平稳。这再次表明上升趋势是脆弱的，不是一个建立新的多头头寸的良好时机。

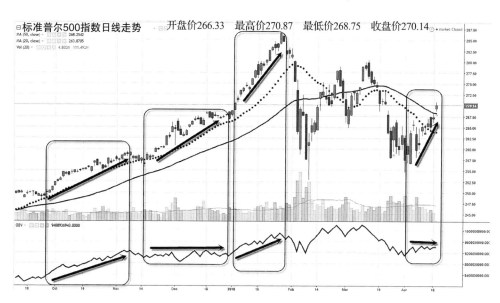

图 3.4　带有 OBV 指标的 SPY 曲线图

图由 TradingView.com 提供。

相对强度指标（RSI）：14 日结构

- **理论**：RSI 是通过将一段时间内收盘价的净正变化平均值除以价格的净负变化平均值来计算的。随着时间的推移，这个数字增大时，RSI 表明要么价格下跌的势头正在减弱，从而对任何下跌趋势提出质疑，要么价格上涨的势头正在增强，这反过来证实了一个看涨的趋势。当这个数字减小时，RSI 表明要么价格上涨的势头在减弱，从而对任何上升趋势提出质疑，要么价格下跌的势头在增强，这反过来证实了一个看跌的趋势。与随机指标一样，RSI 指标在 0—100 内以百分数的形式震荡，超买指数通常在 70 及以上，超卖指数在 30 及以下。

- **读取指标**：与 OBV 指标一样，我们预计 RSI 在主要趋势期间将与价格一致，当趋于一致时，它将确认这一趋势。当 RSI 偏离价格时，这代表了可交易信号，并可能表明当前趋势的减弱或有潜在的顶部和底部。指数高于 70 表示价格处于超买水平，低于 30 表示价格处于超卖水平。RSI 指标能特别有效地检测指标价格的差异性，与其他指标相结合，产生可盈利的买卖信号。

- **用途**：

1. 确认当前趋势或价格突破的有效性。

2. 作为反向指标，预示着趋势可能逆转。

3. 记录超买和超卖的价格水平。

- **图表示例**：在图 3.5 中，SPY 的 RSI 结构为默认的 14 日结构。在图 3.5 中，我指出了两个区域。在价格走势的第一个包围期，我们可以看到与图 3.4 中 OBV 相同的数值。我们看到价格创下新高，但相对强度指标却创下了较低的高点。这是一个背离，因此是一个上升趋势容易回调的警告。我们还可以看到，与随机指标一样，上涨趋势中的超买指数本身并不是有效的卖出信号，因为在超买状态下，价格可能会持续上涨数周甚至数月。我们还看到两个明显的超卖指数，这反过来成为价格走势的重要转折点。我强调了第二个超卖指数：注意 RSI 指标是如何在价格上涨之前开始走高的。这种提前背离往往会产生一个可盈利的交易信号。在图 3.5 中最后一个需要注意的是，2018 年 1 月下旬，当标准普尔 500 指数创下历史新高时，RSI 指标也超过了 80，这是观察期间的最高值。这类极端数值，包括极端超买和极端超卖，有时会标志着重要的市场顶部和底部。

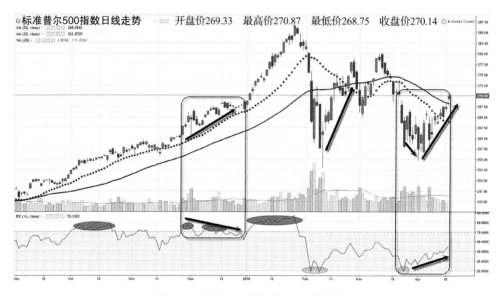

图 3.5　带有 RSI 指标的 SPY 曲线图

图由 TradingView.com 提供。

顺势指标（CCI）：20 日结构

● **理论**：CCI 的计算方法是将一段时间内价格的涨跌除以一个公认的平均标准差或一段时间内价格的平均值。这一计算结果的绘制线将给出当前趋势的强弱的直观读数，并显示在相对平稳的市场时期内的"隐藏"强弱。CCI 指数主要用作价格动量指标，CCI 指数的上升或下降分别表明强劲的上升趋势和下降趋势。当 CCI 处于极度超买或超卖水平时，它也可以作为一个领先指标来暗示趋势的逆转。CCI 在零线上下移动以呈现正读数和负读数。CCI 的计算公式中使用了一个常数，该常数确保约 75% 的 CCI 读数在 –100 到 100 的范围内。

- **读取指标**：一些交易者使用 CCI 指标向极端高位和低位（大于 100 或小于 −100）的初始移动来表示在一个大的上升或下降趋势内开始新的、强劲的看涨或看跌走势。与其他单线指标（RSI、OBV）一样，CCI 也可以用来表示超买和超卖情况（例如，大于 200 或小于 −200），以及当指标偏离价格时，趋势或反转的可能变化或回到平均值。当 CCI 偏离价格时，它可以成为一个领先指标。

- **用途**：

1. 表明新的价格开始在一个更大的趋势内移动。

2. 作为反向指标，预示着趋势可能逆转。

3. 确认当前趋势的有效性。

- **图表示例**：在图 3.6 中，SPY 下面有 CCI 指标框。在这三个突出显示的部分，我们都看到 CCI 指数从下方开始在 100 线上方波动，表明在更大的上升趋势内，短期内出现了购买力的爆发。我们观察到，上述每一个信号都是在价格大幅上涨之前出现的，以至于 CCI 达到了极端超买水平（大于 200）。我们也可以在图 3.6 的右侧看到 −200 极端水平以下的 CCI 如何与趋势的急剧逆转相吻合，从看跌到看涨。

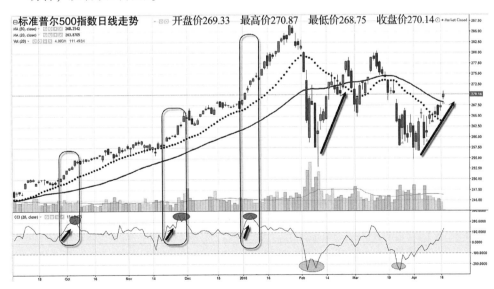

图 3.6　带有 CCI 指标的 SPY 曲线图

图由 TradingView.com 提供。

这些"迷人的"技术指标是我在趋势交易系统中使用的主要工具。它们将构成各种组合在 10 个交易系统中发挥作用，你将在这本书里学到它们。等我向你介绍一套赚钱的交易系统（是我以技术指标为基础的出色的盈利交易系统）之后，我们在本书中使用的唯一一个技术分析——布林线——才会起作用。你将在第二十章中结合该系统了解这一指标。对于本书中的所有其他系统，前面的清单就足够了。

设置图表

现在是设置主要图表模型的时候了。你将在这里学到，如何用这一模型从你的两个主要观察名单（看涨和看跌）中找到与交易系统参数相匹配的股票。当你在任何你使用的图表服务中创建了股票观察名单之后（将在第七章中介绍），你将面临一个接一个的对图表进行排序的任务，直到找到那些符合我们的交易系统要求的图表。当这种情况发生时，你将得到你要交易的股票的短名单。

这里定义的指标及其设置将保持不变，无论你查看的是周、日、时还是日内图表。我的趋势交易系统可以应用于所有的时间框架，这取决于你的交易偏好和目标。为了简单起见，我将把示例限定在日线图中。

其中一些界面设置为大多数图表应用程序的标准默认设置。但有几个（随机指标、RSI、CCI）已经被设定为更为敏感的读数，这能更好地支持我们正在尝试的趋势交易。如果你愿意的话，你可以随意摆弄这些数字，但我建议你至少先试试我使用的参数设置。

图 3.7 是标准普尔 500 指数 SPY 的曲线图，包含了所有上述指标：在价格表上方叠加了三个简单移动平均线（20 日均线、50 日均线和 200 日均线）；在价格表下方有 MACD 指标（12 – 26 – 9）和随机指标（5 – 3 – 3）；在价格表下方还有 OBV、RSI（14）和 CCI（20）。注意以下几件事：

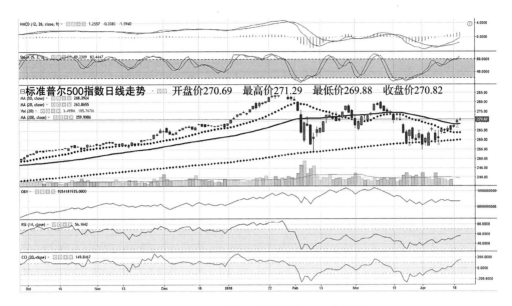

图 3.7　带有全部 6 个指标的 SPY 曲线图

图由 TradingView.com 提供。

1. 看看 MAs（20 日、50 日和 200 日）是如何从一个较长的稳定期开始的，20 日均线（虚线）在 50 日均线（实线）上方，50 日均线在 200 日均线（交叉线）上方，从图 3.7 左侧开始一直到 2018 年 2 月中旬，这段时间超过 4 个月。这里有本书中大多数看涨交易系统的理想交易。然后注意，在价格图的右边，我们可以看到波动性，当价格在 50 日均线上方和下方移动时，标记 20 日均线下降到 50 日均线下方，50 日均线从上升，到平缓，再到下降。这种情况的变化，我们称之为从强劲的上升趋势到区间震荡的变化。下一节将更详细地介绍这两个术语。

2. 注意 RSI、随机指标和 CCI 指标的超卖和超买情况，并将这些值与价格进行比较。并非所有超卖或超买的情况都是有效的买入或卖出信号。指标需要与价格表本身的其他触发因素结合起来。有时候，超卖和超买的现象仅仅是在股价自行回归之前变得非常极端。举一个明显的例子，将 KD 和 RSI 在 2018 年 1 月的持续超买行为与价格走势（即涨跌）进行比较，就会了解这种情况。

3. 请注意，当 CCI 达到 ±200 的极端值时，它是如何标记出显著的趋势变化的。除了 2018 年 1 月的高点，图 3.7 上的其他极端读数要么是趋势反转，要么是趋势暂停。这样，如果你已经做多或做空了一只股票，而 CCI 达到了一个极端值，你可能会考虑拿走一些利润，或者干脆平仓。如果你不做多也不做空，而 CCI 达到了一个极端值，你可能会考虑进入与前一个趋势相反的头寸（交易员称之为转换）；也就是说，你会在下跌趋势中做多，或在上升趋势中做空。请记住，CCI 中的极端值与交易的波动性有关。一个相对稳定的工具，如 SPY 的极端 CCI 值为 200/ –200，而生物科技股或低价股，即任何波动性大的股票的极端值可能为 400/ –400 或更高。

4. 请注意，在 2018 年 1 月下旬，当价格触顶时，一些指标出现了看跌背离。当价格创下历史新高时，我们看到随机指标没有得到证实，因为其与股价走势大相径庭，在股价开始下跌之前就开始走低。我们在 OBV 和 CCI 也看到了这一点，前者创造了一个相同但没有更高的高点，后者已经在 SPY 的新高点前几周出现了下跌趋势。这种现象被称为看跌背离，并对市场多头发出警告信号。事实上，在 SPY 交易高峰过后不久，我们看到它在短短 10 个交易日内以超过 10% 的损失，一路下跌至 200 日均线处。

当我们开始学习一些基本的图表阅读技巧时，让我们用全套技术工具再看一张图表。图 3.8 中显示了带有 6 个指标的标普 500 指数 SPY 曲线图，时间上比图 3.7 早两年。在这里我强调了我们感兴趣的五个阶段。从左框（1）开始，你可以看到 SPY 处于看跌模式，20 日均线低于 50 日均线，50 日均线低于 200 日均线。在此期间，SPY 在每股 188.00 美元的水平上打出了两个主要的底部。请注意，每一个价格底部都将 CCI 拉低至 –200 或以下的极端水平。然而，即使在收盘价的基础上，第二个低点的价格与第一个低点的价格相匹配，我们的三个技术指标（MACD、RSI、CCI）却没有达到同样的低点。它们出现了较高的低点。这是看涨背离，往往先于价格大幅反弹出现。事实上，SPY 指数从第二个低点反弹了近 24 点，仅一个月内就可能上涨超过 12%。

在阶段（2），我们看到 SPY 出现两个相同的高点，略低于每股 212.00 美元，伴有 MACD、OBV 和 RSI 的低高点。这是看跌背离。这种看跌的趋势导致股市大跌 30 点（ –14%）。在阶段（3），我们看到一个较低的低点，SPY 的价格在每股 182.00 美元左右触底。然而，尽管价格较低，我们还是看到 MACD、随机指标、RSI 和 CCI 出现了较高的低点。在阶段（4），我们看到恰恰相反的情况发生：SPY 处于较高高点，而 MACD、随机指标和 CCI 则处于较低高点。最后，在最右边的阶段（5）中，我们看到 SPY 的股价急剧下跌至略低于 200 美元的水平，这也将 CCI 推低至 −200 的极端水平之下。这将是买入 SPY 股票的好时机，该指数在不到三周的时间里上涨了 17 点（8.5%）。

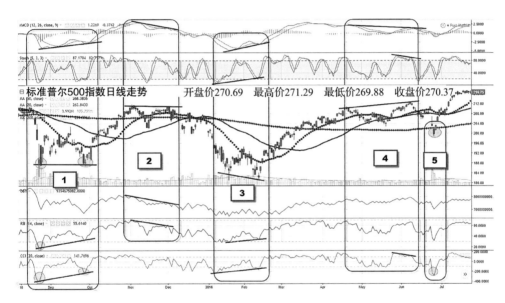

图 3.8　分阶段的、带有全部 6 个指标的 SPY 曲线图

图由 TradingView.com 提供。

趋势线和通道线

在趋势交易中，确定一般市场，特别是我们观察名单上的股票是处于趋势模式还是处于区间模式是极其重要的。趋势模式是指一只股票随着时间的推移，其总体走势是上涨还是下跌的。区间模式，顾名思义，总体是横向移动的。趋势线和通道线是我们用来确定模式的工具之一。

趋势线和通道线由绘制在价格图上的两条平行线组成。一条线被画在价格高点（称为阻力线）上，另一条线与之平行，被画在价格低点（称为支撑线）下。这样，在一段时间内，所有或几乎所有打出的价格点（股票交易的价格）都位于这两条线之间。与这两条线相交的高点和低点越多，这两条线就越有效。通常，我们建议绘制至少与三个价格点相交的趋势线。在绘制这两条线之后，你可以立即判断这些证券是趋势证券还是区间震荡证券。如果向上或向下倾斜，则可以说在两条线（趋势线）所包含的期间内是趋势模式，如果线条是平坦的（通道线），那么所包含的期间是区间震荡的模式。

趋势线有助于交易者识别价格走势的主导趋势，找出回调或下跌时的支撑低点，以及上涨或缓解反弹时的阻力点。通道线用水平支撑点和阻力点来划分无趋势的交易区间。简言之，这两条线给了我们一个简单、直观的参考，看看股票是处于上升趋势，下降趋势，还是停留在一个交易区间。此外，如果将这两条线延伸到图的右边缘以外，我们将得到一张直观的图，显示股票在不久的将来可能在何时交易。因此，趋势线是能帮助我们做出可盈利的交易决策的宝贵工具。

当围绕趋势股绘制趋势线时，如果该股处于上升趋势，我们总是先在低点下方绘制；如果该股处于下降趋势，则在高点上方绘制。如果一只股票在一段时间内底部在持续抬高（见图 3.9），即使价格没有达到较高的高点，也被认为处于上升趋势。在这种情况下，我们仍然画出与支撑线平行的阻力线，即使它只与一个高价波动相交。下跌趋势则正好相反，我们首先在高点上画出阻力线，然后在与之平行的支撑线上画出至少一条与低价波动相交的支撑线。

对于通道线，用途是绘制支撑线和阻力线，在所述期间尽可能多地触及价格高点和低点。在通道内尽可能地控制价格行为是很重要的。在画出通道线之前，我们必须首先确保我们没有看到较高的低点（上升趋势）或较低的高点（下降趋势），确保低点和高点的价格水平大致接近。也可以允许偶尔的通道突破，向上或向下——这是交易员所说的头部假象——只要突破的两边有足够的价格点来确认通道或交易区间。简而言之，趋势线和通道线的规则如下：

- 在上升趋势中，我们只需要看到较高的低点。
- 在下跌趋势中，我们只需要看到较低的高点。
- 在一个通道中，价格高低大致相等。
- 在任何情况下，我们画的线都是平行的。

　　还有一个需要注意的是，在市场运行的任何一个较长时期内，你都会看到剧烈的或轻微的价格变动。当一个市场的价格下跌或上涨到数月甚至数年未见的水平时，就会出现重大的波动。小波动发生在那些大波动之间。因此，当然可以看到一个大的上升趋势包含在小的通道和下降趋势中，也可以看到一个大的下降趋势包含在小的通道和上升趋势中。

　　为了使这一切更具体，让我们来看一些趋势线和通道线的例子。以下是以趋势线和通道线为标志的上升趋势、下降趋势和区间市场的例子。图 3.9 显示 SPY 呈现明显的、主要的上升趋势。在这一移动中，我强调了其中的三个部分，我们看到两个小通道或交易区间和一个小的上升趋势。注意，在第一个突出显示的框中，我们看到两个交易区间，一个在另一个之上，每个区间持续 5~6 周，其中

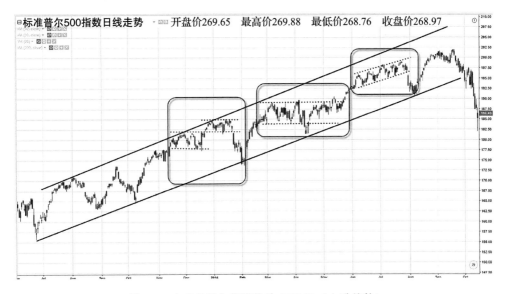

图 3.9　有趋势线和通道线的 SPY 图（上升趋势）

图由 TradingView.com 提供。

第一个区间的阻力线成为第二个区间的支撑线。这在主要趋势中并不罕见，因为价格会逐步或阶段性地巩固走势。一旦更高的支撑线被打破，我们会看到价格一路回调，然后从主要走势的支撑趋势线反弹，从而确认整体的上升趋势。

在图 3.9 的第二个标识出的显示框中，我们看到了一个三个月长的通道或交易区间，其支撑线一次性断裂，向下移动至主要支撑趋势线附近，然后反弹，保持在交易区间内，这是一个头部假象。而在最右边的显示框中，我们看到了两个月的小幅上升趋势——因为它的斜率不像主要趋势那么大，在价格跌回支撑趋势线之前，未能达到阻力趋势线。

在图 3.10 中，我们看到了 SPY 一个更加悲观的走势。这张图表涵盖了 2008—2009 年所谓的大衰退。在图 3.10 的左边，我们看到一个 8 个月的交易区间，一旦该区间的底部突破下行，就有可能出现下跌趋势。这种下跌趋势始于 2007 年底，当时出现了一系列较低的高点。这一下跌趋势持续到 2008 年 7 月，随后演变成一场重大市场崩盘，标普 500 指数在 6 个月内暴跌逾 600 点。继 2009 年 3 月 13 日标普 500 指数触及 666 点这一令人极度不安的盘中低点后，又出现了大幅下挫，该图显示了 2009 年 7 月更高的低点后，可以说处于一个新的上升趋势中。

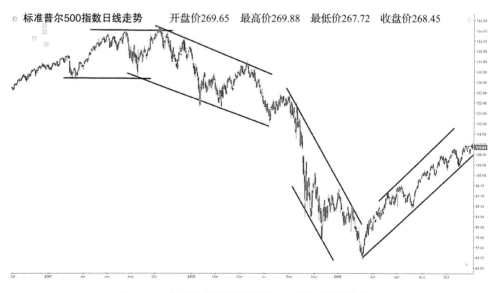

图 3.10 有趋势线和通道线的 SPY 图（下降趋势）

图由 TradingView.com 提供。

在图 3.11 中，我们看到了一个非常复杂的 SPY 走势。这段时间（2014 年末至 2016 年初）是美国经济增长异常动荡的时期。2015 年上半年开始增长强劲，是 10 年来最强劲的一段时间，但在进入 2016 年初的后半年，这种情况逐渐消失，当时，美国国内生产总值（GDP）增长、创造就业机会和企业盈利均降至大衰退以来的最低水平。这些经济现实反映在图表中。我们可以在图 3.11 的左边看到一个大的上升趋势，然后合并成两个更高的窄幅波动趋势。在图 3.11 的右侧，我们看到了窄幅波动、下降趋势和上升趋势的组合。请注意，在这一时期，一些最好的交易来自于在极端的枢轴低点（在这方面，MACD 和 CCI 是有帮助的）买入和在阻力线卖空。

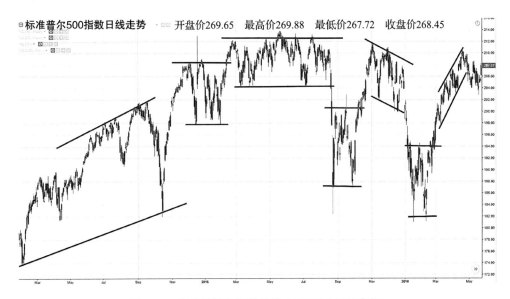

图 3.11　有趋势线和通道线的 SPY 图（区间市场）

图由 TradingView.com 提供。

我们可以从价格图上趋势线和通道线的绘制中总结出一些重要的交易技巧。这些技巧包括但不限于以下几个方面：

- 在大部分时间股票和指数图表都处在主要（广泛）的上升趋势或下降趋势中，长期交易区间很少见。

- 在主要的上升趋势或下降趋势中，一些最好的交易来自在上升趋势中的下跌支撑位做多，或在下降趋势中的反弹阻力位做空。

- 急剧的上升趋势和下降趋势往往是不可持续的。
- 交易区间或通道的上行突破往往会催生新的上行趋势，下行突破往往会催生新的下行趋势。
- 如果上升趋势未能达到其阻力线，则很容易出现下行突破，从而结束这一趋势。
- 未能触及支撑线的下跌趋势很容易出现结束趋势的上行突破。

对于趋势线和通道线的用法，需要提出两个警告。首先，这些线毕竟是主观地画出来的，即使使用软件绘制趋势线（如 Finviz.com），程序员编写软件时也存在主观性。这就是说，你必须随时准备好根据新的市场数据改变你的趋势线。在一个没有真正存在的趋势通道中进行绘制太容易了，因为你对股票向某个方向移动有一种倾向性的偏见。潮流和主观臆断是一种危险的组合。因此，对趋势线和通道线的使用请始终遵循以下规则：

至少存在三个与趋势线或通道线相交或相近的点，才能够确认趋势或通道的存在。虽然凭借两个交点也可以画出一条趋势线，但在记录到第三个相交或相近的点之前，不要做出交易决定。

市场技术人员和交易员之间有很多争论，是应该在盘中价格上方/下方运行趋势线或通道线（如果使用 K 线图，则为"下引线"或"上引线"），还是仅在收盘价格点运行。这个问题有不同的答案。我的一般经验是，收盘价高于盘中波动。因此，如果你在价格的几次波动的顶部或底部画一条趋势线或通道线，然后发现在许多点上，价格的日内波动无法被这些线所控制，这是可以的。只要你把收盘价所代表的多数共识都包含进来，我相信你或多或少可以忽略一些任性的上涨（或下跌）所代表的极端意见。不过，有些人确实更喜欢使用包含所有价格点的线，包括盘中波动。因此，在亚历山大·埃尔德的教学中可以听到一个关于绘制趋势线的合理折中的观点，他说："最好是通过拥挤区域的边缘绘制（线）。这些边缘显示出大多数交易者已经反转了方向。"⊖

⊖ 亚历山大·埃尔德，《以交易为生》，新泽西霍博肯：约翰·威立父子出版公司（John Wiley & Sons），2007 年，第 88 页。

关于趋势线和通道线的第二个警告是，交易者往往会画出太多的趋势线。如果我们记住，这些线只是用来给我们一种普遍情况的价格控制感的次要工具，并且没有前面提到的其他指标那么优雅和精确，那么我们就会对它们的使用有一个更好的判断。然而，如果我们利用它们来做出明确的或排他性的交易决定，我们可能会被诱惑，在价格波动的每一个小曲折的下方和上方画出一条线，投射到图的右侧，会产生无数竞争和冲突的线。一张满是趋势线和通道线的图表只会让人优柔寡断。

下面是 QQQ 的图表，它是纳斯达克 100 指数的代理交易所交易基金（ETF）（见图 3.12），它很好地展示了你如何对趋势线和通道线过于着迷。你怎么才能对这张图有一个全面的了解呢？

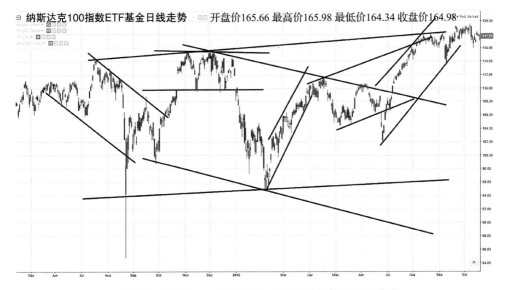

图 3.12　纳斯达克 100 指数 ETF 过多的趋势线和通道线

图由 TradingView.com 提供。

因此，使用趋势线最好只是用来让我们了解大局。当有疑问时，记得 KISS（Keep It Simple，Stupid！保持简单，愚蠢！）。换言之，在你画线的时候，尽可能多地包含价格的高点和低点（价格触点），并尽可能多地将股价纳入趋势中。使用趋势线只关注主要趋势和通道，正如我们稍后将更详细地看到的，它们将成为非常有用的工具。

聚焦于图表

在运用本书中描述的系统交易时，你将使用一个带有相应指标的图表模板，并将滚动浏览你的看涨和看跌观察名单上的图表，逐个查找你正在交易的系统触发的交易信号。我称之为"聚焦图表"，作为交易者，这将是你的日常行为准则。你可以使用一个带有所有指标的模板来观察图表，或者一组模板，每个模板都是为一个特定的系统设计的。你将在第七章学习如何设置你的两个观察名单，并在第九至十九章学习如何找到看涨和看跌的交易形态。在这一节中，我想谈谈这个聚焦规则。

根据你使用的图表包，你可以单击鼠标手动查看观察名单，或设置多页图表，以同时查看多只股票。一些图表软件包甚至可以让你设置幻灯片放映，它会自动播放你的名单。你只要坐下来，看着，记笔记。应该说，在 TradingView 这样的基于 Web 的服务而不是下载的图表包中保存观察名单的一个优点是，如果你和我一样，用不同的计算机进行交易，你将始终可以通过 Web 即时访问观察名单。如果观察名单仅保存到绘图软件中，而绘图软件又保存在硬盘或固态磁盘上，则只能从家用计算机访问名单。而如果你使用的是 Metastock 趋势交易工具包，就不需要播放任何图表，只需通过选择看涨和看跌的观察名单来运行每个系统"检索"，然后让软件为你做聚焦的工作。

有时候，把你的主要观察名单分成几个小的名单是有帮助的。有几种方法可以做到这一点。例如，你可以按行业、按价格、按索引从属关系或某些其他方案进行划分。我更喜欢按行业划分，因为我经常观察行业图表，喜欢根据它们筛选我的交易。例如，如果看到半导体行业发出了新的买入信号，我会进入我的半导体行业观察名单，关注那些股票。金融业、互联网、生物技术、大宗商品等也是如此。你也可以把那些出现在你的特殊界面上的股票保存在观察名单中，也许这些股票还没有给出买入或卖出的信号。无论如何，你要在每个交易日结束时浏览这些观察名单，寻找新的投资配置。

聚焦的过程是趋势交易者的面包和黄油。即使你选择使用趋势交易工具包作为你新交易配置的主要来源，我也希望你能及时工作，作为你常规纪律的一部分，关注图表。作为一个交易者，它教给你的是无价的图表阅读经验，这是你交易技能的主要组成部分。作为交易者，我们做交易决策的主要依据是价格表。接收这些信息的最好方法就是日复一日地关注其中的许多信息。不看新闻，不看CNBC，不看垃圾邮件，不看"热门股票马上就要上市了！"整个投资纪律只需要你看图表。

同样重要的是，在你开始关注主要观察名单上的图表之前，你先要问自己："我预计未来几天宏观市场会如何变化"？如果你预期是一段牛市时期，那么你将主要关注看涨形态。如果你预期是一段熊市时期，那么你将主要关注看跌形态。如果你不确定市场的总体走向，那么你将同时关注看涨形态和看跌形态。如果你还不知道如何确定大盘的总体趋势，不要担心。我们将在第八章讨论这个问题。

解释学问题

我在牛津大学写了一篇关于解释学的博士论文，研究大脑如何理解和应用古代书面文本的内容。我们可以从这项研究中学到的一点是，没有人在真空中阅读这样的文本。无论我们阅读的是什么东西，我们每个人都会把自己的经验、偏见和个人偏好带到我们所阅读的东西上，而这些反过来又影响我们如何理解和运用我们所阅读的东西。

股价图表的功能非常像一个文本。股票图表就像文字那样，告诉我们一些我们需要理解的东西，但它不是使用普通的语言，而是使用价格条、K线、移动平均线、成交量和其他技术指标。这些都在试图告诉我们一个故事——一个关于公司成功与失败的故事，以及（如果我们仔细倾听的话）其上市股票的未来前景。但是，有一个问题，就是我们能否清楚地"听到"图表想对我们说什么，这是一个解释学的问题。简单地说，问题是：我们的偏见，我们的先入为主的判断，妨碍了我们。

比方说，你在健身房插上 iPhone，在办公室用 iMac，在 iPad 上看比赛，在星巴克用 MacBook 写下你的创意。你是忠实的果粉，已故的史蒂夫·乔布斯是你的心中英雄。好吧，有点多了……但你懂的，你真的很喜欢这家公司，认为它不会做错什么，这就是偏见，它可能会让你听不到股价图表想告诉你什么。

早在 2006 年 1 月，苹果公司就被人们认为不会犯错。它是华尔街的宠儿，股价正创下历史新高，经过拆分调整后，每股上涨近 90 美元。它的产品，尤其是 iPod，随处可见。关于新产品的传言满天飞：一部 iPhone，一台 i-TV，等等。然而，日线图试图说明一些只有少数交易者愿意听到的事情：股票的表现并不完全正确。在关键指标中形成了微妙的卖出信号，如 MACD、OBV 和随机指标。果然，1 个月后，股票期权回溯丑闻袭击了该公司，股价在接下来的两个季度暴跌 45%，至 50 美元以下。（当然，之后，iPhone 和 iWatch 以及 Apple TV 都出现了，在短短 12 年内，苹果的股价上涨了 2000% 以上！）

这个故事的寓意是：忽略炒作，忽略新闻，摒弃你自己的偏见，只听图表告诉你的。尽可能地"把你的预判放在一个括号里"（用哲学家埃德蒙·胡塞尔的话来说），只关注图表。正如我经常告诉客户的那样：在完成了基本的预筛选之后，价格和数量是你交易成功所需要知道的全部。

再举一个不同的例子，想想 Broadwing（BWNG）的遭遇吧，它现在是一家私营公司，在宽带互联网和通信领域有一定的影响力。2006 年春末，该公司遭遇了一系列事件，导致其盈利和股价暴跌。财报未能达到华尔街分析师的预期。管理层发生了让人意想不到的变化。由于时机实在不好，该公司对一笔大额可转换债券发行定价，进一步稀释了股票，价格从 16.44 美元的高点暴跌至 8.26 美元的低点，损失近 50%。

然而，BWNG 的图表却告诉我们另一个问题。随着股价滑落至每股 10 美元以下的低点——这一点通常会让专业交易员视而不见——某些指标表明该股正在累积。最近的抛售势头正在减弱，该股扭亏为盈的时机已经成熟。从几个关键指标中可以看出看涨背离，告诉我们现在是买入而不是卖出股票的时候了。果然，三个月后，股价已攀升至每股 13 美元——较低点回升了 57%——随后他们宣布将被竞争对手以 20% 的溢价收购。

要阅读、理解和应用图表试图告诉你的东西，你必须正视解释学问题。同样，这个问题表明你有偏见，偏见和个人偏好，可能会干扰你"听到"图表要表达的内容。忽略它们，就让图表说话吧。

第四章
如何管理你的情绪

有两种类型的交易者会阅读这本书，并将其中一个或多个系统在市场上付诸实践。第一种类型的交易者将持续盈利，而第二种类型的交易者将持续亏损，直到他（她）最终完全放弃交易。可悲的是，大多数交易者都是第二种类型的交易者，而购买这本书的交易者中只有一小部分会归入第一种类型。

这两种类型的区别是什么——成功的交易者和失败的交易者？信不信由你，决定因素与受教育程度无关，与智力水平无关，与经济或商业智慧无关。两者的区别完全是心理上的。没有人能从获胜的交易者中推断出普遍的个性特征。在成功的交易者中，你会发现内向者和外向者、情感类型和思维类型、如机器般的头脑冷静型和激情澎湃的冲动型。但是他们有一些共同的性格特征。成功实施这些交易系统的交易者应具备以下条件：

- 自律
- 有对所做的选择负责的能力
- 积极对待成功（例如，不会自我否定）
- 理解并愿意承担风险
- 知错能改

没有成功实施这些交易系统的交易者很可能缺乏这些品质。注意，这些是品质，而不是个性。任何一个年度交易者博览会或小型投资研讨会，都会聚集成百上千的非常成功的股票、期权和期货交易者，你会发现每一种可能的人格类型，不过，你也会发现这里列出的一系列性格特征对你的交易生涯很有帮助。

简言之，一个人的性格或精神状态对交易成功的帮助很大。关于这个话题我就不多说了，因为有很多优秀的资源可以为你提供更详细的参考。但事实上，我要说的可能是这本书最重要的部分。作为一个成功的长期交易者，你必须关注你的交易心理。你可能拥有强大、赚钱的交易系统，但如果焦虑、恐慌、固执、贪婪或其他一些无益的精神状态支配着你的思维框架，你就不太可能让这个系统为你工作。我们生活在这样一个时代：市场被依赖于算法的机器人所触发的交易系统控制，但这不是你我的交易方式。即使在运行一个完全客观的交易系统时，仍然需要人类的手在每一个新信号下扣动扳机。不管你喜不喜欢，人类的手都和一个使它工作的大脑相连。

控制情绪

与流行观点相反，没有一种特定的情绪原型是成功交易者的理想选择。有人把理想的交易者描绘成一个没有感情的机器人，用冰块替代血液，用电脑替代大脑。但事实是，获得高利润的交易者有各种各样的情绪变化。想想吉姆·克莱默吧，他是CNBC《疯狂金钱》节目的主持人，常常尖叫着，流着口水。但他一点也不感情用事，大多数人（包括他自己）都认为他是一位成功的对冲基金经理。对交易来说，抑制你的激情，像机器一样交易并非必要。事实上，我相信，对市场充满激情的感觉，如"胸中有团火焰"般，对交易者来说，是有真正好处的。还有什么能让你日复一日地回到那些必须做但又枯燥乏味的研究中来呢？在连败之后，还有什么能让你重返赛场？

最重要的不是在你交易时抛弃所有的情绪，无论如何，这都是完全不可能的，需要的是在情绪出现时管理好情绪。当情绪导致冲动的交易、违背计划的交易、违背你最好的直觉、经验时，它们是有问题的。任何情绪化的状态，如果破坏了你作为交易者的优势，都会对你的成功构成严重的障碍。有了这本书中概述的交易系统，你在市场上就有了优势。但如果管理不当，这种优势就毫无价值。正如有"市场巫师"之称的期货交易者埃德·西科塔喜欢说的那样（我是这么解释的），交易主要与数字有关，但一旦你掌握了数字，就完全与心理有关了。

交易失败的主要原因不是交易系统不好，而是交易心理不好。良好的交易心理可以定义为任何一种心理状态，它能让你对自己的交易和资金管理策略有信心，抓住赢家心态，减少输家心态。抓住赢家心态，要求交易者拥有一种对成功感到舒适的心态，避免自我破坏。后一种行为能让损失很小，需要秉持一种坚如磐石的现实主义，一种对风险的鉴赏，一种敞开的承认你可能会错的思想，以及遵守既定退出规则的自律。

培养这种制胜的交易态度是一项难度不小的任务。幸运的是，有一些优秀的资源可以帮助成千上万的交易者做到这一点。我推荐的第一本书是马克·道格拉斯的畅销书——Trading in the Zone（中文名为《交易心理分析：用自信、自律和赢家心态掌控市场》）。我相信这是目前最好的资源，可以帮助交易者对所交易的市场形成正确的态度。道格拉斯是交易行为动力学公司（Trading Behavior Dynamics，Inc.）的总裁，该公司为券商、银行和基金经理组办有关交易心理学的研讨会。道格拉斯强调，对风险要有应有的尊重，愿意用概率而不是确定性来思考，对任何市场预期持开放态度，这些都是赢家心态的基本要素。

道格拉斯在他的书中还介绍了一个交易者的个性清单测试（最好称为"性格清单"测试）。通过这项测试，你就会清楚地知道你可能会在情感上被困在哪里，以及你的核心信念，也就是说，这项测试揭示了导致如此多交易失败的具体心态。道格拉斯深信，当你将自己作为交易员的核心信念与市场长期以来的正确预期保持一致时，你会拥有将任何交易系统推向成功高峰的心理机制。

以下是《交易心理分析：用自信、自律和赢家心态掌控市场》的精华部分：

只要你容易受到各种错误的影响，而这些错误是合理的、正当的、犹豫的或者仓促行事的结果，你就无法相信自己。如果你不能相信自己是客观的，并且总是按照让自己的利益最大化原则行事，那么取得持续的结果几乎是不可能的。具有讽刺意味的是，当你有了适当的态度，当你获得了一个"交易者的思维定式"，并能在不断的不确定性面前保持自信时，交易就会像你刚开始时想象的那样轻松和简单。那么，解决方案是什么？你需要学会调整你对交易的态度和信念，这样你就可以毫无畏惧地进行交易，同时保持一个不允许你感情用事的准则。这正是这本书的真正目的。[○]

我可以推荐的第二份资料是范·撒普更长、更复杂的作品，题为《通向财务自由之路》（*Trade Your Way to Financial Freedom*）。尽管书名如此，撒普在书中并没有列出一套你可以用来谋生的交易系统。相反，撒普关注的是如何从精神上、情感上、哲学等角度发展交易以及坚持自己的交易方法。他的基本观点是，交易系统需要与交易气质相匹配，如果你能理解自己是一个什么样的人，你就会成为一个更好的交易者。

在"最难理解"的章节中，作者概述了任何一个成功的交易系统必须考虑的六个变量：可靠性、损益比、交易成本、交易频率、初始账户规模以及头寸大小。撒普详细地论述了这些变量的重要性，然后将它们与期望的概念联系起来，或者你可以合理地期望交易系统随着时间的推移会产生什么样的回报。当这些变量在交易策略中发生变化时，该策略的预期回报率也会随之产生相应的变化。因此，只要简单地调整这些变量，你就可以根据交易心理和目标，针对你的交易系统进行优化定制。

作为交易系统开发的顾问，撒普拥有超过 20 年的个人和机构交易员工作经验。他还管理着一家公司，即交易大师国际研究公司（International Institute of Trading Mastery，Inc.），该公司负责组织有关系统开发和测试的研讨会。撒普的网站上有丰富的交易者资源，包括自由交易人格测试和模拟交易游戏。撒普很好地总结了他的交易哲学，下面这些话摘自《通向财务自由之路》中的结论：

第一，你不能交易市场，你只能交易你对市场的信念。因此，确定这些信念

○ 马克·道格拉斯，《交易心理分析：用自信、自律和赢家心态掌控市场》，第 15 页。

到底是什么对你来说很重要。第二，某些与市场无关的关键信念将决定你在市场上能否成功。这些是你对自己的认知。你认为你有能力做什么？为成功而交易对你来说重要吗？你认为自己能成功吗？对自己的信念削弱也会削弱一个优秀的系统的交易效果。[○]

信仰交易

在《以趋势交易为生》的第 1 版中，我提到了一个材料，旨在帮助交易者管理情绪。这是一种基于正念练习的疗法，我已不再认同了。但我仍然认为，一种积极的精神生活及其各种实践和纪律对你的交易是一个很大的帮助。信仰之旅沿着性格形成的道路朝着它的目标前进。品格的改变不是信仰的目标，而是快乐的副产品。

关于这个话题有很多要说的，但在这里并不适合讨论。让我给你们留下一个更加普遍的论题，一个更应该得到重视的论题。我相信这是一个诚实的判断，那就是一方面，从各个角度看，交易本身都是一件极危险的事。因为交易本身不创造任何产品，交易也不能使任何事物增值，交易更不能为社会贡献更大的利益。而另一方面，交易可能会让人上瘾，会破坏人际关系，甚至会最终导致交易者自我毁灭。举个例子，被誉为"世界上最伟大的交易员"的杰西·利弗莫尔（Jesse Livermore）在纽约一家酒店的衣柜里饮弹自尽。[○]

就拿长期投资来做比较。你的钱一旦投入，就可以为我们的社会带来增值。投资有助于企业更好地成长、生产以及创造就业机会。作为投资者，你是公司文化的天然的组成部分，拥有投票权和治理权。但是交易呢？把 100 股苹果公司或耐飞公司的股票存入你的交易账户一小时，一周，甚至一个月，对这些公司会有

○ 范·撒普，《通向财务自由之路》（纽约：麦格劳 - 希尔教育出版公司，2006 年），第 322 - 323 页。

○ 更多关于杰西·利弗莫尔悲惨生活和交易生涯的信息，请参见埃德温·莱弗尔《股票操盘手回忆录》（约翰·威立父子出版公司，2009 年）。

什么帮助？平心而论，交易的唯一目的，只有在你盈利的时候，才会对你自己的财务状况有所改善。当然，我们都必须谋生，但任何职业的有用之处都体现在它为社会增加的价值中。而交易，似乎没有真正的价值，因此它没有真正的用处。

如果交易能够被赋予一种超越赚钱的目标感呢？如果你掌握了各种交易技巧和方法，不仅为自己和家人提供了优渥的生活，而且还创造了这样的机会，慷慨地把钱捐赠给人们，用以真正改变他们的生活，这难道不会促使交易从单纯利用价格变化盈利，变成接近于有更大价值的行为吗？关于这一点，我将在这本书的最后做更多的讨论（见最后的思考）。这并不能完全解决交易所带来的道德问题，也就是说，一种行为不能给自我以外的任何一方增加真正的价值，这种行为怎么可能是道德的？——但交易本身确实在服务于一个宏愿，那就是让世界变得更美好。

第五章
成功交易者的十大习惯

早在 2003 年冬天，我就为几百名客户举办了一次在线研讨会，其中大多数客户对交易还比较陌生。在两次长达 4 小时的紧张培训中，我们学习了阅读图表、K 线解析以及趋势交易的基础知识，还包括两个我在前一年一直研究、尚未对外讲授过的完整的趋势交易系统。然而，在问答过程中，我惊奇地发现，大部分听众的关注重点与学习我的交易系统并没有多大关联，而更多地与解决他们作为交易者所面临的非常具体的、赚与赔的问题有关。为了尽可能准确地回答他们的问题，我向我的客户承诺，我会写下解决他们问题的方法，并给他们每人发一份。

最后我列出了一个清单，写下我认为作为一个交易者，最应该遵循的十条规则。下面是我发送给我的客户们的那套规则的扩展副本。尽管它们的一些应用程序变得更加复杂，但规则本身并没有发生改变。与交易一样，根据当前的市场状况，也允许有例外情况。

1. 遵循"三原则"。技术分析师经常用许多指标来决定是否进行交易。比如股价变化走势图表，有股价的移动平均线，也有各种动量和超买/超卖指标等。在基本面方面，有估值指标、业绩增长上/下限、分析师的观点等。综合起来，这些信息就形成了一幅拼接出来的图像，显示了一只股票的当前价格相对于其价格历史的位置。"三原则"是指，除非我能从我的技术和基本指标清单中详细阐明三个理由，否则我不会进入任何交易。三是最小值，理由越多越好。年轻的交易者通常只依据一个理由进行交易：例如"双底"，或者超买之类的随机指标，或者公司最近的盈利预期上调等。这些指标本身也很强大，但需要与其他有效的指标协同确认。相互冲突的指标表明市场存在不确定性。我们并不希望如此。我们想要的是确定性，而不是混乱。"知道你要拥有什么，"著名投资者林奇说，"并且知道你为什么要拥有它。"这其实是同一个意思的另一种说法，"如果你希望在价格的起伏中始终保持信心，你就应该能够给出几个理由来说明你想要买入它的原因。"所以，要一直等到你能满足至少"三原则"。记住，交易是一种概率的游戏，你应该把有利的概率叠加起来。

2. 尽量少亏。伯纳德·巴鲁克是 20 世纪初伟大的华尔街投机者，他曾经说过，"即使只有三四成的把握，但如果一个人有迅速止损的意识，也将是一笔财富。"巴鲁克是对的。把损失降到最低至关重要，因为许多大损失都从小损失开始，而大损失可能会永久性地结束你的交易生涯。通常，我们通过对所有未平仓交易设定止损（见规则 3）来保持较小的损失。至少我们要有一个明确的价格底线，无论任何原因，只要触碰这条底线，我们都应离场。如果我们进入交易的任何理由（见规则 1）被随后的价格走势所否定，我们都应该考虑卖出离场。记住沃伦·巴菲特的第一条规则："不要赔钱！"巴菲特还制定了第二条规则："不要忘记第一条规则！"从世界上最伟大的投资者那里得到提示，并始终努力使你的损失保持在较低的水平。

3. 调整"盘后止损"。在每个交易日结束时，在"高水位"的基础上，根据需要调整止损（关于"止损"，详见第二十二章）。这里的"高水位"是指只有在收盘价从买入点创新高（多头）或创新低（空头）时，才调整止损。不要急于对你的交易沾沾自喜。每天至少监测一次，最好是在收盘后，并相应调整止损。另外，要确保你在所有的止损点都使用"取消前有效"（GTC）指令，这样你就不必每天都重置它们，而且在盘后交易中，永远不要把止损设置为主动。顺便说一句，目标指令也应设置为 GTC 指令，但与止损不同的是，它们应在盘后交易中设置为主动。这样，在收盘后，由于流动性低，价格可能会发生剧烈波动，因此你可能会在得到利好消息的同时获得相当不错的收益。

4. 保持低费率。建议使用可以打折的证券经纪商。现在，除非你在交易成千上万只股票，否则你每次的交易费不应该超过 20 美元。有几个在线经纪商（OLB）的收费极低，甚至低于 0.005 美元/股/笔。每笔交易收费 30 美元的经纪商，和每笔交易收费 1 美元的经纪商，两者在服务质量上的差别其实是微乎其微的。他们都将为你提供快速填单、价差修正的服务，为什么要为一个（经纪商的）品牌多花钱呢？记住，佣金是你所管理的资金的一部分，在经营任何业务时，你能保持的管理成本越低，你能够从银行那里获得的利润就越多！有关选择在线折扣经纪商的更多建议，请参见第二章。

5. 新手追开盘，老手等收盘。这句交易格言的意思是，一般来说，资金充裕的机构交易员往往会在早盘做卖出（即反向交易），高兴地将股票卖给焦虑的新手，然后慢慢享用一顿丰盛的午餐。当他们在美国东部时间下午 2:30 左右回到办公桌前时，他们则能够以更低的价格买到相同的股票。他们的做法通常都是正确的。这就是他们是专业人士的原因。他们得到报酬是因为他们在做正确的事情。

如果你必须在早上交易，那么一定要降低你的交易数量。是的，你可能会因此错过一些好的机会，但从长远来看，你会省下自己的钱。更好的方法是：在开盘时（用 OPG 市场指标来进行指定的交易是最理想的）或者在交易的前两个小时之后进入你的交易。这样的话，你就更有可能赶上午盘交易，这通常发生在专业交易者扳回开盘差价之后。更好的方法是，在交易日的最后两个小时查看进场和出场交易。这样你就更有可能与专业交易引起的更大、更有决定性的走势同步。

6. 了解市场总体趋势，并据此进行交易。这事说起来容易做起来难，但它是成功的趋势交易必不可少的。你需要每天都知道你现在处于什么样的交易市场中。我们将在第八章中对此进行详细介绍。这里的一般规则是，我们所处的市场类型将决定我们所从事的交易类型。市场趋势一般有五种类型：强趋势牛市、弱趋势牛市、强趋势熊市、弱趋势熊市和区间震荡趋势。本书所教授的趋势交易形态在某些类型的市场中效果最好。当我们深入讨论这些形态本身（第九至二十章）时，你将了解哪些形态更适合哪些市场类型。但如果你不确定我们目前所处的市场类型的话，你就无法与之进行匹配。

你还应该确定当前趋势或区间限制条件是相对较新还是相对较旧的，以及当前的趋势是可持续的还是不可持续的。大盘趋势的持续时间将决定你持仓的时间。市场处于当前状态（牛市、熊市或区间震荡）的时间越短，你买入新仓位的持有时间就会越长，反之亦然。例如，你在新一轮牛市的前几周进行多头交易，你应该在多头仓位上设定一个更高的目标价格，并预期你将持有这些仓位数周的时间。如果你打算在多年牛市的最后几周做多，你应该在多头仓位上快速获利，并预期你的持仓时间仅有几天。

至于市场大趋势是否可持续，则可以利用一个快速而简单的测试来判断。只需看看叠加了最近一个月的 50 日均线的标普 500 或纳斯达克 100 等指数图表，然后回答问题："50 日均线倾斜度大于还是小于 45 度？"如果小于或等于 45 度，则这种趋势是可持续的。如果角度大于 45 度，则这个趋势很容易发生改变。此外，请注意当前价格相对于 50 日均线的位置。如果目前的价格离 50 日均线很远，预计下一步的趋势将是朝着 50 日均线移动。如果目前的价格接近 50 日均线，则预计下一步的趋势是与它背离。

7. 记录每一笔交易。我们平时记录了生活中许多其他事情——我们签的支票，需要的日用品，对慈善事业的捐赠，高尔夫成绩，最后一次更换车里的机油的时间等——但是我们中有多少人会记下每一笔交易的细节呢？在阅读杰克·施瓦格的《股市奇才》一书时（我强烈推荐），你会发现几乎所有的高手都有交易日志。我建议你也这样做。制作一个电子表格，记录每一笔交易的买入/卖出的日期、交易市场的代号、买入价格、交易数量、盈利或亏损、连续盈利/亏损总额，并在评论部分尽可能详细地描述你为什么进行交易。如果你擅长使用电子表格，你甚至可以编写程序来跟踪止损、目标价格和仓位的大小。

在每个月的月底分析这些交易。你是否总是因为一种走势而发生失误？你的突围战术比逆转战术更有效吗？你的止损设置太紧了吗？你的目标是不是离你的买入价太远了？你能详细说明每笔交易的"三原则"吗？利用这本日志来了解你作为交易者的弱点。对这些弱点的认识将令你很快克服这些弱点。如果你在设置电子表格时遇到任何问题，请向斯托克斯博士网发邮件（support@drstoxx.com）求助，他们会很乐意发给你我所用的表格。他们还可能会给你寄一张折扣券，供你在我们的订阅服务中使用。

8. 永远不要试图降低你的亏损头寸的成本。假设你买了一只股票，期望它的价格像火箭一样起飞，但它却像滚石一样下落。你要做的是什么？答案是：你什么都不做。坚持你的计划，维持你的止损线，在盘后降低预期，然后耐心等待。不要为了降低你的平均成本而以较低的价格购买更多的股票。那是失败者的游戏。你已经以较低的价格拥有了这只股票，为什么还要买更多？为什么要把宝贵的流动资金扔进亏损的头寸之中？你只管袖手旁观，让市场"为所欲为"。此时，我允许这个规则的一个例外情况是，当你将自己定位在一个交易中，并且在你的入市之日，你利用了股价的小幅下跌。但在这种情况下，在加仓之前，你要确认以下四件事必须是真实的：

1）你必须仍然对 K 线走势图保持乐观。

2）当前的价格一定离你的止损价还很远。

3）这笔交易必须符合"三原则"。

4）你必须等待，直到股价显示出从下跌中恢复的迹象（为此，你可以使用日内 K 线图，如 5 分钟或 15 分钟 K 线图）。

9. 不要过度交易。你知道那种感觉：你已经平仓了所有的隔夜交易，获得了可观的利润，然后你对自己说："嘿，我正在连胜，让我们继续吧！"所以你多做了几笔交易。但这些交易并不顺利，现在你又回到了盈亏平衡的状态。你想拿回那些早盘的利润，所以你又多做了几笔交易，只是现在你重仓进场，或者开始使用杠杆头寸。然而这些都不顺利，这不是胜利的一天（其实你早就经历过了），或盈亏平衡的一天（你中途曾经经历过），最终你遭受了巨大而痛苦的损失。又或者，你以平仓亏损的仓位开始一天的交易，你通过几笔小的、谨慎的交易进行了过渡，只是希望能找回一些信心。通常情况下，这些没有经过深思熟虑的交易，即使规模不大，也只会增加你早上的损失，让你感觉更糟。这就是所谓的过度交易强迫症。这是一个所有交易者都熟悉的问题，无论交易者的经验多么丰富。这个问题源于交易者内心根深蒂固的恐惧、贪婪、内疚和羞耻感。

克服这种行为的最好办法就是给自己设限。为自己创建一本交易规则手册，内容如下：

a）设定每日或每周的盈利目标，当你达到目标时，停止交易。

b）当你在一天或一周内交易达到一定数量时，停止交易。

c）如果当天或周内的亏损达到一定数额时，停止交易。

每一天或每一周，你都坚持你的规则，奖励你自己的自律行为：例如去海滩，读一本好书，在树林中骑车等——做一些令人愉快的事情来加强这种训练，直到它成为一种习惯。

10. 将至少10%的交易收入捐给慈善机构。约翰·D.洛克菲勒的孩子们学习了五条关于金钱的基本规则：

1）为你得到的一切而工作。

2）把前10%送给别人。

3）用下一个10%做投资。

4）靠剩下的生活。

5）把每一分钱都交代清楚。

洛克菲勒家族认为，捐赠钱财对他们的财富至关重要。你也应该这样，秘诀在于，被分割以后，钱会以最快的速度增值。当我们把部分财富分享给那些不那么幸运的人的时候，我们就相当于为财富注入了新的能量。

众所周知，世界上最伟大的财富创造者同时也是世界上最大的财富分配者。但是，是否可以这么想，慷慨的付出实际上会带来财富，这是其中的原因之一？想想看，比尔·盖茨和沃伦·巴菲特都是世界上最富有的人，都把自己的钱捐给了慈善事业。尽管每年慈善机构的资金在减少，但他们的总财富仍在增长。

最终，拥有巨大财富的唯一目的就是帮助那些不那么幸运的人。共享的财富才是真正的财富。

Trend Trading for a Living 以趋势交易为生

第二部分 趋势交易基础

第六章
什么是趋势交易

趋势交易是一种交易形式，通过分析股价走势形态，制定买入与退出策略，来寻求交易利润最大化和风险最小化。虽然这里概述的趋势交易系统可以应用于任何时间框架——从长期投资交易到短线日内交易——大多数趋势交易都是在3～30个交易日内进行的。之所以称之为趋势交易，是因为它寻求进入已经确立的趋势（大部分情况下），并在它们向上或向下震荡至新高或低点时驾驭它们。但是在我们进一步定义什么是趋势交易之前，我们先把它是什么和它不是什么区分开。

趋势交易不是什么

趋势交易不是"买入并持有"的投资

买入并持有投资涉及对市场周期、行业部门和单个公司的基本面或经济分析，目的是在估值有吸引力或增长前景强劲时，或理想情况下，两者兼而有之时，买入可靠的公司或持有这一类公司股票的基金。该策略的目标是以最小的投资组合周转率实现长期资本收益。买入并持有的投资者不是交易者。他们通常很少注意技术分析的基础。价格走势图上的涨跌对他们来说都无关紧要。相反，用沃伦·巴菲特的话来说，重要的是"以公平的价格收购一家伟大的公司"。买入并持有投资策略的股票头寸持有时间通常以年为单位。在某些情况下，买入并持有投资可以持续一生，甚至可以世代相传。

趋势交易不是头寸的交易

头寸交易者通常使用技术分析和基本面分析来进行长期交易头寸。头寸交易者确实是交易者，因为他们通常将买入并持有的时间从几年缩短到几个月。然而，他们的目标不是进入已经形成的趋势中，而是进入新趋势的开始，甚至是在趋势开始之前就预测到它。换言之，头寸交易者喜欢在主要基准点的底部买入，在主要基准点的顶部卖出，而这是趋势交易者禁止做的两件事，除非是在非常有限的意义上（例如，在确定的上升趋势中买入探底支撑）。与趋势交易相比，头寸交易需要更多的耐心。头寸交易通常以月为单位，可以持续一年或更长时间。头寸交易者主要关注的图表是周线图，日线图则被用来计算进出的时间。如果头寸交易进行得太早，交易者就不得不坐等，有时要等很长时间才能获利。

趋势交易不是隔夜交易

隔夜交易者主要依赖于技术分析以及强大的看盘技巧，并密切关注潜在的隔夜消息，以确定两天的交易头寸。隔夜交易者通常在交易日晚些时候建仓，通常在第二天中午之前，或者至少在当天收盘前平仓。隔夜交易者的目标是捕捉到三个阶段的运动：入场日下午运行，隔夜缺口，第二天的延续。这是一种有利可图的交易方式，对于那些掌握合理的交易策略，并且对推动股票短期动力的因素有着深刻理解的人来说。只要条件合适，我自己偶尔也做隔夜交易。但隔夜交易可能非常耗时，交易退出需要像日间交易一样紧盯屏幕，集中注意力。虽然趋势交易技巧可以用于隔夜交易，但它是一个多方面的学科，因此超出了正常的趋势交易的范围。

趋势交易既不是日内交易，也不是超短线交易

日内交易是极短期内的买卖，是一种只持有一个交易日头寸的交易方式，所有头寸在交易日之前或收盘时退出。日内交易者和短线交易者总是在每个交易日

结束时平仓（完全持有现金）。日内交易者倾向于用分钟而不是用小时来计算他们的交易时间，超短线交易者倾向于用秒而不是用分钟来计算他们的交易时间。虽然日内交易者通常依赖于他们的读盘技巧，也会监控新闻动态以寻找新闻引发次日高开的机会，而超短线交易者在监控二级市场报价的涨跌同时，主要依靠他们的看盘技巧进行交易。日内交易者每天都会创建新的股票名单，这些股票在一夜之间因意外消息、盈利公告、评级上调或下调等影响而大幅变动；而超短线交易者则倾向于日复一日地交易同样数量的股票和 ETF。这两种类型的交易者都在寻找快速转向、快进快出的交易。这两类人每天都进行大量交易，有时成百上千次，目的是在每次交易中只赚取一点利润。通过增加交易量和头寸规模，这些微薄的利润被杠杆化为更大的利润。因为超短线交易者和日内交易者都不寻找既定的交易趋势，所以从技术上讲，他们不是趋势交易者。

趋势交易是什么

就时间框架而言，趋势交易涵盖了从一个极端的多月持仓交易者到另一个极端的多分钟日内交易者之间的持仓期范围。趋势交易者的主要目标是捕捉趋势股的主要波动，在趋势展开后入场，通常在趋势结束前退出。趋势交易者在其最适合预期持仓期的时间框架内使用价格图表。例如，如果趋势交易系统适用于波段交易（见本章下文），那么交易将有可能在 2 ~ 6 周（10 ~ 30 个交易日）内进行。在波段交易中，主要使用日线图。但这里概述的趋势交易系统也可以用于持续几天的交易，在这种情况下，最常用的是日内图，如小时图或 30 分钟图。

因此，必须将趋势交易视为一套交易系统，而不是一种交易风格。你的交易风格（头寸交易者、长线波段交易者、短线波段交易者等）必须由你的交易目标、你的时间、你的气质和技能（例如，除非你反应迅速，否则不要考虑超短线交易）以及你的收益预期等因素决定。有关不同类型交易风格的进一步说明，请参阅本章后面的内容。（请注意，只有长线和短线形式的波段交易，如这里所定义的，是趋势交易的形式。）

买入并持有投资

- 目标：长期资本收益
- 风格：行业和公司的基本面分析
- 持仓时间：一年或更长
- 时间投入：每个月仅用几个小时
- 换手率：每年 1～5 次交易
- 佣金费用：最低
- 预期年收益率：15% 以上

头寸交易

- 目标：季度收益
- 风格：周线图/日线图技术分析
- 持仓时间：3～6 个月
- 时间投入：每周几个小时
- 换手率：每季度 1～5 次交易
- 佣金费用：中等偏低
- 预期年收益率：25% 以上

波段交易——长线交易（可以是趋势交易的一种形式）

- 目标：月度收益
- 风格：日线图技术分析
- 持仓时间：两周至三个月
- 时间投入：每天 1～3 小时
- 换手率：每月 5～15 次交易
- 佣金费用：中等偏高
- 预期年收益率：35% 或更高

波段交易——短线交易（可以是趋势交易的一种形式）

- 目标：每周收益
- 风格：日图/小时图技术分析
- 持仓时间：三天至两周
- 时间投入：每天 1 ~ 3 小时
- 换手率：每月 10 ~ 30 次交易
- 佣金费用：中等偏高
- 预期年收益率：40% 以上

隔夜交易

- 目标：每日收益
- 风格：日图/日内图技术分析，消息分析
- 持仓时间：最多两天
- 时间投入：每天 3 ~ 5 个小时
- 换手率：每天 2 ~ 5 次交易
- 佣金费用：中等偏高
- 预期年收益率：50% 以上

日内交易

- 目标：每日收益
- 风格：日内图技术分析，盯盘，消息分析
- 持仓时间：分钟至小时，最多一天
- 时间投入：每天 4 ~ 8 小时
- 换手率：每天 5 ~ 40 次交易
- 佣金费用：非常高
- 预期年收益率：50% 以上

超短线交易

- 目标：每日收益
- 风格：盯盘
- 持仓时间：秒至分钟
- 时间投入：每天 6 ~ 8 小时
- 换手率：每天 40 次以上交易
- 佣金费用：极高
- 预期年收益率：50% 以上

趋势交易的优势

趋势交易相对于其他交易形式的优势是多方面的。显然，预期收益往往高于买入并持有的投资者的预期，甚至高于交易者预期的仓位，使趋势交易无论是长线波段交易还是短线波段交易都成为一种理想的交易方式。如果你不从事日常工作，每天有 8 ~ 10 个小时的空闲时间——更不用说你愿意坐在计算机的屏幕前点击鼠标——那么隔夜交易、日内交易或超短线交易都可能是建立你的盈利交易业务的理想方式。那样的话，这本书就不适合你。然而，如果你没有那么多的空闲时间，或者宁愿做其他事情也不愿整天眯着眼睛盯着屏幕，那么使用我们在这里所论述的趋势交易策略进行长线或短线交易，可能是理想的交易方式。

也许更重要的是，趋势交易并不需要像买入并持有的交易者那样具备一定的专业水平，需要获得合理的年复合收益率。毫无疑问，通过长期投资可以获得惊人的财富——但这需要大量的努力、大量的时间和一点运气。世界上最富有的人之一沃伦·巴菲特是聪明、成功、长期投资者的典范，他以大幅折扣的价格收购财务状况良好的公司。但巴菲特在他所做的事情上非常努力。他对自己所收购的公司了如指掌。他与目标公司高管共进午餐；他与中层管理人员面谈；他参观公司的制造厂和供应链；他夜以继日地研究大量的基本信息——所有这些都发生在他将辛苦赚来的每一毛钱投入新的公司之前。即便如此，也难以保证成功。虽然巴菲特是一个真正的投资天才，但他在 2007—2017 年的平均年回报率仅为 7% 多一点（同期标准普尔 500 指数的平均年回报率为 8.8%）。

作为一个趋势交易者，你必须像巴菲特一样努力吗？不需要！你只需要简单地从本书中学习一个系统，每天晚上浏览几张图表，早上点击几次鼠标，你就可以过上体面的生活了。此外，买入并持有的投资者和头寸交易者必须有极大的耐心。他们必须等待数月，甚至数年，才能看到他们的劳动成果。趋势交易则不然。这就是趋势交易对那些想以交易为生的人来说是如此理想的原因。股市中的趋势往往是短暂的现象。据估计，在大多数时间里，股票的走势是波动的，是区间震荡的，或多或少是没有以趋势的方式运行的；它们只在少数时间里以趋势的方式运行。这是我们的优势，因为这样使趋势更容易被发现。这也迫使我们将预期的交易时间控制在最低限度，这就是为什么波段交易是趋势交易策略的理想交易方式。遵循本书所教的趋势交易技巧，就是每月（对于长线波段交易者）或每日（对于短线波段交易者）买卖股票。因此，你的努力会得到更直接的回报。

这种潜在的短期回报，并不需要像日内交易者或超短线交易者那样每天花费数小时，就可以使趋势交易成为收入来源的理想选择。例如，一个人可以用两周的时间换取来的收入支付每月的账单，然后再用两周的时间来使你的交易账户获得复利。当然，日内交易者和超短线交易者有一个巨大的优势，那就是在每个交易日结束时都能看到劳动成果的统计，而且不必担心这些收入因隔夜风险而损失。然而，那些收获耗费了他们大量的劳动！而趋势交易者是那些乐于牺牲眼前的现金流，以便在生活中有更多的时间做其他事情的人。

当然，需要指出的是，与所有交易方式一样，趋势交易也容易受到市场波动和周期的影响。虽然你可以靠趋势交易为生，但你需要非常小心地在经济景气的时期留出资金，以便在经济不景气的时期有足够的资金支付账单。就像任何形式的交易或投资一样，肯定会有萧条的时期。

趋势交易的另一个优点是，如果执行得当，这里所教的趋势交易策略将产生比长期策略少得多的风险。长期投资者常常被困在熊市之中，焦急地看着自己的资产净值随着股指日复一日（有时甚至是数年）的下跌而流失。但趋势交易者有可以迅速退出亏损交易的自由。或者，他们可以使用一个或多个看跌、卖空策略，这是为了在市场低迷时期也能够赚钱。

最后，要想做好趋势交易，你不必担心……

- 像买入并持有的投资者那样仔细研究财务报表。（在第七章中学习的预筛选可以帮你做到这一点！）
- 像头寸交易者一样准确捕捉市场顶部和底部。
- 像隔夜交易者一样，眼看着你的大部分利润蒸发在隔夜缺口上。
- 像日内交易者那样搜寻新闻和快讯，在每个交易日开盘前和盘中都要紧盯市场。
- 像超短线交易者那样学习二级市场和其他读盘技巧之间的细微差别。

简言之，在所有交易类型中，趋势交易以最少的工作量产生最大的回报。所以，让我们开始以趋势交易来谋生吧！

第七章
建立你的看涨和看跌观察名单

每天可供交易的场内和场外股票及交易所买卖基金（ETF）超过 10000 只，而且每周都在增加。在这个有着庞大数量的交易标的的世界里，我们不可能每天都进行详尽的调查。合乎逻辑的做法，以及趋势交易者在做其他事情之前必须要做的事情，是创建并定期根据特定的选股工具更新股票观察名单，这些选股工具已经被证明它们在为趋势交易筛选出最佳证券方面是有效的。这些选股工具帮助我们缩减可用股票的整体名单，使其更易于管理。这些经过缩减的观察名单将提供我们为本书中定义的趋势交易系统选择的股票，包括做多和做空。

第一章演示了如何根据两个基本标准对观察名单内的股票进行预筛选，从而大大改善简单的看涨动量系统的表现。在本章，你将学习具体的步骤，将这些选股工具筛选和整合到你的观察名单中，以确保你有最看好的股票进行交易。我们将使用这个观察名单来制定长期战略（第九章到第十三章和第二十章）。好消息是，我们可以使用这些相同的选股工具，但以相反的方式同样创建一个看跌的观察名单。我们将使用后一个观察名单来制定卖空策略（第十四章至第二十章）。在《以趋势交易为生》的第 1 版中，展示了如何创建一个只使用两个描述性选股工具（最新价格、平均成交量）和一个技术性选股工具（beta）的股票观察名单。在本书中，你将学习如何把观察名单融合起来！通过添加第一章中讨论的两个基本面预选工具，你不仅可以创建一个股票观察名单，还可以创建两个独立的名单：一个基本面看涨的股票名单和一个基本面看跌的股票名单。通过将我开发的看涨和看跌技术形态应用于预先筛选基本面看涨或看跌的股票，我们释放了它们的全部力量。这些趋势交易的形态在以前都很好，但现在它们已经过时了！

你的主要观察名单选股工具

让我们首先谈谈我们将在两个观察名单中使用的三个主要选股工具。看涨和看跌名单的筛选，都会使用这三个选股工具。我们希望创建两个观察名单，筛选出的股票在以下三个方面符合最低要求：**当前价格、平均成交量和贝塔系数**（股票相对于大盘波动的函数）。要执行这个功能，需要一个股票筛选器。Finviz 中的免费股票筛选器足以完成这项任务，Zacks Premium 和 Research Wizard 中的筛选工具也一样可以完成此任务。注意，当添加两个基本的预选工具时，如果使用 Finviz，则需要你的再编程。这一点稍后再谈。

在进行价格筛选时，要剔除价格过低或过高的股票。低价股票给交易增加了不必要的风险。它们往往具有不可预测的波动性，用止损来终结交易会是一种非常令人沮丧的经历。交易低价股当然有有利可图的方法。我最赚钱的一个选股工具 Penny Stoxx 使用一个专有系统来寻找价值被低估的、具有真正增长潜力的候选股票。其中一些股票的价格仅为几美分。但从低价股中获利所需的具体公司分析超出了我们在本书的讨论范围。因此，我们将输入一个当前价格最小值。另外，价格过高的股票对买入并持有者来说可能是很好的投资，但这些庞然大物的移动速度太慢，对我们快速变化的趋势交易系统没有价值。我的研究表明，最适合的价格区间是相当低的——10～40美元。不过，这个范围对于我们来说有点太窄了，所以我们将把这个范围扩大到5～100美元，如果有太多的股票通过筛选，那就缩小范围。

在成交量筛选中，我们的目标是避免交易量偏少的股票。交易量偏少的股票有两个共同点，这会让你付出代价。首先，在交易量少的股票中，竞买和竞卖之间的价差往往相当大。如果你以 15.75 美元的价格买入某只股票，但当前出价是 15.25 美元，该股票必须上涨 0.5 美元（超过 3%）才能达到盈亏平衡。这意味着你的每股利润要少 0.5 美元。其次，如果你在每笔交易中投入的资金达到数千美元，那么你必须付出足够的代价才能获得足够的仓位。为什么？因为当你以卖出价竞价买入一只交易量很小的股票时，通常你会把卖出的股票全部吃进，那么卖出价就会继续被抬高到下一个价位。这可能会让你在满仓之前，每股的竞价追高 0.2 美元或更多。当你想卖出或被止损出局时也是如此。为了避免产生这些额外的成本，提高整体收益，我们会寻找过去一个月每天成交量超过 10 万股的股票。

在贝塔系数的筛选中，我们希望剔除行动缓慢、不易波动的股票。贝塔系数是一只股票在交易日相对于标准普尔 500 指数上下波动幅度的函数。如果标准普尔 500 指数在一段时间内的日均波动率为 1.0%，而一只股票在同一段时间内的日均波动率也为 1.0%，那么该股票的贝塔系数就为 1.0。贝塔系数为 2.0 的股票平均日波动率为 2.0%，就是基准指数的两倍，以此类推。出于我们的目的，我们希望观察名单上的股票贝塔系数至少为 1.5。这确保了我们能够在更大范围的市场中至少利用 50% 的波动，从而增加利润潜力。

综上所述，我们将在看涨和看跌观察名单的筛选中，构建以下三个选股条件：

- 最近收盘价在每股 5 美元到 100 美元之间；
- 平均日成交量大于 10 万股（20 日平均）；
- 贝塔系数大于 1.5。

请注意，如果你使用 Finviz 的免费版本进行筛选，那么你将无法在 "X 和 Y 之间" 的价格中输入 5~100 的数值。你只能通过注册精英版的服务在 Finviz 中定制选股工具（例如，平均值在 $X 和 $Y 之间）。在免费版本中，你能设置的价格范围（单位是美元）是 5~50，或者 50~100。别担心。一旦你输入市销率指标作为选股条件（见下文），大多数通过筛选的股票的价格将低于 100 美元。我刚刚用这三个选股条件和市销率在 Finviz 中进行了筛选，结果显示了 137 只股票，其中只有三只股票的价格超过了 100 美元。

如果你使用 Zacks 收费版进行筛选，那么你可以添加两行价格，一行用于最低价格要求，另一行用于最高价格要求。研究向导也是如此。研究向导筛选如图7.1 所示。

筛选条件				符合条件 521 只	
当前价格（美元）			>	5	
当前价格（美元）			<	100	AND
20 日平均成交量（股）			>	100000	AND
贝塔系数（60 个月）			>	1.5	AND

图 7.1　基本观察名单筛选结果

图由 Zacks 投资研究公司提供。

上述的筛选图表（见图 7.1）将根据市场情况选出 400～600 只股票。波动性大的市场上有很多股票的贝塔系数很高，能比相对平静的市场选出更多的股票。此外，长期牛市将推动一些股票的交易价格高于 100 美元/股，从而减少我们的股票池中股票的数量。但在大多数市场条件下，你会发现至少有 400 只股票符合我们的筛选条件（股价/成交量）和技术性（贝塔系数）标准。当然，这个数字对我们来说还是太大了，我们还需要将股票分为看涨和看跌两类。这就是两个基本选股工具发挥作用的地方。

在第一章中，展示了通过在基本动量股筛选中添加两个基本指标，可以将一个真正糟糕的交易系统（一个在短短五年内将你的账户余额降为零的交易系统）转变为一个超过基准指数 15 倍的系统，在短短五年内产生的投资回报率（ROI）为 1451%，而同期标准普尔 500 指数仅上涨 96.1%。本章的目标是将这些指标整合到我们的观察名单筛选中，这样，只要点击鼠标，就可以立即为多头技术交易系统生成看涨股票名单，为看跌技术交易系统生成看跌股票名单。

一旦我们合并了两个基本面预筛选工具，我们就会看到，使用前面列出的三个选股工具，初始观察名单上的股票数量从 400 只或更多下降为看涨和看跌两个观察名单中，每个名单上各有约 50 只股票。这对于我们每天的交易来说，是一个足够大的样本量，但我们只要花几个小时来研究图表，这个数量也不是那么大。一旦掌握了一些使用我们系统的技能，你就可以花一两分钟在每个图表上寻找系统信号。这意味着你可以在周末为即将到来的交易周做一些事情。

要将两个基本指标集成到预筛选的观察名单中，只需添加以下参数：

- 市销率
- Zacks 等级

这两个参数在观察名单的筛选中的具体设置将取决于我们使用三种筛选工具中的哪一种。让我们从三个工具中最简单的一个开始：研究向导（Research Wizard）。在研究向导中，"Zacks 等级"被预先编辑到软件中，使我们的任务非常简单。此外，我们可以将市销率设置为一个带有比较值的数值（例如，市销率 < 2.0），或者可以简单地通过其他选股工具中获取"底部 x"（Bottom x）的市销率排名，从而得到 x 个市销率最低的股票。我更喜欢使用"底部 x"这个指标，因为这样我就可以把股票限制在一个特定的数量上。

两个基本面预筛选工具中的第二个——Zacks 等级——是从 1 到 5，其中 1（"强烈推荐买入"）挑选出所有股票中排名前 5% 的股票进行盈利预测调整，5（"强烈推荐卖出"）挑选出所有股票中排名后 5% 的股票进行盈利预测调整。Zacks 等级 2（"买入"）或 4（"卖出"）分别指所有股票的前 20% 和后 20%。而所有股票中间 50% 的股票则为 Zacks 等级 3（"持有"）。显然，我们不想建立一个带有较高等级股票的看涨观察名单（如等级 4 或等级 5），因为根据扎克斯自己的研究，如第一章所讨论的，它们往往表现得不及整体市场的收益率。因此，我们将筛选出的看涨股票限制为：Zacks 等级 < 4。这将剔除所有盈利预测调整后的 25% 的股票。

有了这两个基本筛选工具，我们就有了两个观察名单中的一个。我们在研究向导中输入的看涨观察名单筛选将使用以下参数：

- 最近收盘价在每股 5 ~ 100 美元；

- 平均日成交量大于 10 万股（20 日平均）；

- 贝塔系数大于 1.5；

- Zacks 等级小于 4；

- 市销率最低的 50 只股票。

有了这个看涨观察名单筛选，每次运行它，可以精确地选出 50 只股票。这 50 只股票现在正在被仔细观察，以确定是否存在乐观的盈利预测调整和较低的市销率。如果你想在筛选中显示更少的股票，只需减少最后一个筛选条件中的数量。如果你想要更多，只要增加它即可。在研究向导中，看涨观察名单筛选如图 7.2 所示。

筛选条件				符合条件50 只 ⬛ 📁 📄 📷	
当前价格（美元）			>	5	
当前价格（美元）			<	100	AND
20 日平均成交量（股）			>	100000	AND
贝塔系数（60 个月）			>	1.5	AND
Zacks 等级		最近	<	4	AND
P/S			最低	50	AND

图 7.2　看涨观察名单筛选结果

图由 Zacks 投资研究公司提供。

我在这个看涨观察名单上做了一个 10 年的回溯测试（2008 年 5 月至 2018 年 4 月），使用了一周的再平衡期，没有止损。在没有使用任何其他基本面选股工具，也没有参考任何技术分析的情况下，看涨观察名单筛选结果超过标准普尔 500 指数的正阿尔法（Positive Alpha）34940 个基点，10 年总回报率为 480.5%（年平均投资回报率为 19.3%——从各个方面看，这都是一个惊人的数字），而标准普尔 500 指数 10 年总回报率为 131.1%（年平均投资回报率为 8.8%）！详见图 7.3。

模拟统计	初始投资：10000 美元	策略测试数据	标准普尔 500 指数
	复合回报率%	480.5	131.1
	复合回报额 $	58052	23110
	复合年化增长率%	19.3	8.8
	胜率%	54	60
	胜出期/总周期	280/519	310/519
	平均持股数（只）	50	—
	期内平均换手率%	14.8	—
	平均每期回报率%	0.5	0.2
	胜出周平均盈利率%	3.8	1.6
	胜出周最大周盈利率%	28.1	12.1
	失败周平均亏损率%	− 3.4	− 1.9
	失败周平均周亏损率%	− 27.2	− 18.1
	最大回撤率%	− 68.6	− 50.9
	平均连胜期（周）	2.2	2.4
	最大连胜期（周）	9	10
	平均连败期（周）	1.8	1.6
	最大连败期（周）	6	6

图 7.3　2008 年 5 月 2 日至 2018 年 4 月 6 日看涨观察名单筛选回溯结果

图由 Zacks 投资研究公司提供。

　　寻找看涨的技术形态时，你将从这些股票开始。试想一下，如果你知道你的名单上的每一只股票都被证明拥有大大优于整体市场的基本面，你的信心会有多大的提升。这正是《以趋势交易为生》第 2 版相较于第 1 版的主要优势。

　　现在我们需要建立看跌筛选名单。这项任务容易多了。要把看涨的筛选名单变成看跌的，我们只需要反转两个基本预筛选的值。通过将 Zacks 等级从 "<4"（看涨）更改为 ">2"（看跌），并将市销率运算符从 "Bot#50"（看涨）更改为 "Top#50"（看跌）。通过这种方式，将筛选出在所有股票中排名前 25 % 的股票进行盈利预测调整，它们有较高的市销率，表明它们可能被高估。

　　我还对看涨筛选名单做了两个额外的修改。虽然贝塔系数将保持在 1.5，我把收盘价范围从 5 ~ 100 美元（看涨筛选名单）调整到 20 ~ 200 美元（看跌筛选名单），同时将平均每日成交量（ 20 天内）从大于 10 万股（看涨筛选名单）调整到大于 20 万股（看跌筛选名单）。我这样做有几个原因。第一，研究表明，高价股的下跌速度往往比低价股更快，受做空挤压的影响也比低价股小。当一只被严重做空的股票价格由于某种原因而走高，迫使许多空头回补头寸，从而使股价进一步走高时，就会发生空头挤压。一旦在空头挤压中走错了方向，你就会知道为什么我们要把这种风险降到最低。第二，大多数经纪人倾向于持有较少的低价股，如果你的经纪人手头没有任何可以做空的股票，你就不能做空。第三，价格较高的股票往往有更大的买卖价差，这意味着我们将要为进入和退出交易支付更多的费用。其中一个减少这种弊端的方法是提高平均需求量，因为更大的流动性往往会拉近买卖竞价的距离。因此，我们将在研究向导中输入以下参数以创建看跌筛选名单：

- 最近收盘价在每股 20 ~ 200 美元；
- 平均日成交量大于 20 万股（20 日平均）；
- 贝塔系数大于 1.5；
- Zacks 等级大于 2；
- 市销率最高的 50 只股票。

    按照这一看跌筛选结果，将在每次运行中产生 50 只股票，这些股票现在已经被确定为业绩下调和市销率较高。同样，如果你想在筛选结果中显示的股票数量增加或减少，只需减少或增加最后一个筛选工具中的股票数量。在研究向导中，看跌观察名单筛选结果如图 7.4 所示。

筛选条件					▬ 🗃 🖋 📠
当前价格（美元）			>	20	
当前价格（美元）			<	200	AND
20 日平均成交量（股）			>	200000	AND
贝塔系数（60 个月）			>	1.5	AND
Zacks 等级		最近	>	2	AND
P/S			最高	50	AND

图 7.4　看跌观察名单筛选结果

图由 Zacks 投资研究公司提供。

    我在这个看跌观察名单上进行了 10 年的回测（2008 年 4 月至 2018 年 4 月），使用了一周的再平衡期，没有止损。在没有使用其他基本面选股工具，也没有任何技术分析参考的情况下，我们的看跌观察名单筛选结果低于标准普尔 500 指数的负阿尔法（ - α）8580 个基点，其 10 年期总回报率仅为 61.3%（年均投资回报率为 4.9%），而标普 500 指数为 147.1%，年均投资回报率为 9.4%。这正是我们希望在看跌观察名单筛选结果中看到的。显然，我们的一套基本面和描述性选股工具能够在 10 年期间——应该说，这是一个牛市时期——每周提供 50 只股票，而它们已经准备好做出糟糕的表现。想象一下，我们如何利用这个弱点，根据技术设置来选择股票的进场和出场时间！请看图 7.5 所示的结果。

模拟统计	初始投资：10000 美元	策略测试数据	标准普尔 500 指数
	复合回报率%	61.3	147.1
	复合回报额 $	16130	24711
	复合年化增长率%	4.9	9.4
	胜率%	56	60
	胜出期/总周期	291/523	314/523
	平均持股数（只）	50	—
	期内平均换手率%	13.9	—
	平均每期回报率%	0.2	0.2
	胜出周平均盈利率%	2.8	1.6
	胜出周最大周盈利率%	20.5	12.1
	失败周平均亏损率%	− 3.1	− 1.9
	失败周平均周亏损率%	− 15.9	− 18.1
	最大回撤率%	− 66.2	− 50.9
	平均连胜期（周）	2.3	2.4
	最大连胜期（周）	8	10
	平均连败期（周）	1.8	1.6
	最大连败期（周）	6	6

图 7.5　2008 年 4 月 11 日至 2018 年 4 月 13 日看跌观察名单筛选回测结果

图由 Zacks 投资研究公司提供。

如果你想节省一些钱，又想使用 Zacks 高级筛选工具，而不是研究向导（见第二章的节约成本建议），那么创建和保存看涨和看跌筛选结果将不会有任何问题，几乎与这里的详细介绍相同。唯一的问题是，Zacks.com 上提供的筛选工具不允许你筛选市销率的"前 50 名"或"后 50 名"。别担心，请按此处的详细说明输入除市销率筛选工具之外的所有内容。请注意，贝塔筛选工具在"价格和价格更改"选项下可以找到。进入看涨筛选的市销率筛选工具（在估值选项下可以找到），将其设置为"＜＝3.0"，然后向下调整，直到得到接近 50 只符合条件的股票。对于看跌筛选，设置市销率为"＞＝4.0"，并进行调整，直到你得到 50 只符合条件的股票。

现在，如果你决定使用 Finviz.com 网站，你就能够利用我们两次筛选的所有选股工具，除了——这是一个大问题——Zacks 等级。Zacks 等级是一个专有指标，仅在 Zacks.com 上有。不用担心，我有一个可行的解决办法。如果你选择使用 Finviz 作为观察名单的筛选工具，希望你创建以下两类筛选结构：

看涨观察名单筛选结构

- 贝塔系数大于 1.5；
- 股价超过 5 美元；
- 分析师推荐"买入或更佳"；
- 日均成交量大于 10 万股；
- 市销率小于 1。

当你将这些参数输入到 Finviz 筛选界面并将其保存为预设值时，看涨观察名单筛选结果如图 7.6 所示。

图 7.6　看涨观察名单筛选结果

图由 Finviz.com 提供。

请注意，贝塔系数（Beta）、最低价（Minimum Price）和平均成交量（Average Volume）与研究向导和 Zacks 付费版本中输入的看涨观察名单筛选的结果相同。正如前面提到的，你不能在 Finviz 的免费版本中指明价格范围。因此，我们只设定最低价（5 美元以上）以避免出现"仙股"。这不是问题。上一次筛选的结果有 88 只股票，但由于市销率要求较低，只有两只符合条件的股票价格为三位数。由于 88 只股票仍然太多，我建议你调整平均成交量要求，直到得到符合条件的近 50 只股票。实际上，最好把这个数字保持在 50 以上，因为到最后一步时，可能还会减少。在前面的筛选中，我不得不（把平均成交量要求）上升到"超过40 万股"，把符合条件的股票降低到 53 只。

那么在 Finviz 的筛选程序里 Zacks 等级如何呢？没问题。我们无法复制 Zacks 等级本身，但通过要求所有的股票都符合分析师的平均推荐等级"买入或更佳"，实际上确保了符合条件的股票也将有较低的 Zacks 等级。然而，我们需要注意，这一条规则也有例外情况。我们需要在交易时充满信心，因为我们的观察名单经过了适当的筛选，以确定这一特别强大的价格驱动因素（盈利预期调整）。幸运的是，有一个简单的解决办法。在你将超过 50 只股票的看涨观察名单缩减到只有两三个目标之后，你将在当天使用我们的一个或多个看涨交易策略（详见第九章至第十三章和第十九章）进行交易，只需将这些股票带到Zacks.com，然后在主页右上角的搜索栏中逐个输入，将显示该股最新的研究报告，其中包括最新的 Zacks 等级（令人喜悦的结果），而且是免费的。如果当前等级在 1 ~ 3，你就可以这样运行了。如果你在分析过程中未使用研究向导或Zacks 付费版，则必须执行此额外步骤，但是，虽然这会延长分析过程，但它会处理得非常好。

将看跌名单筛选结果输入 Finviz 时，会有点棘手。问题出在大多数分析师很少给予股票"卖出"评级，更很少给予"强烈建议卖出"的评级上。因此，我们的看涨股票池很丰富，是因为分析师评级中有大量的"买入"和"强烈推荐买入"，但"卖出"和"强烈建议卖出"要少得多。幸运的是，这也有一个简单的解决办法。我们只需将分析师推荐选股条件设置为"持有或更差"。我们还需要将贝塔系数降低到"1以上",将市销率降低到"3以上",以确保我们有足够多的股票可供交易。因此,Finviz修正看跌观察名单筛选结构如下:

看跌观察名单筛选结构

- 贝塔系数大于1;
- 股价超过20美元;
- 分析师推荐"持有或更差";
- 日均成交量大于20万股;
- 市销率大于3。

当你将这些参数输入到Finviz筛选界面并将其保存为你的一个预设值时,看跌观察名单筛选结果如图7.7所示。

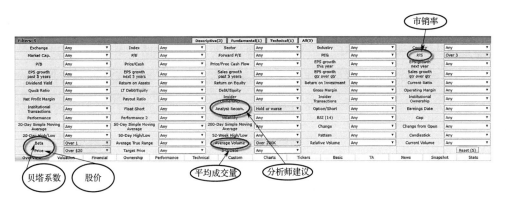

图7.7 看跌观察名单筛选结果

图由Finviz.com提供。

这次筛选得到了69只股票,只有两只股票的价格超过了我们设置的200美元的上限。在前面的看涨观察名单筛选结果中,建议修改平均成交量要求,直到得到接近(或略高于)50只符合条件的股票。在我运行的前一次筛选中,我将平均成交量提高到了"超过30万股",得到了58只股票,价格在20~200美元。和看涨观察名单一样,当你把看跌观察名单缩减到两三个空头之后(详见第十四至十九章),当天你将用我们的一个或多个看跌交易系统进行交易,只需将这些股票交给Zacks网站然后一个接一个地把它们输入搜索栏。如果现在的等级在

3 ~ 5，就可以如此运行。

关于成交量，重要的是要注意，我们要筛选的是日均成交量，而不是单日成交量。这样可以避免出现单日成交量过高但平均交易量太低的情况，这种情况不符合我们筛选股票的目标。值得重申的是，在任何情况下，日均成交量都不应低于 10 万股。流动性意味着稳定，稳定意味着降低风险，而降低风险意味着更多的长期利润；因此，流动性是构建长期交易生涯的一个基本要素。

现在你已经有了两个预先筛选过的股票观察名单，一个看涨，一个看跌，下一步就是将它们导入你的图表软件，并将它们保存为"关注名单"。无论你是使用研究向导、Zacks 付费版、还是将 Finviz 作为主要选股工具，都可以将两个观察名单导出为 Excel 电子表格。从这里开始，将观察名单导入图表包是一个简单而快速的步骤，你将使用它来执行日常分析。TradingView、Metastock 和大多数其他图表服务（eSignal、Stockcharts、TC2000 等）都允许你只需单击鼠标即可从 Excel 导入自选股。在这之后，你所需要的就是一套强大的交易系统，它可以让你从这些预先筛选过的观察名单中选择最好的股票进行短线买卖。为此，请继续阅读下去。

更新你的观察名单

由于我们的两个基本面选股工具已经完成了它们的工作，从市场中挑出了收入及收益增长强劲（看涨观察名单）和收入及收益增长不佳（看跌观察名单）的公司，因此没有必要评估这些公司本身，它们生产什么，提供什么服务，它们的前景如何等。所有这些都与你作为趋势交易者的目的无关。从现在开始，你需要知道的一切都在价格表上。为此，如果你能每天监控这些图表（例如每天晚上查看一小时），对价格的新动向、对新闻的主要反应、趋势的逆转等进行详细的记录，将对你的交易大有裨益。如果你没有时间，那么一定要在周末抽出两到三个小时（我警告过你，前方的路很辛苦)！根据我在第三章中的说明，你还需要使用图表软件包中的绘图工具在股价转向的低点和高点处画出趋势线和通道线。

这些需要定期更新，因为股价在向前移动，未来任何时候都可能出现重大反转。

在日复一日地查看观察名单图表之后，你将开始对这些股票的交易方式产生一种感觉。当你利用本书中概述的趋势交易系统训练自己时，你将学会识别支撑点和阻力点。当特殊的交易机会出现在图表上时（例如突破、跌破、盘整、靠近或远离主要移动平均线等），要记录下来。关注那些看起来容易交易的股票，也就是说，那些转向平稳、很少出现上下缺口、成交量稳定的股票。越难交易的股票越会出现松散、震荡的价格走势，巨大的隔夜缺口和巨大的盘中波动。你应该从你的观察名单上把它们删除。记住，交易是一项生意，这些价格表是你的雇员。作为一个好老板，你应该密切关注他们：解雇那些效率低下的员工，用更勤奋的员工取代他们。

你的两个观察名单需要每月更新一次。要做到这一点，只需重复上述相同的三个步骤：

1. 使用两个已保存的筛选设置来筛选市销率、Zacks 等级（或分析师推荐）、最新价格、平均成交量和贝塔系数。

2. 选择两个名单，每个名单上有 50 只左右的股票，一个是市销率最低（看涨）的，另一个市销率最高（看跌）的。

3. 将这两个名单导出为 Excel 电子表格，然后上传到图表包中。

当你每月进行更新时，你会发现名单不会随着时间的推移有太大的变化。同样出色的交易工具，无论是看涨还是看跌，都将把符合条件的股票不断地从普通股中筛选出来。但在大多数市场形势下，你应该在每次新的筛选中更换大约 12 只股票。跟踪这些新添加的公司，因为你现在需要像熟悉被替换的股票一样熟悉它们。另外，每当有一家公司被收购或有一个可怕的新闻事件出现时，最好把相应的股票从你的观察名单上删除。巨大的、多点的跳高或是跳空缺口都会扭曲技术分析，往往会在未来几周或是几个月里造成混乱的交易。

第八章
如何像专家一样解读宏观市场

将技术分析应用于观察名单的技巧是一种基于特定图表的练习，观察名单现在已经预先筛选了两个关键的基本值。这就是说，你的主要参照点是股票的价格图表本身。一旦你编制了看涨和看跌两个观察名单，你就完成了基本面分析。从现在开始，这一切都是关于技术分析的。如果你的两个观察名单已经生成，要预测一只股票的未来价格走势，你需要知道的就是它过去的价格变动的时间关系和模式，正如股票的每日图表所记录的那样。这意味着你不需要：

- 随时观看 CNBC 或者别的电视报道；

- 仔细阅读数百份公司财务报表；

- 关注 Briefing.com 或路透社的每一条新闻；

- 跟踪国内总产值、消费者物价指数（CPI）、生产者价格指数（PPI）、住房开工数以及就业数据；

- 紧盯联邦公开市场委员会（FOMC）最新公告中的每一个字；

- 预测兼并、收购、公开发行、分拆、FDA 批复、盈利公告等。

相反，你所需要做的一切，是以趋势交易盈利，将技术分析应用于你的两个观察名单检查图表，找到一个或多个我的趋势交易形态，根据我的规则买入或者卖出。

不过，除了股价走势，你还可以做进一步的分析，以增大你的交易朝着预期方向发展的可能性。它还包括对价格走势进行技术分析，但现在你将看到的不是你打算交易的股票的图表，而是大盘的图表。如果你尽可能将你的交易与大盘的方向和动量联系起来，你就能增大交易成功的概率。

威廉·奥尼尔在他的畅销书《如何在股票市场赚钱》(*How to Make Money In Stocks*) 中，将"市场方向"作为其 CAN-SLIM 交易策略的一个重要部分（这就是 M In SLIM）。奥尼尔的策略结合了基本面分析的基本原则和对道琼斯工业平均指数走势图的评估。奥尼尔的结论是，要给你的交易带来成功的机会，无论何时，你都应该避免两个根本性的错误：一个是在熊市中做多，另一个是在市场运行的顶部买入。奥尼尔夸大了这一点，他说："如果你在宏观市场的方向判断上犯了错误，那么你四分之三的股票将随着市场平均水平的下跌而亏损。"[一]

本章的内容能让你掌握从趋势类型（牛市、熊市或区间震荡）的角度解读大盘趋势的技能。这一点很重要，我们的成功不取决于它，但是它会使我们的工作容易得多。在牛市中比在熊市中更容易找到好的多头组合。在熊市中，你将有更多的做空机会可选择。因此，了解当前的市场动态并相应地运用它，是一种有效率的练习。更重要的是，按照一般市场方向进行交易可以掩盖许多看图的失误。我们都不是完美的图表解读者。在现实中，牛市往往导致更多的股票上涨而不是下跌，熊市导致更多的股票下跌而不是上涨，这意味着站在市场大方向的一边，可以帮助我们弥补自己的分析失误。

一般市场（大盘）

在更仔细地研究一般市场类型之前，先谈谈我们所说的"一般市场"的定义。事实上，股市没有什么"一般"。它是一个非常专业化的细分市场的集合体，每一个细分市场都有能力左右整个大市场。不过，通过观察各个股指，我们可以逐渐看到市场的共性。就本书的目的而言，我们将研究两个主要指数：标准

〇 威廉·奥尼尔，《如何在股票市场赚钱》，纽约：麦格劳 - 希尔教育出版公司，第 44 页。

普尔 500 指数和纳斯达克 100 指数。为了尽可能简单，我喜欢使用交易所交易基金（ETF）的图表来代表这些指数：标准普尔 500 指数的 SPY 和纳斯达克 100 的 QQQ。你也可以参考道琼斯工业平均指数。这是一个备受推崇的指标，它代表了美国在世界上最具生产力的行业中的 30 家最大的公司。然而，它与标准普尔 500 指数的走势非常接近，因此它不需要成为我们一般市场分析的必要部分。

更有经验的交易员也可以在分析中加入特别的市值指数和行业指数。如果你想这样做，我建议你也添加 TradingView 或 Metastock 图表到你的一般市场观察名单中，或任何其他你正在使用的图表包里。

一般市场

- SPY（标准普尔 500 指数）——追踪 500 家最大的上市公司
- QQQ（纳斯达克 100 指数）——跟踪 100 家最大的科技、生物技术和电信公司

市值指数

- MDY（标准普尔中型股）——跟踪 400 家有代表性的中型公司
- IWM（罗素 2000）——跟踪 2000 家有代表性的小型公司

行业指数

- SMH——半导体公司
- IBB——生物技术公司
- OIH——石油服务公司
- FDN——互联网公司
- RTH——零售公司
- XLF——金融服务公司
- XLK——科技公司
- IYR——房地产公司

虽然这不是一份详尽的清单，但这是一个良好的开端。顺便说一句，这些

ETF 也是很好的交易工具。我发布了两份专门针对 ETF 的建议，每日 ETF 趋势报道（针对杠杆 ETF、反向 ETF 和利基 ETF 的短期交易）和 ETF 每周指数报道（针对七个行业的 ETF，看涨或看跌），这两份报道现在被合并为一项服务。许多订阅者用这些报道来确定他们对各个行业的总体市场方向的看法。但如果你愿意自己确定市场的总体走向，我在这里提供了这样做的方法。

经过多年的观察和交易，我们总结出了五种不同的市场类型，它们是：

1. 强趋势牛市
2. 弱趋势牛市
3. 强趋势熊市
4. 弱趋势熊市
5. 区间震荡市场（无趋势）

一般来说，我们希望关注前两类市场中的做多交易，后两类市场中的做空交易，以及最后一类市场中做多或做空的混合交易。当我们深入研究交易系统的具体细节时，我们会得到比这更明确的分类（除了一些重要的例外情况），首先让我们定义这些不同市场类型的参数。

强趋势牛市

重点：当大盘是这种类型时，我们的重点应该放在长期形态上，特别是出现突破走势之时（稍后解释）。

特征：强趋势牛市是所有人都喜欢的市场类型，当然，除了那些总认为美国经济随时会崩溃的"永久看空者"。正是这种市场类型在 20 世纪 90 年代末引发了日内交易狂潮：几乎每天都在上涨，而且涨幅很大。多头完全控制了局面，每次下跌都买入，在每次与空头的较量中都获得了胜利。在一个趋势强劲的牛市中，赚钱很容易。然而，这其中存在一个陷阱：当这种市场达到顶点时，抛售可能会迅速而猛烈，并可能在几天甚至几小时内抹去数月以来的收益。在一个强趋势牛市中，你必须时刻小心地应对随时可能出现的趋势逆转。

如何判断：判断强趋势牛市很容易。以下是关键指标：

- 20 日均线高于 50 日均线。
- 20 日均线和 50 日均线都在上升通道。
- 20 日均线和 50 日均线之间的距离很大并且越来越大。
- 指数回落时仅触及 20 均线，或者最多在 20 日均线与 50 日均线之间；但并没有触及 50 日均线。

如何操作：使用我们的趋势交易形态之一，如第九章至第二十章所述。在这里我们可以说，如果你已经在做多了，强趋势牛市是一个很好的机会。但如果你来晚了（希望不会太晚），你最好的选择就是寻找那些从盘整期开始突破新高的股票。你必须确保这些突破性的走势是经我们使用的各种技术指标测试过的。如果股价正在创造新的高点，但指标没有再创新高，那么你可能会看跌，则此时你应该去观察另一个图表。

图表示例：图 8.1 中的 SPY 图表显示了一个典型的强趋势牛市。请注意，20 日均线（虚线）高于 50 日均线（实线），两条均线都处于上升趋势。此外，从

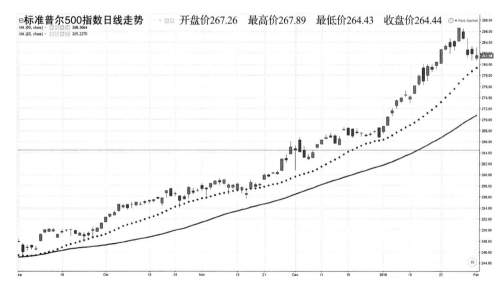

图 8.1　强趋势牛市

图由 TradingView.com 提供。

2017 年 10 月到图表的右边缘，20 日均线距离 50 日均线相当远，当你从左向右观察时，会发现两者之间的距离越来越大，而不是越来越小。最后，请注意，指数的小幅回落（例如，2017 年 9 月、2017 年 11 月）仅触及了 20 日均线时，趋势便再次恢复上升。

弱趋势牛市

重点：当大盘是这种类型的时候，我们的重点也应该放在长期形态上，特别是离场操作（稍后解释）。

特征：弱趋势牛市是最常见的一种市场类型。一般来说，这是一种更难交易的市场，因为回调往往更频繁、更凌厉、更持久。在趋势疲软的市场中，调整可能持续两到四周，甚至更长时间。如果你持有的是纯敞口的多头头寸，可能会如坐针毡。最终，多头控制了局面，但其中连续几天看起来空头占据上风。然而，这是在我们（所介绍的）形态中发现巨大风险（或回报）情景的最佳市场状态之一。这些较长时间的回调有助于减少交易中的大量风险，因此我们的止损点可能更接近于交易进入点，而我们的退出的目标价则可能会很高。

如何判断：弱趋势牛市并不像强趋势牛市那么明显，但有一些经验数据，应该能够保证你可以认出它。以下是关键指标：

- 20 日均线常常（虽然不总是）在 50 日均线之上。
- 50 日均线在上升，但 20 日均线在波动（虽然大部分时间是持平或上升）。
- 20 日均线与 50 日均线之间的距离变化频繁。
- 回调会触及 50 日均线（有时会跌破但时间很短）。

如何操作：使用我们的趋势交易形态之一，如第九章至第二十章所述。在这里我们可以说，弱趋势牛市是一个理想的趋势交易市场。你应该能够发现那些表现出强劲趋势的股票（通常强于大盘本身），但已经回落到支撑区域。这种回落应该通过超卖指标来确认，而当前的日 K 线应该进入了反转区间，然后你再考虑入场。

图表示例：图 8.2 中的 SPY 图表显示了一个典型的弱趋势牛市。请注意，除 2017 年 4 月到 5 月的几周外，20 日均线仍高于 50 日均线，50 日均线显然处于上升趋势。另请注意，根据我们在"如何判断"部分中列出的第二条规则，20 日均线时有波动，这表明指数中的回撤与强趋势牛市相比是相当凌厉和持久的。你还应该注意到，在这个图表周期（3 月至 4 月；5 月；6 月下旬至 7 月上旬；8 月下旬）中看到的各种回调，在趋势恢复上升之前，最远触及了 50 日均线，有时甚至超过 50 日均线。这是弱趋势牛市中典型的价格走势，我们可以利用这一点，进入尽可能接近 50 日均线的位置建立多头头寸。

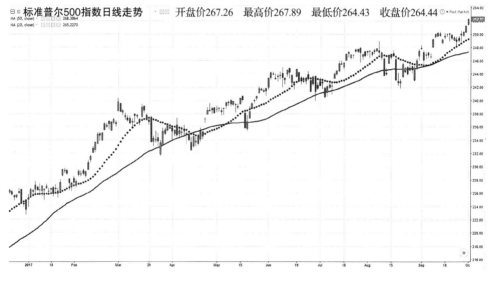

图 8.2　弱趋势牛市

图由 TradingView.com 提供。

强趋势熊市

重点：当大盘是这种类型时，我们的重点应该放在短期形态上，特别是破位时的操作（稍后解释）。

特征：这也许是最难交易的市场类型，原因有两个。第一，强趋势熊市总是与股市的长期趋势（上涨）对应，因此往往时间短暂。第二个原因与空头回补的极端波动性有关。强劲的下跌趋势可能会导致市场迅速超卖，甚至启动自动买入程序，以抢购廉价股票。这导致交易员和基金经理迅速补仓，以锁定利润。当他们这样做的时候，他们就要被迫回购他们所借出的股票，结果是一个急剧而迅速的空头回补或反弹（一些交易员称之为"死猫反弹"）。但强趋势熊市市场的优势在于，它们下跌的速度往往快于强趋势牛市上涨的速度。当空头势力控制一个市场时，他们往往会变得过度疯狂。你会责怪他们吗？多年来，他们一直扮演着牛市的配角，他们终于在此时能够成为市场的焦点。但你可以利用这一点。如果你愿意做空——以趋势交易为生，你必须愿意这么做——与其他任何的市场类型相比，你可以在强趋势熊市中，用更短的时间赚取更多的钱。当投资界90%的人都在亏损时，赚钱总是令人兴奋的。

如何判断：强趋势熊市的判断很容易。以下是关键指标：

- 20 日均线在 50 日均线下方。
- 20 日均线和 50 日均线都在下跌通道。
- 20 日均线和 50 日均线之间的距离很大，并且越来越大。
- 反弹只到达 20 日均线，或者最多在 20 日均线和 50 日均线之间。

如何操作：使用我们的趋势交易形态之一，如第九章至第二十章所述。这里我们可以说，如果你已经在做空，那么强趋势熊市是一个很好的机会。但是如果你迟到了（希望不会太晚），你最好的策略是寻找那些从盘整期跌到新低的股票。你必须确保所使用的各种技术指标都证实了这是走势破位。如果价格正在创出新低，但指标没有创出新低，那么你应该转向另一个图表。

图表示例：我不得不一路追溯到 2002 年，才能找到一个持续时间很长的强趋势熊市。图 8.3 显示：这是一个典型的熊市，从当年的 4 月下旬开始，到同年 8 月底结束。注意，熊市在 4 月下旬正式开始，20 日均线下穿 50 日均线，并在整个期间都保持这种状态。另外请注意，两条均线都在下降，而 20 日均线的下降速度快于 50 日均线。你也应该注意到图 8.3 中的各种反弹，一旦强势下跌的

走势已确立，股价只会运行到 20 日均线附近 ，或者只是突破一点，但不会突破
到主导趋势向下恢复之前的 50 日均线。

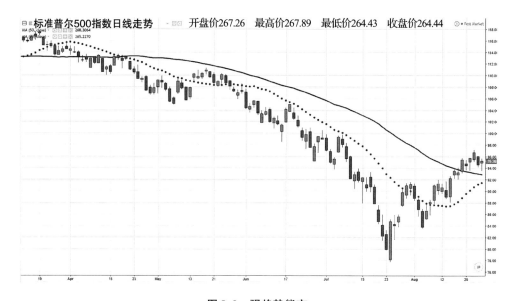

图 8.3　强趋势熊市

图由 TradingView.com 提供。

弱趋势熊市

重点：当大盘处于这种类型时，我们的重点应该在短期形态上，特别是反弹
到阻力位时（稍后解释）。

特征：这是一个比强趋势熊市更容易交易的市场，因为反弹一旦遇到阻力，
就会出现我们所说的这种市场类型，会使交易冒更大的风险。但它仍面临着我们
前面提到的与熊市相关的两个问题。在趋势疲软的市场中，盘整（或反弹）可
能会持续几周，此时如果你持有空头头寸，可能会很沮丧。最终，空头控制了局
面，但看起来多头已经连续数日进场，并占据了上风。然而，与弱趋势牛市一
样，这是一种很好的情况，因为在其中能够找到非常恰当的风险/回报结构。那
些对主导趋势的更长时间的调整，有助于减少交易中的大量风险，因此我们的止
损点可以离买入点更近，而距离我们的卖出点可以远得多。

如何判断：确定一个弱趋势熊市也很容易。以下是关键指标：

- 20 日均线大部分时间（虽然不总是）低于 50 日均线。
- 50 日均线在下跌，20 日均线在震荡（虽然大部分情况是在下跌）。
- 20 日均线与 50 日均线之间的距离变化频繁。
- 指数反弹触及 50 日均线（有时会突破，但时间很短）。

如何操作：使用我们的趋势交易形态之一，如第九章至第二十章所述。这里我们可以说，弱趋势熊市是一个良好的趋势交易市场。你应该发现那些表现出强劲的向下趋势的股票（通常比大盘下跌走势更强），但已经反弹到阻力区。这一反弹应该通过超买指标来确认。日 K 线应该进入了反转区间，然后你再考虑入场。

图表示例：图 8.4 显示了一个典型的弱趋势熊市。请注意，20 日均线在大多数情况下保持在 50 日均线以下。我们可以看到在 2 月份的一段时间，当 20 日均线上穿到 50 日均线之上，这表明指数可能正在进入一个区间震荡状态。但随后，这一趋势又在另一个熊市交叉点处重新出现。请注意，50 日均线在整个期间明显呈下跌趋势。另请注意，20 日均线时有波动，表明指数的反弹相当剧烈并且可持续。这些反弹可触及 50 日均线，有时甚至超过 50 日均线，然后趋势又开始向下。

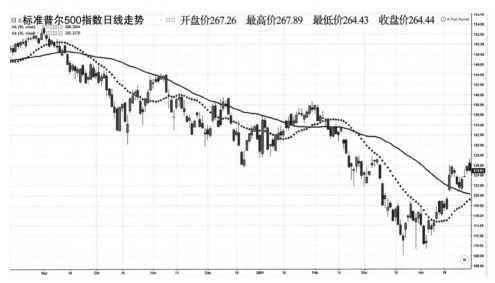

图 8.4　弱趋势熊市

图由 TradingView.com 提供。

区间震荡市场（无趋势）

重点：当大盘处于这种类型时，我们的重点应该放在多头和空头形态上，特别是突破或跌破趋势线（稍后解释）。

特征：区间震荡是买入并持有策略交易者的噩梦，但对技术交易者来说，可谓是天赐良机。这是因为我们使用的技术指标（随机指标、CCI、RSI 等）捕捉了超买和超卖信号，这些信号在区间震荡的市场中表现最为突出。此外，如果你愿意更加频繁地交易，你可以在一个区间震荡的市场中赚很多钱。因此，有必要学习如何识别区间震荡市场，因为大盘往往大部分时间都处在这种情况下。在区间震荡市场中，价格在大致平行的支撑点（低点）和阻力点（高点）之间上下震荡。这表明多头和空头正在激烈搏杀，但没有一方明显胜出。平行支点之间的交易区间可能很宽，也可能很窄。一般的规则是，交易区间越宽，价格在其中停留的时间就越长。相反，交易区间越窄，价格往往更容易向上或向下突破。一个交易区间的突破，预期将符合交易区间之前的最近主要趋势的方向。

如何判断：区间震荡市场并不容易确定，但有规律可循。以下是关键指标：

- 20 日均线在 50 日均线之上或之下，时间周期基本相等。
- 50 日均线基本持平，而 20 日均线则时升时降。
- 20 日均线和 50 日均线之间的距离变化较大。
- 下跌与反弹都很容易穿过移动平均线。
- 指数高点/低点往往保持在该区间的最高点/最低点。

如何操作：使用我们的趋势交易形态之一，如第九章至第二十章所述。在这里可以说，当震荡区间首次出现，尤其是当它跟随一个强趋势牛市或熊市时，会令交易者无所适从。交易者可能不愿意从赚快钱、动量强劲的环境（强劲趋势）

过渡到更具挑战性、劳心劳力又极需要耐心的区间震荡环境。但一旦区间震荡市场确立下来，那么就可以成为一个理想的交易时段。在一个区间震荡期内，我们使用趋势线来突出和界定该区间内的小趋势，并使用我们的技术指标来发现超卖和超买信号，以及看涨和看跌的转换。我们正期待着在支撑位或阻力位附近进行逆转，区间趋势线的突破将证实这一点。指标偏离度通常是确定最佳反转交易的关键，通常可以让我们极其准确地确定区间内的顶部和底部。

图表示例： 图 8.5 显示了一个震荡区间相当宽且周期较长的区间震荡期，它维持了约 10 个月。请注意，在此区间之前和之后，我们看到两个趋势强劲的牛市。相对于这些趋势，在这个区间震荡期内，我们看到 50 日均线基本持平，而 20 日均线在 50 日均线上下波动，反映了这一时期的价格走势。还需要注意的是，价格在两条移动平均线上都没有太大的停顿，但在大多数情况下，价格会继续上下波动，就像移动平均线不存在一般（在趋势市场中，移动平均线往往充当支撑位或阻力位）。20 日均线如蛇形的波动，就像过山车一样上下起伏，是一个明显信号，表明我们正处于一个区间震荡的市场。

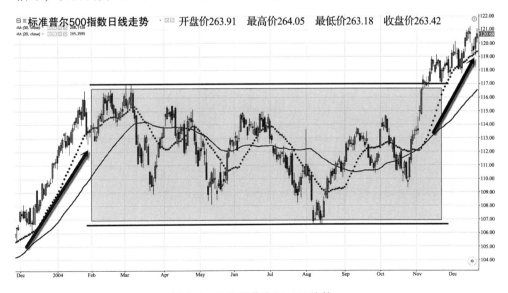

图 8.5　区间震荡市场（无趋势）

图由 TradingView.com 提供。

一旦你了解了当前交易的市场类型，就会对要寻找的交易策略有更好的认识：做多或做空、突破或下跌、回调至支撑位或反弹进入阻力位，等等。正如本章开头所指出的，你的交易策略往往不是最重要的。作为一个趋势交易者，你成功的关键是找到一个最恰当的图表，并应用最有效的交易系统，其他的一概不用管。但是，如果你能始终如一地让自己站在市场净资金流的一边，会给你的交易带来额外的优势。

Trend Trading for a Living 以趋势交易为生

第三部分
看涨趋势下的交易策略

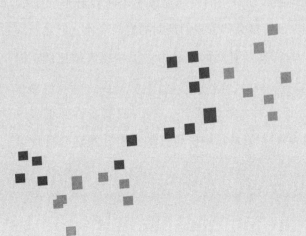

第九章
回调形态[⊖]

在本书的第三部分中，我将介绍我的五大看涨技术交易形态。这些是我每天用来为我们的网站客户寻找新的多头交易的形态。其中每一个形态都被编码到斯托克斯博士网的"趋势交易工具包"之中，作为 Metastock 软件的附加组件提供给用户。每一个参数设置都经过了独特的设计，经过严格的回溯测试和实盘交易，以证明在各种市场类型的优秀表现。虽然这些交易形态使用了非常常见的技术元素，以至于任何流行的图表系统都能容纳它们，但它们的表现却毫无共同之处。

这里的形态指的是价格走势图（价格在图表上描绘特定图形的方式）和技术指标的组合，它们为我们合理预测股票价格的方向提供了正确的条件。当然，图表上的一个良好的形态并不能保证价格会朝着我们预期的方向变化。但之所以选择以下形态，是因为在过去，它们在高利润的交易中占了相当大的比例。因此，它们是大概率会成功的形态。

对于以下每一个看涨形态（详见第九章到第十三章），我要告诉你很多内容。我将指出哪种市场类型（如我们在第八章中所研究的类型）最适合哪种形

⊖ 本书中所述的形态（setup），是指股价走势图表的形态和各类数据系统的总和，包括 K 线形态、移动平均线系统、各项技术指标等图表所涵盖的信息。——译者注

态。这并不意味着只有一种市场类型。你应该调整形态，使市场类型能够最大限度地给你带来收益。我也会教给你相应的规则。你需要确定你的看涨观察名单的设置（见第七章建立你的看涨和看跌观察名单），你的看涨观察名单如果不是每月甚至每周更新一次的话，应该至少每季度更新一次。

请注意，不论你由于何种原因跳过或忽略了阅读第七章，请停下来并返回那一章。第七章是整个趋势交易系统的关键，也是我在《以趋势交易为生》第 2 版中最重要的改进。按照我的设置来交易，而不是先设置看涨和看跌观察名单，就像买了一辆特斯拉 Model S P100D 型新车，从来没有按过那些 "荒诞模式"（Ludicrous Mode）的按钮（此模式下能够使从 0 到 60 英里/小时的加速时间缩短到 2.8 秒，而在常规模式下是 5.9 秒）。

对于每一种形态，我将详细说明管理我们每一笔交易的规则。我还将向你展示如果你想自己筛选形态（而不是简单地浏览图表或使用趋势交易工具包），你需要输入哪些参数到股票筛选工具中。我将用图表来说明每一种形态，向你展示它在现实交易中的样子。交易管理中非常重要的主题是将止损点放在哪里，何时获利退出，如何调整仓位并使之多样化，这些都将单独在第二十二章中进行讨论。

在开始之前，如果你不熟悉日本 K 线图，先熟悉基本知识将对你有所帮助。你可以去我的 YouTube 频道（Dr. Stoxx）看 "交易的最佳 K 线模式网络研讨会"，或者简单地搜索 "K 线模式"，你会发现在这个主题之下有几十个免费的资源包。你并不需要知道如何利用 K 线形态的详细设置进行交易，它是一个工具，可以增加你的交易成功概率。

有几十个 K 线的组合形态都是你可以研究的，但本书认为只有四个是值得花时间的。这些是最具预测性的组合形态。以下排序不分先后：

- 锤线/倒锤线
- 上穿/下穿
- 底部/顶部十字星

● 阳线/阴线反包

我将趋势交易形态分为两种一般类型：看涨形态和看跌形态。在第 2 版《以趋势交易为生》中为每种类型提供了五种形态，加上一个红利系统，有看涨和看跌两个版本。如果你在做多头交易，期望股价在买入后几天内就上涨，那么你应运用我们的一个看涨形态。如果你在做空头交易，期望价格在进入后几天内下跌，那么你应运用我们的一个看跌形态。

在某些市场条件下，你可能会发现可利用的走势很少。而在某些市场条件下，你可能会发现许多可交易的机会。因此，最好始终保持这样一种心态：市场给你什么，你就拿什么。如果市场发出的信号是"现金"，那就持有现金，不要交易。但当市场发出的信号是"全押"时，则全部押上。

市场类型：回调形态最好用于：

● 强趋势牛市

● 弱趋势牛市

特征：这是我最喜欢的走势之一。正如你将看到的，尽管这种形态不是我最赚钱的交易方式，但它往往会在所有市场条件下发出大量高质量的信号。因此，当没有其他容易盈利的形态可选时，这是一个很好的形态。正如我在这里所定义的，回调形态起源于我在 1996 年参加的一次研讨会上，在一位现在名声扫地的"股市大师"的指导下，如果我们可以先忽略一个事实，即该男子被美国证券交易委员会因其在网站上进行欺诈索赔而定罪。客观地说，他举办了一次非常有益的研讨会，而且收费非常合理。我在那次研讨会上学到的基本工具构成了这种看涨形态的基础。尽管这个形态经过多年的改进，但仍然非常简单。它运行得非常好，我称之为"面包加黄油"的走势。你可以将它用于所有类型的交易：仓位（使用周线图）、波动（日线图）和短期交易，如隔夜交易和日内交易等。

回调形态是对股票三大主要走势的一次调整。我们正在寻找这样的股票，它有一个强劲或微弱的上升趋势（步骤 1），但已经从最近的高点回落至一个主要的移动平均线（步骤2），此处应该作为支撑，从而使该股恢复上升趋势，以达到新的高点（步骤3）。因此，我们在找已经进行了第一步和第二步，现在准备进入第三步的股票，并打算从中获利。接下来，正如我们将在第二十章学习的那样，回调本身被称为回归均值。我们要找的是那些在主要移动平均线上方走得太远、太快的股票，它们已经反弹到该平均线，随着动量的重置，它们已经准备好回到主导趋势中。

换言之，回调形态的重点是那些经历了一段时间小幅调整的上涨股。这种调整可能反映了市场普遍的调整，也可能只是投资者大量获利回吐，还可能是对消息或盈利公告的反应。不管怎样，我们的假设是，调整只是暂时的，因此是一个买入机会。回调形态的理论是，在经过一段时间的小幅调整后（这里用随机指标衡量）达到超卖水平，主导的上涨趋势可能会再次出现，因为获利回吐的投资者会购回他们的股票，而错过先前走势的交易者会利用下跌机会上车。

关键指标：在回调形态中，有三个关键指标：

- 第一，你应该确定一只上升趋势的股票（见下面的定义），它已经回落到20日均线，或者在20日均线和50日均线之间，或者至少接近50日均线。它不高于50日均线，并且在各种情况下都高于200日均线。如果这一回落点与绘制在上升趋势低点下方的上升趋势线重合或接近，那就更好了。值得注意的是，这种回落应该是连续几天的，而不是价格大幅下跌或受"长阴线"回落（某一天的大幅抛售）的影响。如果回调角度在45度左右或更小，并且呈锯齿形或a-b-c波浪形态，也很理想。

> **定义**：一只呈上升趋势的股票在过去三个月里处于位置较高的底部区域（最好是更高的高点，但严格来说，这也不是必需的），其主要移动平均值如下：20日均线＞50日均线＞200日均线。一只弱趋势上升的股票，其20日均线的涨幅主要在50日均线以上。一只强趋势上升的股票，其20日均线的价格总是在上升，并且总是高于持续上升的50日均线。这两条移动平均线之间的距离越远，上升趋势越强。

- 第二，随着价格回落，随机指标（5 – 3 – 3 结构）的 % K 必须下降到或低于 20 日均线。这证明该股处于超卖状态。

- 第三，当前的 K 线必须有一个绿色（上涨）的实体，这表明一天的收盘价高于开盘价。如果当前的 K 线走势是观察名单中的看涨形态之一（锤形、阳线反包、均线上穿或底部十字星）就更加理想了。如果当前 K 线为红色（下跌），表示收盘价低于开盘价，那么这是一个观望条件，你应该在下一个交易日再做一次检查。

- 买入信号：当上述三个关键指标出现时，在下一个交易日，当该股票的交易价格刚好高于上涨 K 线当天的高点时，就会触发买入信号（见前面引用的第三个关键指标）。

　　回调形态的筛选：在经历了短期价格调整或获利回吐后，在弱趋势牛市的市场中，回调形态最为常见。它们也可能出现在强趋势牛市的价格平稳期，因为牛市的高贝塔系数股往往会在横盘或获利回吐时比大盘回落更多。虽然回调形态很常见，但在市场周期的自然过程中，回调形态并不经常出现，在这种情况下，你应该尝试我们的其他看涨形态。

　　如果你不想在看涨的观察名单上看图表，可以使用 Metastock 的趋势交易工具包，浏览 "回调"，它已经为你做了编程，在你上传的看涨观察名单上有我们指定的参数，或者你可以在 "在线筛选工具" 中构建自己的回调筛选指标。你需要一个工具，它允许你构建特定的技术筛选指标，并将这些指标应用到你上传到应用程序的观察名单中。并不是所有的工具都能做到这一点。Metastock、Stockcharts、StockFetcher 和 Trade Ideas Pro 都是可以执行这两个功能的筛选工具。

　　要使用你自己定制的回调指标筛选，请将以下条件输入你选择的筛选工具，并在看涨观察名单中运行它：

- 上一次收盘时，所有的股票都符合以下条件：
  ◇ 当天收盘的 20 日简单移动平均线高于当天收盘的 50 日简单移动平均线。
  ◇ 当天收盘的 50 日简单移动平均线高于当天收盘的 200 日简单移动平均线。

◇ 当天收盘的 50 日简单移动平均线高于 10 天前收盘的 50 日简单移动平均线。

◇ 当天收盘的 20 日简单移动平均线高于 5 天前收盘的 20 日简单移动平均线。

◇ 当天的每日随机%K（5 – 3 – 3）小于 20。

◇ 当天的日线收盘价高于当天的日线开盘价。

图表说明：图 9.1 是一个处于上升趋势中的股票安飞士（Avis Budget Group，股票简称 CAR）的例子，它在 10 个月内发出了 7 个回调买入信号。截至本书撰写之时，安飞士的市销率仅为 0.43 左右，买卖指标为 Zacks 等级 2（"买入"）。请注意，在每种情况下，触发该信号的回调都不是由向下的缺口引起的，除了 5 月初的信号外，都是在几天内发生的。当前两个信号出现的时候，该股从一个强劲的上升趋势转为一个弱势的上升趋势，然后又回到一个新的强劲上升趋势。所有三条均线都在相应的位置，一个在另一个的上面，并且随机指标%K 下降到 20 日均线以下。虽然回调推动价格两次超过 50 日均线（在 2 和 6 位置，如图 9.1 所示），但在每种情况下，它都远远高于上涨的 200 日均线（交叉线），这为我

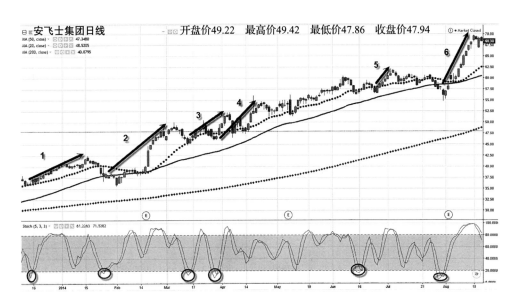

图 9.1　安飞士的回调形态

图由 TradingView.com 提供。

们提供了一个有效的买入点。请注意，位置 3 和位置 4 有重叠：当在位置 4，触发新的买入信号时，使用被动止损的交易者可能仍在位置 3。在这种情况下，一个人可以将自己的仓位组合成金字塔形——这是前面提到的杰西·利弗莫尔最喜欢的策略，或者在位置 2 出现买入信号时（我们将在第二十一章中讨论）。请注意，在此期间持有安飞士股票的买入并持有策略的投资者的投资回报率已高达81%。但我们的趋势交易者在这 6 个位置进行交易，将获得 115% 的最大收益，同时减少 40% 的市场或公司的特定风险敞口。

图 9.2 是另一个处于上升趋势股票的例子，建设者第一资源公司（Builders FirstSource，Inc. 股票简称 BLDR）在 8 个月内引发了 5 次回调。BLDR 的市销率仅为 0.3 左右，买卖指标符合 Zacks 等级 2（"买入"）。在过去 5 个季度中，该公司有 4 个季度的业绩超出分析师的普遍预期，平均增幅为 58%。在图 9.2 中需要注意的第一件事是，交易位置 1 可能会因为一个小的亏损而被止损。在任何情况下，交易位置 1 都只是一个成功概率较低的机会，因为不仅买入信号触发在 50日均线以下（如果价格高于 200 日均线，是可以的），而且 20 日均线和 50 日均线在信号发出时都是横盘或向下。理想情况下，我们希望看到这两条均线都呈上

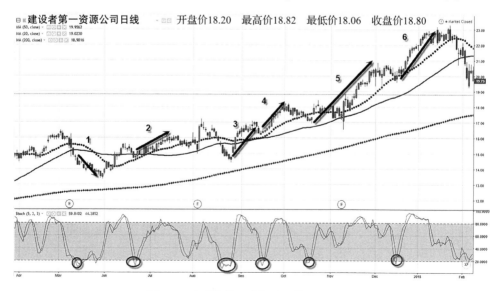

图 9.2　建设者第一资源公司的回调形态

图由 TradingView. com 提供。

升趋势，就像我们在交易位置 3、4 和 5 中看到的那样。还要注意的是，6 月份有一次随机指标%K 跌破 20 日均线，但并未出现有效的回调买入信号，因为 20 日均线仍低于 50 日均线。由于价格跌破 50 日均线，交易位置 2 的风险更大，但在主要支点低点下方绘制的趋势线显示，买入信号出现在关键的趋势线支撑处，这给我们增加了一个进入交易的理由。交易位置 4 和 5 提供了成功概率最大的机会，因为到那时，趋势足够强，导致 20 日均线和 50 日均线在信号点的趋势更高。如果我们将交易位置 1 计算为亏损（约 -7%），我们仍将看到趋势交易者在八个月内获得的最大涨幅为 53%，而买入并持有策略投资者的涨幅仅为 22%，市场和公司特定风险敞口减少了 55%。

如何增加成功的概率：当应用于看涨观察名单筛选时，回调形态以经验为基础结合了技术分析，因此它的成功概率已经较高。但是，当我们遇到几只候选股票触发购买信号时，可以通过一些方法来增加我们选择最佳候选股票的机会。这些股票包括但不限于以下条件：

* 倾向于选择市销率最低的候选股票。
* 选择 Zacks 等级最低（1 为最佳）的候选股票。
* 分析师建议你使用 Finviz 筛选工具（超过 2.0 版的任何版本都是非常好的）。
* 剔除任何一只因剧烈下跌引起回调的候选股票。
* 剔除任何一只下跌斜率超过 45 度的候选股票。
* 倾向于回调幅度较缓，而非回调幅度很大的股票。
* 倾向于在强劲的上升趋势中，20 日均线高于 50 日均线的候选股票。
* 倾向于出现在 50 日均线以上并尽可能接近 20 日均线的回调信号。
* 倾向于 20 日均线和 50 日均线都在上升趋势中的回调信号。

数据表现：回调形态已经在实时交易中进行了多年的测试。这是我开发的第一个交易形态（1998 年），所以我已经用真金白银交易了二十多年。为了展示它的性能，我使用 Metastock 趋势交易工具包中的"回调浏览器"进行了一些回溯测试，并将其应用于看涨观察名单筛选的研究向导中，进行各种回溯测试。这种测试也存在缺点。第一，后验数据是机械的，并不能解释交易者的失误。第二，回溯测试并不考虑交易者的自由裁量权，因为当一次筛选运行产生几只候选股票时，交易者必须决定哪一只最适合交易，或者决定提前结束哪一只的交易。第三，回溯测试无法剔除那些由于跳空下跌或单日"长阳线"回调而不会触发有效回调形态的股票。此外，还应该说明的是，过去的表现，无论是从实际交易还是从假设的回溯测试来看，都不能保证这一形态今后是否还会表现为同样的方式。

有了这些提示，让我们看看在 5 年的回溯期（2013—2018 年）中，看涨观察名单股票（每季度更新）的回调形态是如何运行的——应该注意的是，这是一个牛市时期。在测试中，我们使用了跟踪止损、目标价格以及再投资利润。以标准普尔 500 指数作为基准指数。请记住，由于在交易选择中行使了自由裁量权，实际交易结果可能比这里所展示的要好。结果见图 9.3。

5 年回溯：回调形态（2013—2018 年）			
启动资产	$ 10000	总交易数量	678
期末资产	$ 71248	交易成功数	391
总收益	$ 61248	交易失败数	287
总回报率	612.5%		
年化回报率	48.1%		
基准指数：标普 500		总回报率	90.0%
		年化回报率	13.6%

图 9.3　5 年期回调形态的回溯测试

第十章

螺旋弹簧形态

市场类型：螺旋弹簧形态最适合用于：

- 强趋势牛市
- 弱趋势牛市
- 区间震荡市场

特征：主要关注图表模式的交易者更应该熟悉螺旋弹簧形态。我不能声称对这种形态本身有任何形式的专有权，因为它是技术型交易者经常使用的。这里推荐的方法的独特之处在于使用了一个根据某些基本标准进行预筛选的观察名单，并给出了构成有效螺旋弹簧形态的关键细节。我所说的螺旋弹簧形态有时被其他交易者称为"看涨旗型"或"看涨三角形态"，或对称、上升或下降三角形图案，这取决于螺旋弹簧形态本身的形状。为了便于理解，我将把所有这些图表模式集中在一个概念之下。

螺旋弹簧形态的判断很简单：在强劲反弹之后，强势股票会时不时地稍作"喘息"，以巩固价格的上升势头。这种"喘息"通常采取的形式，在图表上体现为一个缩小的横向盘整，其中震荡低点一点点抬高，高点一点点下降。螺旋弹簧形态代表着一只股票的交易已经达到了一个平衡点，在这个平衡点上，多头和空头之间的争夺以及波动性逐渐消失。这种趋势的停顿给了分析师时间，让他们能够剔除任何导致反弹的因素，比如盈利超预期、新产品线、产品涨价等，并公布新的目标股价和建议。螺旋弹簧形态通常也标志着长期投资者和机构基金开始减仓以降低风险，而急于买入的散户交易者和新进投资者则在买入这些股票。

当弱势股达到平衡点时，通常会遭到抛售，从而回吐其大部分收益。而在强势股中，螺旋弹簧形态标志着它的反弹，这才是真正的交易。当螺旋弹簧形态最终被打破时，通常会产生一个非常强劲的上升动力。这一阶段才是我们的目标：在突破开始时建仓，以抓住下一个高点。

关键指标：设置关键指标依赖于我们所说的螺旋弹簧形态的精确定义，如下所示：

- 在螺旋弹簧形态中，你正在寻找一种从弱上升趋势到强上升趋势的股票（有关定义，请参阅前面的"形态"），它最近的价格到了一个新的高点。我们所说的"最近"是指过去 20 个交易日（一个月）内。这个新高必须至少是三个月以来（60 个交易日）的新高。在此形态之下我们对主要移动平均线的位置不太关注，只关注股价在过去一个月内创下了三个月以来的新高。

> **定义**：螺旋弹簧形态的名字来源于股价在过去 7～20 个交易日的窄幅波动，因为股价在创下新高或接近新高时盘整。这个区间应该是或长或短的横向走势，而绝不应该倾斜向上。一般来说，这种形态的关键在于，交易区间越来越窄，而股价本身总体上没有任何上涨或下跌的变化。

- 自创下新高以来，该股已在一个横向移动的螺旋弹簧形态内盘整，持续时间至少为 7 个交易日，最好不超过 20 个交易日（一个月）。不管它有多长，螺旋弹簧形态都要求震荡幅度在进一步向右移动时收紧（交易高低点的差距越来越小）。这可能意味着该股正在走出更高的低点，更低的高点，或两者兼而有之的状态，但此时整体走势既不高也不低。
- 注意，在螺旋弹簧形态中，我们不关注指标信号。这是一个纯粹的看图操作。我们只需要两条移动平均线：20 日均线和 50 日均线，以及一些趋势线。
- 使用移动平均线来确定股票是弱上升趋势还是强上升趋势（见前面的定义）。
- 在螺旋弹簧形态的顶部和底部绘制趋势线。由于震荡幅度逐渐缩小，它应该形成一个三角形，而螺旋本身应该或多或少地横向移动，但绝不能向上倾斜。

- 螺旋弹簧形态必须至少持续 7 个交易日，且不得超过 20 个交易日（一个月）。同样重要的是，震荡中的任何部分，甚至所记录的日 K 线下影线，都不能延伸到或超过 50 日均线。可以超过 20 日均线，但绝不能超过 50 日均线。

- 买入信号：出现螺旋弹簧形态的股票将被列入我们的观察名单。在震荡的顶部绘制的趋势线被突破，这是买入信号。而收盘跌破下趋势线，则标志着螺旋弹簧形态被破坏，此时，我们应把它从观察名单中剔除。

螺旋弹簧形态的筛选：在高贝塔系数或波动性较大的股票中，不常看到螺旋弹簧形态，而我们的看涨观察名单的筛选仅针对此类股票。如果你想找到更多的螺旋弹簧形态，你可以尝试降低你的贝塔系数，将其设定为小于 1.25，甚至小于 1.0，这将增加符合条件的股票的数量。最好仔细观察新的螺旋弹簧形态的图表，因为不可能建立一个 100% 准确测算螺旋弹簧形态的备选名单。有时你会得到不合格的候选股。但是如果你想使研究过程更加便捷，可以做以下几件事之中的一件。你可以使用我在 Metastock 趋势交易工具箱中构建的"螺旋弹簧形态研究"，虽然它并不完美，但走势非常接近。如果你使用 Finviz 作为主要选股工具，你可以在看涨观察名单筛选中添加筛选指标，以发现触及 50 天新高（这接近我们的要求），并显示几种图形之一的股票，这些图形很可能符合螺旋弹簧形态（例如，上升三角形、楔形、下降三角形），然后你就可以看到入选的股票名单。此外，对任何有价值的候选股，一定要查看它的 Zacks 等级。

如果你喜欢建立自己的螺旋弹簧形态自选股，可以使用以下参数，并将其应用于你的看涨观察名单：

- 最近一天收盘价，所有股票符合以下条件：
  ◇ 当日收盘价高于或等于当日开盘价。
  ◇ 当天的日内高点低于或等于三天前的日内高点。
  ◇ 当天的日内高点低于或等于七天前的日内高点。
  ◇ 当天的日内低点高于或等于三天前的日内低点。

◇ 当天的日内低点高于或等于七天前的日内低点。

◇ 20 天内的最高点高于 60 天内的最高点。

◇ 当日收盘价高于 20 日均线。

◇ 20 日均线高于 50 日均线 × 1.03。

在一个强趋势牛市中，你可以用这些指标，从你的看涨观察名单中挑出四五只符合条件的股票。在大多数情况下，名单上的股票寥寥无几，并不是所有自选股都有螺旋弹簧形态。仔细观察自选股中出现的每个图表并使用上述指标，除了最看好的候选股之外，其余的都予以剔除。

需要注意的一点是，震荡期内的交易空间通常越来越小。可以看到盘中的一些波动高于或低于震荡幅度，但这些盘中的低点，总的来说，应该是越来越高，或高点越来越低。在此期间，可以有一条或两条大幅震荡 K 线，但这应该是例外，并不是一定的。一般来说，螺旋弹簧形态持续的时间越长，走势突破后上升的幅度就越大。但螺旋弹簧形态的持续时间超过 20 天，往往表明投资者犹豫不决，这一迹象表明，支持此前螺旋弹簧形态涨势的市场共识开始改变。我们不要改变，我们要的是维持此前的状态。因此，我们要回避螺旋弹簧形态持续时间超过一个月的股票。

图表说明： 图 10.1 显示了利西亚车行（Lithia Motors, Inc.，股票简称 LAD）的螺旋弹簧信号图，该公司在全美国拥有 180 多家汽车经销商。当时股票的市销率为 0.2 左右，所有分析师都给出"买入"或"强烈推荐买入"的评级。扎克斯研究也在 Zacks 等级表中将该股票评级定为 2 （"买入"）。2017 年，该股股价触及每股 98 美元（位置 1）的高点，之后数周一直未能突破这一水平。同年 7 月，该股在上调盈利指引后强势冲过这一水平，创下三个月以来的新高。从那时起，该股立即进入一个为期 9 天的螺旋弹簧形态（位置 2），当它在第 10 天突破时，立即冲高，创造了三个月以来的新高。该股拉回上涨的 20 日均线，但并未触及 50 日均线（黑线），之后开始再次反弹。然而，这一次，它出现一个较低的高点，标志着一个新的螺旋弹簧形态的开始。在接下来的 15 个交易日（位置 3），我们看到了一系列的"较高的低点"和"较低的高点"，直到第 16 天，价格突破了震荡区的上沿，并在几周内大幅反弹（位置 4）。这两段交易的最大收益率在 10 周内约为 25%（年化投资回报率为 130%）。

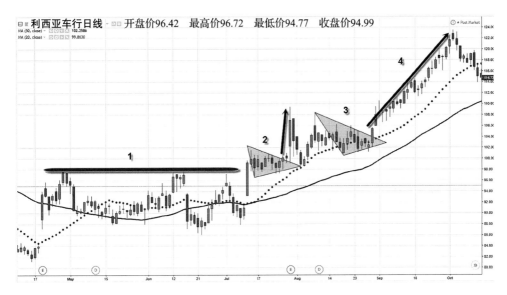

图 10.1 利西亚车行的螺旋弹簧形态图

图由 TradingView.com 提供。

图 10.2 是另一只股票的例子，盈透证券（Interactive Brokers，股票简称 IBKR）（这是我的股票经纪商，所以一定是我所做的交易导致了这次反弹）的走势表现出四个不错的螺旋弹簧形态。IBKR 拥有令人垂涎的 Zacks 等级 1（"强烈推荐买入"）。虽然该股当时的市盈率高于我们看涨观察名单筛选所允许的水平，但由于每股收益（EPS）强劲增长，因此其市销率非常低，为 0.7。一旦价格突破震荡区顶部的趋势线，图表上的每个位置都会触发一个买入的信号。请注意，当你在这张图上从左向右观察时，其趋势越来越强。这正是你在查看螺旋弹簧形态的图表时想要看到的。任何时候像这样的图表出现在你的观察名单上，一定要定期监测它的震荡区间！还要注意的是，没有一个螺旋弹簧形态的边缘接近 50 日均线。如果止损点位于 50 日均线之下，你将获得从交易位置 1 一直到图 10.2 的右侧边缘的收益。这意味着，每一个新的螺旋弹簧突破（交易位置 2、交易位置 3、交易位置 4）都是一个绝佳的加仓点。从交易位置 1 到图

10.2 最右侧，将产生一个最大收益 67%，交易位置 2 将产生 44%，交易位置将 3 产生 27%，交易位置将 4 产生 15%。真是让人赏心悦目！

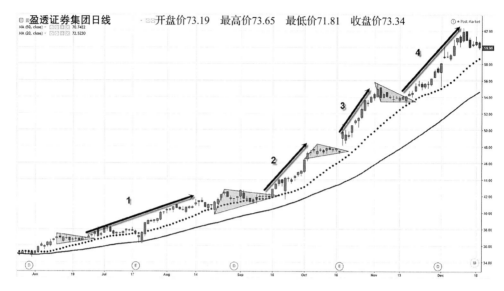

图 10.2　盈透证券的螺旋弹簧形态图

图由 TradingView.com 提供。

如何增加成功的概率：把螺旋弹簧形态应用到我们看涨观察名单的筛选时，是基于成熟的基本面分析和技术分析的，它的成功概率已经凸显。但是，有一些方法可以进一步提高我们成功的概率，当有几只候选股触发购买信号时，在其中选择最好的候选股。包括但不限于以下几个方面：

- 倾向于市销率最低的候选股。

- 如果你使用 Finviz（2.0 版以上的任何版本都是非常好的），那么最好选择 Zacks 等级低（1 为最佳）或是分析师推荐等级最好的螺旋弹簧形态候选股。

- 倾向于那些前一轮反弹（达到三个月新高的那轮反弹）、有明显催化因素（例如，盈利超预期、生产的药品获得 FDA 的批准等）的螺旋弹簧形态候选股。

- 剔除螺旋弹簧形态本身向下倾斜的候选股。

- 倾向于处在强劲的上升趋势中，20 日均线远高于 50 日均线的螺旋弹簧形态候选股。

- 20 日均线和 50 日均线同时上升，是确认螺旋弹簧形态的标志。
- 倾向于这种螺旋弹簧形态候选股，其螺旋弹簧形态之前的平均成交量高于螺旋弹簧形态期间的平均成交量。

　　数据表现：螺旋弹簧形态已经在实战中经过了多年的测试。虽然我已经将该形态编码到 Metastock 的趋势交易工具包中，但是使用 Metastock 作为回溯测试工具并不能让这种形态看上去很完美。这一形态的名称来自其走势像一个弹簧的形状，但由于整个形态难以进行量化描述，因此它可能会允许一些不具有我所定义的螺旋弹簧形态特征的股票通过筛选。要获得历史业绩数据的唯一方法是从我们的看涨观察名单中选取一小部分股票，并仔细观察其若干年内的图表。这就是我所做的。我回顾了 10 个 6 个月的周期（也就是 5 年），从每个周期开始时运行的看涨观察名单中随机抽取了 10 只股票。我仔细观察了 10 张图表中的每一张，寻找螺旋弹簧形态，然后将突破点作为我们的买入点，以收盘价低于 50 日均线的点作为卖出点来衡量回报情况。因此，在这个回溯测试中，有一个比我们在回溯设置中使用的更主观的元素。此外，较小的样本量（5 年内仅有 76 笔交易）限制了数据的可靠性。但它们已经具有尽可能接近这种交易方式的潜力。同样应该说的是，过去的表现，无论是从实际交易还是从像这样的假设性回溯测试来看，都不能保证形态今后会有同样的表现。有了这些提示，让我们来看看在 5 年的回顾期（2013—2018 年）内，我们的看涨观察名单股票（每季度更新一次）的螺旋弹簧形态是如何表现的——应该注意的是，这是一个牛市时期——并将这些数据与同期的标准普尔 500 指数进行比较，见图 10.3。

5 年回溯：螺旋弹簧形态（2013—2018 年）			
启动资产	$ 10000	总交易数量	76
期末资产	$ 116037	交易成功数	52
总收益	$ 106037	交易失败数	24
总回报率	1060.4%		
年化回报率	62.7%		
基准指数：标普 500		总回报率	90.0%
		年化回报率	13.6%

图 10.3　5 年期螺旋弹簧形态的回溯测试

第十一章
看涨背离形态

市场类型：看涨背离形态最适合用于：

- 区间震荡市场

- 弱趋势牛市

- 弱趋势熊市

特征：这个形态对我们来说真的是一个老黄牛。我们可以在各种类型的市场上使用它，即使是熊市。大约80%的时间市场都处在区间震荡或弱趋势条件下，这种形态在这些条件下非常有效。此外，我们的看涨观察名单往往会提供相当多的看涨背离形态，所以你几乎总会将一个或多个这类交易作为你的趋势交易组合的一部分。看涨背离形态的好处在于，它与看跌背离形态一样，是我们将在本书中讨论的一种形态，是能揭示真正的大幅波动的走势。进入看涨背离形态的交易，很可能会让你在新一轮重大股市周期开始时进入，特别是考虑到我们只购买低市盈率公司的股票，而这些公司有很好的盈利前景。不利的一面是，看涨背离形态的持有期往往比其他形态更长，所以你可能需要一些耐心才能看到实现大涨的一天。

作为一名趋势交易者，我们使用看涨背离形态来确定长期上升趋势中深度回调（比之前讨论的回调形态更深）的底部（见以下定义）。看涨背离形态旨在寻找目前处于大量抛售、刚刚触及支撑点或均价低点的上涨股。这一支撑点位需要至少有一次双底，才具备进行比较的基础。在确定了股价走势（一系列价格较低的低点或价格相同的低点）之后，看涨背离形态将着眼于两个或更多的技术指标。这些指标能显示买入信号。当股价在至少有两个低点的序列中，出现一个更低或同等价格水平的低点，同时在两个或两个以上的技术指标上出现底部抬高的形态时，就会出现看涨背离的买入信号。股价和指标之间的这种"分歧"就是我们所说的背离。当价格处于较低或同等价格的低点，但技术指标却处于较高的低点时，这就告诉我们，导致这些价格低点的价格下行运动的相对强度在每一个新低处都在增加，而不是减少。或者换一种说法，价格和指标之间的看涨背离表明，下行势头正在减弱，而上行势头是内在的。这种形态提供了一个机会，在股价反弹继续其长期上升趋势之前，以不可持续的低价买入该股。

关键指标：这种形态依赖于价格和各种技术指标。具体情况如下：

- 首先，我们需要确定股票处于长期上升趋势（参见定义）。这支持我们所进行的深度回调只是暂时的反常现象的观点。

> **定义：** 确定长期上升趋势的简单方法是，日线图上的 50 日均线（可以上升也可以下降）在上升的 200 日均线之上。注意，200 日均线上升是关键；这是上升趋势的信号。一旦 50 日均线下穿 200 日均线，即使 200 日均线仍在上升，长期上升趋势也会被抵消。

- 其次，当一只股票同时满足以下三个条件时，看涨背离形态是有效的：

  1. 股价跌破 50 日均线，高于 200 日均线还是低于 200 日均线并不重要。

  2. 在那次抛售中，它至少有两个明显的价格低点，最近的低点低于或等于前一个低点，两个低点之间至少相隔 5 个交易日。

  3. 最近的价格低点与以下两个或多个技术指标的较高低点相对应：MACD 曲线、MACD 直方图、随机指标、RSI、OBV 和 CCI（在第三章中我们特别提到了）。

- 买入信号：当满足这三个条件时，支撑点后的第一个上涨 K 线触发买入信号，优先看涨 K 线结构（锤线、上穿、阳线反包、底部十字星等）。

看涨背离形态的筛选：最好仔细观察图表，寻找新的看涨背离形态，就像寻找螺旋弹簧形态一样，不可能建立一个能 100% 准确测量看涨背离的自选股池。如果你想使研究过程更加便捷，可以做以下几件事中的一件。可以使用我在 Metastock 的趋势交易工具箱中构建的看涨背离研究工具，虽然它并不完美，但它会在市场起伏不定的多数时间内，都会找到一些符合该形态的股票。如果你使用 Finviz 作为主要筛选工具，可以添加筛选条件到你的看涨观察名单，基于形态特征，你会发现交易价格低于 50 日均线，但 50 日均线高于 200 日均线的股票。你将这些股票导入 TradingView 或任何你正在使用的图表包中，以方便观察通过筛选的这些股票。注意，Finviz 在其免费版本中不允许在图表上显示技术指标。如果升级到 Elite 版本，可以将技术研究添加到图表中，并在这个点上对此形态进行分析。如果你想建立看涨背离形态自选股，可以使用以下参数，并将它们应用到你的看涨观察名单上。请记住，你需要进一步查看图表以确定设置是合理的，因为利用下面的筛选条件可能错选一些股票：

- 上一个交易日收盘时，所有股票均符合以下条件：
  ◇ 当日收盘的 50 日均线高于当日收盘的 200 日均线。
  ◇ 前一交易日的日内低点低于或等于 20 天前的日内低点。
  ◇ 前一交易日的日内低点低于或等于 5 天前的日内低点。
  ◇ 当日的 MACD 直方图（12 – 26 – 9）大于 15 天前的 MACD 直方图（12 – 26 – 9）。
  ◇ 当日的 MACD 曲线（12 – 26 – 9）高于 15 天前的 MACD 曲线（12 – 26 – 9）。
  ◇ 当日的随机指标%K（5 – 3 – 3）大于 15 天前的随机指标%K（5 – 3 – 3）。
  ◇ 当日的 OBV 指标大于 15 天前的 OBV 指标。
  ◇ 当日的 CCI 指标（20）大于 15 天前的 CCI 指标（20）。
  ◇ 当日的 RSI 指标（5）大于 15 天前的 RSI 指标（5）。
  ◇ 当日的开盘价高于收盘价。

图表说明：在图 11.1 中，可以看到阿斯波利汽车集团（股票简称 ABG）股票完美的看涨背离形态。ABG 的市销率当时仅为 0.23 左右，Zacks 等级为 3（交易时是 2）。注意，该形态所需的所有关键指标都显示在这个图中：首先，我们有一个上升的 200 日均线（位置 1），一个由两个较低的低点（位置 2 和 3）组成的序列，其中第二个低点低于第一个低点，低于 50 日均线（黑色曲线），其次，第二个低点（位置 3）的上涨 K 线，与 CCI 指标（位置 4）和 RSI 指标（位置 5）的相对低点相吻合。这次交易，从每股 34 美元的买入价上涨了近 10 个点，在短短 4 周内获得了 28%的最大回报率（折合年化收益率为 364%）！

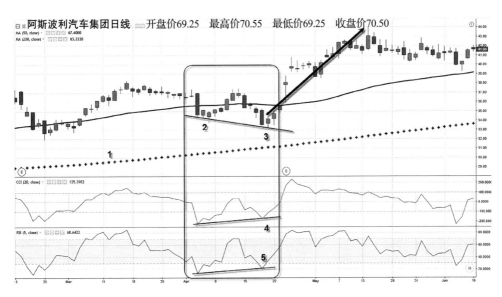

图 11.1 阿斯波利汽车集团的看涨背离形态

图由 TradingView.com 提供。

在图 11.2 中，我们看到西科国际（WESCO International，Inc.，股票简称 WCC）的股票走势，显示出两个不错的看涨背离形态，一个是较低的低点（位置 1），另一个是均价低点（位置 4），这种走势也被称为"双底结构"。这家工业设备制造商的市销率仅为 0.37 左右，Zacks 等级为 2（买入）。在第一个走势中，我们看到 200 日均线（十字线）在上升，50 日均线在走低但仍高于 200 日均线，这表明尽管价格回落，但长期仍保持上升趋势。价格以两个低点中的第一个（位置 1）开始，股价以"之"字形的方式向下运行到 200 日均线附近。在第二个低点，我们看到 RSI（位置 2）和 MACD 直方图（位置 3）一起走出相对较高的低点。请注意，这种结构有一个附加优势，即股价已经非常接近或触及上升的 200 日均线，这里通常会作为一个支撑点。

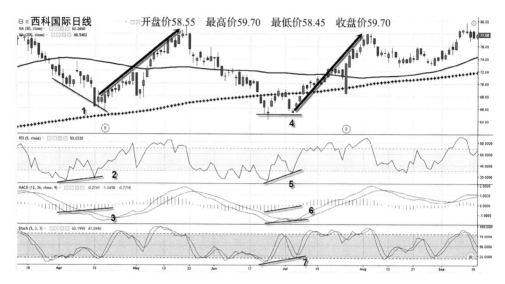

图 11. 2　西科国际的看涨背离形态

图由 TradingView. com 提供。

在第二个背离形态（位置 4），我们看到股价低于 200 日均线，这一走势非常好，而且 50 日均线仍然高于上升的 200 日均线，仍然处在一个长期上升趋势中。当第二个低点与第一个低点相等时，我们看到四个指标 RSI 指标（位置 5）、MACD 曲线、MACD 直方图（位置 6）和随机指标（位置 7）出现看涨背离，这是非常罕见的。我们还看到，在第二个低点之后出现的第一个上涨 K 线，这两个形态都触发了买入信号，而且这两次交易都有很好的盈利。在位置 1 的交易最高收益接近 20%，而在位置 4 的交易最高收益略高于 16%。在短短 9 周的持有时间内，回报率为 36%（年化收益率 208%），远胜于买入并持有的投资者，后者在图 11.2 所示的期间几乎没有任何收益，且对公司特定风险和大盘的风险敞口减少了 62%。

如何增加成功的概率：将看涨背离形态应用于我们的看涨观察名单筛选，根据已经证实的基本面分析和技术分析，成功概率已较高。但是，有一些方法可以增加我们的机会，当有几只候选股触发购买信号时，选择最好的候选股，包括但不限于以下内容：

- 倾向于市销率最低的看涨背离候选股票。
- 如果你使用 Finviz（2.0 版以上的任何版本都是非常好的），那么最好选择 Zacks 等级最低（1 为最佳）或是分析师推荐等级最好的看涨背离形态候选股票。
- 尽可能以低价买入。
- 倾向于两个或两个以上指标出现看涨背离的候选股。
- 倾向于那些大幅回落并非由公司特定因素（即不是由盈利不佳、评级下降、指导价下调等原因）引起的看涨背离候选股票，股价下跌更主要的原因是市场普遍低迷。
- 支持 50 日均线和 200 日均线都在上升的看涨背离信号。
- 更看好倒数第二低位的成交量高于最低位的成交量时的看涨背离形态。

数据表现：虽然我已经将看涨背离形态编码到 Metastock 的趋势交易工具包中，但使用 Metastock 作为回溯测试工具并不能让走势看起来很好看。因此，获得历史业绩数据的唯一方法是在我们的看涨观察名单上运行趋势交易工具包，在 5 年回溯期内进行看涨背离的研究，然后在当时的周期图表上仔细观察是否符合形态要求。这就是我所做的。我对看涨观察名单内的股票进行回溯，将其上传到 Metastock，然后定期对该观察名单进行回溯看涨背离研究。随后，通过历史图表对最终符合条件的股票进行了精确的看涨背离分析。我将出现买入信号后一天的开盘价作为买入点，用一个低于触发抛售信号的最后低点的股价作为卖出点，用买入后最高点后的第三个 K 线的收盘价来退出获利交易。主观性和较小的样本量（5 年内 118 次交易）限制了数据的可靠性。但我们已经尽可能接近了解这种交易方式的收益潜力。

同样应该说，过去的表现，无论是实盘交易还是这样的假设性回溯测试，都不能保证未来将以同样的方式继续运行。鉴于这些提示的存在，让我们来看看我们看好的观察名单上的股票（每季度更新一次）在 5 年回溯期（2013—2018 年）中的表现。你应该注意到，这是一个牛市场时期，我们将这些数据与同期标普 500 指数进行比较，见图 11.3。

5 年回溯：看涨背离形态（2013—2018 年）			
启动资产	$ 10000	总交易数量	118
期末资产	$ 88317	交易成功数	84
总收益	$ 78318	交易失败数	34
总回报率	783. 2%		
年化回报率	54. 6%		
基准指数：标普 500		总回报率	90. 0%
		年化回报率	13. 6%

图 11.3　5 年期看涨背离形态的回溯测试

第十二章
阻力位突破形态

市场类型：阻力位突破形态适合用于：

- 强趋势牛市

- 弱趋势牛市

特征：阻力位突破形态属于一种交易类型，被称为突破型或动量（简称"momo"）交易。有些交易员专门从事这类交易。以"乌龟交易员"（"turtle traders"）著称的理查德·丹尼斯和威廉·埃克哈特，《投资商报》的威廉·奥尼尔，对冲基金亿万富翁杰西·利弗莫尔，布鲁斯·科夫纳等人都精通这类交易。任何"突破型交易系统"的目的都是在高位买进，在更高位卖出。我自己一直喜欢回调形态，因为我更喜欢买"减价"的东西。但我必须承认，我的一些最稳定的回报来自于这一形态。它特别适合强趋势牛市，在这种市场类型中，它可能是你唯一可以启动的交易形态。但弱趋势牛市也将提供充足的阻力位突破形态的机会。虽然这种形态在区间震荡和看跌的市场中效果不太好，但它往往比我的其他看涨交易方法遭受的损失要少得多。事实上，我相信，出于这些原因，一个人可以将其单独作为一个很好的可以谋生的交易系统。我们可以称之为我们的"荒岛形态"。

虽然这个形态在《以趋势交易为生》第 1 版中已经详细描述过，而在第 2 版中，将会更加刺激！通过预先筛选我们的观察名单，我们可以只购买那些公司正在提高盈利预期的低估股票，而这些股票的走势即将出现突破，大大降低了我们的与突破型交易相关的风险。这两个基本特征使投资者有充分的理由认为该股票将持续突破性上涨，而不是昙花一现，导致交易者掉入"假头部"的陷阱。如果你严格遵守这里列出的规则，你的"交易武器库"中将拥有我最认可的交易方法之一。

阻力位突破形态的缺点是，这是个"一招鲜"式的看涨形态。这种形态最好只用于强趋势牛市这一种市场类型，严格的买入规则意味着我们不会从观察名单中找到太多日常可交易的目标。不过，在长期牛市时，阻力位突破是你最好的、有时是你唯一的趋势交易的形态。

一些趋势交易者被强劲的牛市所迫，日复一日地观望，等待回调或价格调整，以找到买入机会。当所有的买入和持有者都在幸灾乐祸时，这是多么令人沮丧啊！但在这种情况下，趋势交易者的武器库中有一个关键武器：阻力位突破形态。这里的"阻力位"指的是该股在过去至少三个月的价格高点之后所处的新高区域。我们通过查看一个指标来确认突破，该指标为我们提供了近期成交量趋势的直观参考，并通过使用动量指标来确认我们的买入交易。这次我们不使用移动平均线这个指标。

关键指标：这一形态依赖于几个价格参数结合两个技术指标：OBV 和 MACD。此形态中不使用移动平均线。以下是在此形态下买入的规则：

- 第一，该股的收盘价（而非盘中走势）必须创下至少过去 40 个交易日的收盘新高，而不是 52 周以来的新高。
- 第二，对于该股而言，最新收盘价高点位置不可远高于 52 周以来的低点。我们不希望股票在突破时已经涨幅过大。为了防止这种情况发生，我们计算我所说的股票的"最高价格倍数"，取标记日的收盘价除以该日前 52 周的最低价，得出的倍数不应超过 2.0，或者说不能高于 52 周最低点的两倍。换言之，如果一只股票 52 周以来的最低点是 40 美元，我们只想在新高的收盘价低于 80 美元时买入这只阻力位突破形态的股票。

- 第三，当前突破阻力位区域（在前40个交易日内没有价格阻力的区域）应伴随着该时期内的最高 OBV 指标（定义如下）。

- 第四，当前突破阻力位区域的同时，还应出现这一时期的最高 MACD 线（非信号线）。

> **定义**：OBV 代表总成交量，它衡量的是股票的累积或分配。股票交易量要么增加（在上涨日），要么减少（在下跌日）。OBV 在与价格运行一致时确认价格变动，在与价格运行相反时显示出背离。它往往是一个领先的而不是滞后的指标，因此在预测未来的价格走势时是有效的。

- 第五，突破新高当天的 K 线必须是阳线（即收盘价高于开盘价）。这就消除了因利好消息而跳空走高，然后在收盘时又被打压的股票。

- 买入信号：当上述五个条件都在同一天满足时，我们便有了一个阻力位突破买入信号。

阻力位突破形态的筛选：与螺旋弹簧形态和看涨背离形态不同，我们可以构建一个测量阻力位突破形态的筛选工具，精度不是100%，但非常接近。你的最佳实践方案仍然是把观察名单作为主要分析目标。但是如果你想让这个过程更加自动化，你可以做以下几件事中的一件。你可以使用我在 Metastock 趋势交易工具箱中构建的阻力位突破研究，它可以很好地从上传的看涨观察名单中识别符合条件的候选股票。如果你使用 Finviz 作为主要筛选工具，可以在看涨观察名单筛选时添加筛选工具，搜索股票在50天内出现的股价新高（虽然不是我们想要的，但这是一个好的开始），并且当天的 K线为阳线，但你必须仔细观察所有符合条件的候选股票的走势图，以确保当前价格比52周以来的最低点高出不到2倍，并且它们的 OBV 和 MACD 指标确认突破。请注意，只有精英版的 Finviz 才允许使用技术指标，因此除非你为此做好准备，否则你需要将候选股票转移到 TradingView 或其他一些图表包中，以进行最终确认。

如果你想建立自己的阻力位突破自选股，你可以使用以下参数，并将其应用到你的看涨名单中。请注意，你可能需要为最后两个筛选工具设置参数。如果你做不到，可以雇用一个程序员为你做这件事（"忍者交易员"在他们提供支持的网站论坛上有一个程序员列表），或者你可以为每一列股票做几个筛选工具，设置一系列过去数据点的比较值（例如，大于收盘价 5 天前、10 天前、20 天前、40 天前）：

- 最近一个收盘价：
- 所有的股票须符合以下条件：
  ◇ 当天的收盘价高于过去 40 天的最高收盘价。
  ◇ 当天的收盘价低于过去 260 个交易日的最高收盘价。
  ◇ 当天的收盘价小于或等于 260 天以来的最低低点乘以 2。
  ◇ 当天的 OBV 日线指标大于过去 40 天的最大值。
  ◇ 当天的 MACD 日线指标大于过去 40 天的最大值。
  ◇ 当天的收盘价大于当天的开盘价。

图表说明：纳威司达（Navistar International 公司，股票简称 NAV）是一家卡车制造公司，当时的市销率仅为 0.4 左右，Zacks 等级为 3。在图 12.1 中，我们看到，该股的股价呈现出阻力位突破形态（位置 2），但仍低于 9 月中旬（位置 1）创下的 52 周内的高点。如果将位置 2 收盘价的 MACD（位置 3）和 OBV（位置 4）的高点进行比较，我们会发现这两个指标也会显示出新的高位突破。在此形态下，NAV 的 52 周价格低点仅为 18 美元左右，这意味着，根据我们的 2 倍规则，低于 36 美元的任何价格都是有效的买入价。阻力位突破的价格为 23.05 美元，远低于规则的要求。这一交易在短短 9 周内涨幅最大为 65%（年化收益率为 370%）。

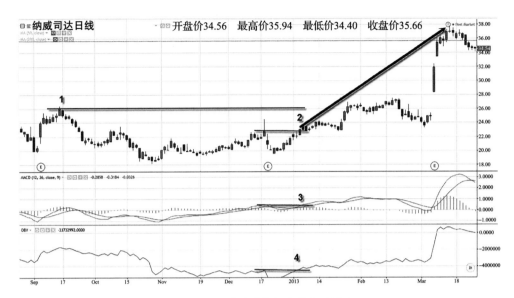

图 12.1　纳威司达的阻力位突破形态

图由 TradingView.com 提供。

我们来看第二个例子，定制品牌公司（Tailored Brands，Inc.，股票简称 TLRD），呈现了一个非常有趣的走势。定制品牌（Men's Wearhouse 和 Jos. A. 银行零售店的母公司）的市销率仅为 0.5 左右，Zacks 等级为 2（在图 12.2 中的位置 4 时 Zacks 等级为 1，"强烈推荐买入"）。在图 12.2 中，我们看到四个不同的价格突破，标记为 1 到 4。不过，只有位置 4 的突破才是真正的阻力位突破。为什么？在突破点 1，我们看到它干净利落地突破到 12 美元以上的价格水平，加上 MACD 同样突破顺利，但 OBV 指标并没有确认此交易时点。事实上，OBV 正在走出一个明显相对较低的高点，这是看跌背离（位置 6）。好在 OBV 阻止了我们的交易，因为价格无法保持突破，并继续下跌到 10 美元的水平。如果我们没有停止交易，将遭受最大 -16.7% 的亏损。

我们看突破点 2，这是一个新的价格高点，加上一个新的 MACD 高点，但 OBV 还是未能确认这是一个好的买入点。虽然这一次之后股价没有受到多少打击，但它确实主要是横向交易，如果买入，尽管没有任何迹象表明我们在承担风险，但会把我们的资金束缚一个月。在突破点 3，我们看到 OBV 最终确认了价格突破，但现在是 MACD 在拖后腿。MACD 在位置 3 中显示出略低的低点，这也是看跌背离。我们再次看到了一个月左右的震荡横盘走势，证实了这种形态的高明之处，使我们远离了无效的交易。

最后，在交易点 4，我们得到了我们所要的三个"绿灯"。在一份出色的盈利报告公布后，该股股价飙升至近 20 美元，仅比我们要求的 2 倍的价格倍数低了一点，但还没有达到 52 周以来的最高点（28.40 美元）。在上述第四次突破中，MACD（位置 5）和 OBV（位置 7）第一次达成一致：是时候买"阻力位突破"了！五个月后，我们的股价上涨了近 60%（年化收益率 148%）。

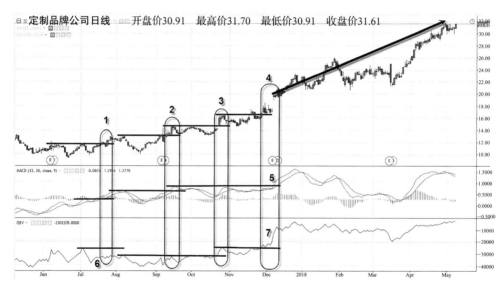

图 12.2   定制品牌公司的阻力位突破形态

图由 TradingView.com 提供。

如何增加成功的概率：阻力位突破形态被用于我们的看涨观察名单时，已经具备很好的基本面分析和技术分析基础。但是，我们还可以通过一些方法来增加我们选择候选股票成功的概率。当我们遇到几个候选股票触发购买信号时，应该包括但不限于以下内容：

● 倾向于市销率最低的阻力位突破形态候选股票。

● 如果你使用 Finviz（2.0 版以上的任何版本都是非常好的），那么最好选择

Zacks 等级最低（1 为最佳）或是分析师推荐等级最好的阻力位突破形态候选股票。

- 倾向于价格处在 40 天以来的新高，而不是 6 个月以来的新高的候选股票。
- 倾向于那些在高位震荡基础上创出新高，而不是那些在直线上涨后突破的股票（例如，两支或更多的长阳线）。
- 倾向于那些因 FDA 批准、新的并购、高收益、新产品发布或分析师调高评级等利好消息而创造价格新高的阻力位突破候选股票。

　　数据表现：阻力位突破形态是第一个 100% 机械化、无须图表识别的趋势交易形态（回调形态是第二个接近此类型的形态）。我已经将其编程到 Metastock 趋势交易工具包中，因为理论上所有通过筛选的股票都是合理的阻力位突破形态，所以我们可以使用该软件进行回溯测试。阻力位突破是最多样的交易形态之一，特别是在牛市之中。在写这本书的时候，我最近看涨的 50 只股票在过去的一个月里已经引发了 18 次新的阻力位突破。这就是说，此形态给了我们大样本量，这反过来又增强了回溯测试数据的可靠性。话虽如此，但需要重申的是，过去的表现，无论是实盘交易还是像这样的假设性回测，都不能保证未来的交易将以同样的方式进行。有了这个提示，让我们看看阻力位突破形态在 5 年的回溯期（2013—2018 年，应该注意的是，这是一个牛市周期）内是如何表现的，并将这些数据与标准普尔 500 指数进行比较，见图 12.3。

5 年回溯：阻力位突破形态（2013—2018 年）			
启动资产	$ 10000	总交易数量	986
期末资产	$ 178313	交易成功数	650
总收益	$ 168313	交易失败数	336
总回报率	1683.1%		
年化回报率	77.1%		
基准指数：标普 500		总回报率	90.0%
		年化回报率	13.6%

图 12.3　5 年期阻力位突破形态的回溯测试

第十三章
底部看涨突破形态

市场类型：底部看涨突破形态最适合用于：

- 弱趋势牛市
- 强趋势熊市
- 弱趋势熊市
- 区间震荡市场

特征：从以上表述中可以看出，这是另一个可以在各种市场进行交易的主要形态。需要预先说明的是，这一形态并不适合那些没有长期磨炼过图表解读技能的交易者。如果你缺乏这些技能，有很多在线资源可以帮你，包括我的两部分图表解读内容，你可以从斯托克斯博士网订购。要识别底部看涨突破形态需要一双经验丰富的眼睛，以认识到底部的价格走势，找出该形态中的"底部"。而这种走势所提供的回报，是值得付出任何代价来学习这些技能的。正如你将看到的，在全部的形态中，底部看涨突破形态提供了最高的单笔交易回报。然而，考虑到这些形态所涉及的主观判断程度比平时要高，最好给你一条建议：如果有任何怀疑（假设你的判断是正确的），不要动手！

底部看涨突破形态进一步促进了我们的一系列看涨形态的多样化，因为它并不像之前的那些形态那么严谨，是以动量为基础的市场策略。相反，在这种情况下，我们将进行逆向的分析。随着看涨的底部突破，我们将不会在已经存在的上升趋势中买入，买入信号将来自经过下跌趋势后的一段价格平稳期。我们的目标是抓住公司新的复苏阶段的开始，这一阶段将表现为股价的长期上涨。因此，看涨的底部突破确实可以成就一些市场大赢家。事实上，我出版过一本以这种形态为中心的交易教程。我的交易手册——《如何依靠炒股月赚50%》，叙述了我制定底部看涨突破形态的完整的方法，以及一套具体的买入和卖出法则，特别是那些新的图表解读方式。我知道标题有点夸张了，但它强调了这种交易方式的惊人潜力。

我们所寻找的底部看涨突破形态的股票，是已经经历过，而且仍然在下降趋势之中，但在最近几周，已构筑出一个某种类型的价格横向底部的股票。这个底部可以呈现出各种各样的形状，但它们有两个共同的特点，即相对于之前的下降趋势，它们或多或少都在横向移动，而且它们已经这样横盘了好几周。事实上，这只股票的下跌趋势正在减缓，而这种走势使该底部成为一个上涨的基础。我们要在这个底部上寻找的是，股价正准备通过向上突破来扭转下跌趋势的信号。当我们看到这些信号的指向趋于一致时，我们就可以买入该股，尽管股价尚未突破这一底部。

为了确定底部何时准备上涨，我们使用之前在阻力位突破形态中使用的两个指标：MACD 和 OBV。为了使形态有效，我们需要这两个指标来了解关于底部价格走势的两个特征：一是它的势头正在增强，而且有证据表明，成交量正在不断累积。虽然长期持有这一形态的股票可以获得惊人的收益，但在突破点，通常会爆发快速而集中的买入行为，几天内便可以带来10%或更多的收益，这是一个理想的趋势交易形态。二是这种形态最常见于低价股，所以它对于账户资金较少的交易者而言是一个理想的形态。

关键指标： 该形态依赖于股票价格走势（底部看涨）和两个技术指标——MACD 以及 OBV。具体如下：

- 必须清楚地看到股票处于某种下跌趋势，无论趋势强弱（见定义）均可。

> **定义**：下跌趋势的股票是指至少在过去三个月（60 个交易日）内出现较低的相对高点（这个相对高点越低越好，但严格来说，这并非必须）的股票。所谓强下跌趋势的股票是指 20 日均线正在下跌，并远远低于下跌的 50 日均线的股票。弱下跌趋势的股票是 20 日均线可能在上升或者下跌，但至少大部分低于持续下降的 50 日均线的股票。

- 至少在过去的 30 个交易日（6 周），我们称之为观察期，价格必须在某种调整平台内移动。有三种类型的调整平台：看涨下跌楔形、看涨扩张三角形和看涨三重底（或矩形）。这些底部既有上升趋势的，也有下跌趋势的。在这类形态中，我们希望看到下跌趋势中，出现这些底部类型中的一种。

- 图 13.1 展示了我们在此形态中寻找的三种底部看涨突破形态。请注意，正确识别这些走势的一个关键是，在高点和低点之间的两条趋势线要么指向下方，要么是平坦的。在任何情况下，我们都不希望看到支撑线或阻力线朝上。

看涨下跌楔形　　　　　看涨扩张三角形　　　　　看涨三重底

图 13.1　三种底部看涨突破形态

- 我们想要避免这样一种调整走势，这种走势通常在下跌趋势中出现，那就是上升楔形，一种看跌的三角形调整，通常标志的是趋势的停顿，而非逆转。我们将在第十九章中更仔细地研究上升的楔形破位形态（看空策略）。注意，大多数楔形看起来如图 13.2 所示，其中两条趋势线都向上倾斜。如果你认为你看到的两条上升趋势线是看涨的底部，那就错了，尽量避开它，这很可能是看跌的。

看跌上升楔形

图 13.2　看跌上升楔形不是看涨的底部

- 一旦我们在一只已经过了观察期（6 周）的下跌股票中确定了一个调整平台，我们就需要确认这是一个看涨的底部。为此，我们参考了两项技术指标：MACD（12－26－9）和 OBV。

- 当 MACD 在观察期内上升时，底部是看涨的。请注意，MACD 上升通常是我们处于看涨底部的第一个线索，此时我们应该标出一个观察期——当底部内的价格可能会也可能不会出现较高的低点时。

- OBV 必须高于指标顶部的趋势线。

- 买入信号：在出现前面列出的三个关键指标之后，在第一支阳线（收盘价高于开盘价）的位置触发了底部看涨突破形态的买入信号。你可以在当天收盘时或第二天开盘时买入。

　　底部看涨突破形态的筛选：通常使用的工具在筛选底部看涨突破形态时都没有用处。如今，虽然股价走势识别软件的效率越来越高，但筛选工具本身却有很多缺陷，以致无法及时回溯以确定下跌趋势，然后筛选当前的股价走势，以及寻找 MACD 较高的低点和 OBV 指标的趋势突破，所有这些都必须是在同一阶段中进行的。虽然我为 Metastock 的趋势交易工具包编写了一个底部看涨突破探索代码，但它所能做的只是找到底部看涨形态本身，不能发出新的买入信号。由于这些原因，在这类形态中的大部分交易将只能来自你用自己的双眼来观察你的观察名单。下面的筛选方法将为你提供一个用于进一步研究的简短自选股名单。比我更擅长这类工作的读者可能会想摆弄一下这些参数，使它们更出色。

● 最近一次收盘时，所有股票都符合以下条件：

◇ 当天收盘的 50 日均线高于当天的 20 日均线。

◇ 当天收盘的 50 日均线低于 40 天前收盘时的 50 日均线。

◇ 当天之前超过 30 天的最大波动幅度大于之前 15 天的最大波动幅度。

◇ 当天之前超过 15 天的最大波动幅度大于之前 5 天的最大波动幅度。

◇ 当天的 OBV 日线指标大于 40 天前的 OBV 日线指标。

◇ 当天的 MACD 日线（12 - 26 - 9）大于 40 天前的 MACD 日线（12 - 26 - 9）。

◇ 当天收盘的 50 日均线小于 200 日均线。

在没有可靠筛选工具的情况下，你将不得不定期检查观察名单上的股票的走势图。事实上，这是一个很好的方法，因为它可以让你看到一个底部发展了几天还是几周。OBV 的触发信号确实是这个形态的关键：如果你能在当天买入，可能会发现自己在一个重要反弹的起点。那些出现在名单前列的股票很可能已经触发了 OBV 信号。

图表说明：在图 13.3 中，我们看到了美国钢铁公司（股票简称 X）的走势图，它的股票曾是历史上市值最大的股票之一。美国钢铁公司属于高利润的基础建设行业，当时的市销率仅为 0.48 左右，Zacks 等级为 2。在图（位置 1）上很容易发现其下降趋势，20 日均线和 50 日均线都向下倾斜，20 日均线在 4 个月的大部分时间里都远低于 50 日均线。一旦价格线开始变平并形成矩形或双底模式（位置 2；与图 13.1 对比观察）——注意 20 日均线是如何开始变平的——便开始了我们的观察期。在这个基础上，我们计算了长达 6 周的股价变化。一旦达到这一点，并且只有到那个点位时，我们才开始在 MACD 中寻找处于看涨的底部的迹象。事实上，我们看到了 MACD 在观察期和观察期之后的上升（位置 3）。这意味着我们现在可以开始通过 OBV 寻找买入信号。我们要做的就是从观察期内的第一高点开始，在 OBV 上方画一条趋势线（位置 4）。一旦突破这条趋势线，在第一个阳线位置，便出现买入信号。这是我们在 2016 年 2 月初录得的，当时股价仍在看涨底部运行，花了几周时间才突破趋势线的高点，而一旦突破，价格就迅速上涨。这一看涨的底部突破交易在短短 10 周内达到了 155%（位置 5）的高点（年化收益率超过 800%）。

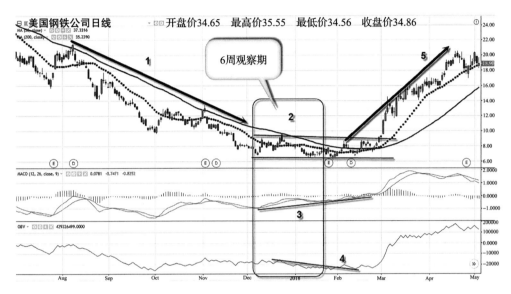

图 13.3　美国钢铁公司的底部看涨突破形态

图由 TradingView.com 提供。

在图 13.4 中，我们看到了晶科能源控股公司（以下简称晶科能源，股票简称 JKS）的走势图，这是一家为太阳能行业提供服务的中国半导体公司。晶科能源目前在我们的看涨观察名单上有一些最好的基本面参数，市销率仅为 0.17 左右，Zacks 等级为 1（"强烈推荐买入"）。如图 13.4 所示，在位置 1 的 3 个月的时间里，晶科能源在一个疲软的下跌趋势中逐步走低，随后又出现了一系列高低震荡，成为看涨扩张三角形底部的标志（位置 3）。这又表明我们应该在图表上加上一个观察期（位置 2）。我们怎么知道这是一个看涨的底部？其实我们并不知道，直到 MACD 走出一个更高的低点（位置 4），同时股价走出一个较低的低点。如前所述，MACD 转头向上意味着下跌趋势开始走平，出现这种情况是确认看涨底部的关键。一旦确认了底部，并且我们通过了最短的观察期（6 周），我们就在 OBV 峰值的顶部画一条趋势线，然后等待它的突破。这是我们在 2016 年 12 月初录得的（位置 5）。我们的买入点是在第一根阳线收盘时，应该注意的是，这一天仍然在看涨的底部之内。从买入到最高点，这笔交易在几个月内，为我们提供了超过80%的收益（年化收益率137%）。

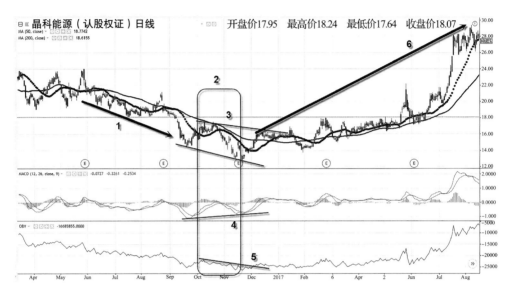

图 13.4 晶科能源的底部看涨突破形态

图由 TradingView.com 提供。

如何增加成功的概率：对于底部看涨突破形态，当应用到我们看涨的观察名单筛选时，已经是基于成熟的基本面分析和技术分析，从而增加了成功概率。在你的看涨观察名单中，很少会有一只以上的候选股票。但如果真的有，就想办法只选择最好的候选股票。方法包括但不限于以下内容：

- 倾向于市销率最低的底部看涨突破候选股。

- 如果你使用 Finviz（2.0 版本的内容非常好），则倾向于 Zacks 等级最低（1 为最佳）或分析师推荐的看涨底部突破候选股票。

- 看好看涨的底部延续时间最长的候选股票。延续时间较长的底部与较高的回报率正相关。

- 用 52 周以来的最高点除以看涨底部内最低的低点，选择倍数最高的候选股票。52 周高点与看涨底部低点的比值与较高回报率正相关。

数据表现：与我们之前的一些趋势交易形态一样，底部看涨突破形态并不是一个可以机械地进行回溯测试的形态。任何回溯测试软件都无法检测到合理的看涨突破买入信号。虽然我们可以使用 Metastock 趋势交易工具包中的看涨突破研究来运行测试，但这项研究本身允许许多误报通过筛选，因此结果是非常不可靠的。图 13.5 中列出的数据基于先前用于螺旋弹簧形态和看涨背离形态的相同程序。我使用了一个看涨的观察名单，每个季度更新一次，在五年的回溯期内，仔细观察了底部看涨突破形态的图表。我注意到，这不是一个理想的测试，因为其样本量很小，但它为我们提供了一个很好的思路，说明了其形态可能会如何运行。由于测试方法的局限性，我不敢称赞图 13.5 中列出的总回报率和年化投资回报率是"我们看涨形态中最好的"；尽管如此，这些数字至少表明，我们有一个非常强大的系统，即使它每个月在我们的观察名单中只触发两三笔交易。

需要再次指出的是，过去的表现，无论是从实际交易还是从像这样的假设性回溯测试来看，都不能保证系统今后会以同样的方式表现。有了这些提示，让我们看看 2013 年 4 月至 2018 年 4 月期间看涨观察名单股票的底部看涨突破表现。应该注意到，这是一个相当好的牛市周期，因此将这些数据与同期的标准普尔 500 指数进行比较。结果见图 13.5。

5 年回溯：底部看涨突破形态（2013—2018 年）			
启动资产	$10000	总交易数量	158
期末资产	$517175	交易成功数	105
总收益	$507175	交易失败数	53
总回报率	5071.7%		
年化回报率	118.8%		
基准指数：标普 500		总回报率	90.0%
		年化回报率	13.6%

图 13.5　5 年期底部看涨突破形态的回溯测试

Trend Trading for
a Living 以趋势交易为生

第四部分
看跌趋势下的交易策略

第十四章
如何做空一只股票

　　做空，也叫卖空，或者干脆简称为"空"，是趋势交易者的基本技能之一。从技术上讲，这与买入股票建立头寸，然后将这些股票卖回市场以结束交易没有太大的区别。只是在卖空交易中，要将顺序颠倒过来：先向市场卖出股票，然后买回股票来了结这些头寸。如果你的头寸价格低于你的买入价，当你结束你的空头交易时（这被称为"平仓"），资金将按购买股票时的价格存入你的账户。如果平仓时股价高于买入价，你将从账户中取出资金以补偿亏损。

　　由于只能向市场出售你已经拥有的股票，因此你必须先借入所需的股票以建立空头头寸。做空股票时，你要向经纪商借入所需的股票。因此，你的经纪商是否有股票可以借给你，是卖空的首要条件：如果你的经纪商没有股票可以借给你，你就借不到股票，因此你就不能卖空股票。一般来说，大多数在线经纪商都保持着良好的股票供应——即所谓的"库存"，他们可以借出所有主要的、流动性好的股票。我的股票经纪商盈透证券，在股票交易界是众所周知的，拥有世界上最大的股票库存。他们有两套程序以使其保持这种地位：如果客户愿意将自己持有的股票借出，他们就向客户支付股息；如果库存中没有股票，他们找不到任何愿意借出股票的持股者，通常在客户发出初始订单的一个小时内，他们会进入市场购买客户所需的股票。盈透证券是所有场外经纪商中收取保证金率最低的一家券商——保证金率是你借入股票做空所必须支付的费用比例——以减少你的间接费用。

我们通常卖空的股票都是流动性充足的热门股票，因此，大多数经纪商都可以做空这些股票。然而，偶尔你会发现自己陷入这样的困境之中，你对图表做了大量的研究，却发现无法建立做空头寸，因为你的经纪商没有股票可以出借。更令人沮丧的是，看到这只股票连续几天大幅下跌，但却没有你的参与。因此，如果想在熊市期间盈利，你需要使用这里所描述的看跌趋势交易形态来获得持续的盈利，一个好的办法就是在盈透证券公司开户并学习如何做空股票。

有人说卖空很不"美国"，或者说它在某种程度上损害了宏观经济。还有一些人则认为，这有利于市场的整体健康，因为它为股票购买者提供了急需的流动性，特别是在长期牛市期间。对于每一个买家来说，都必须有一个卖家，不管你是卖出自己的股票还是卖出经纪商的股票，都没有什么区别。事实上，当你出售自己的股票时，就终止了你与公司及其股票的关系。当你用借来的股票做空时，你相当于和那家公司签订了一份承诺书，在将来某个时候购回它的股票（当然代表你的经纪商，而不是你自己的账户）。实际上，你是在通过做空股票来强化公司的未来前景。如果你怀疑这一事实，表示你从来没有在"逼空"行情中站错边。

还有一种看法认为，卖空是一种比简单地买入股票后再卖出风险更高的活动。这背后的理由是，虽然你的多头仓位可以归零，抹去你的全部投资，但空头仓位在理论上可以反弹到无穷大——当然，只是理论上，因为没有实际的无穷大——从而不仅毁掉你的投资，也将毁掉你所有的现金储备，更不用说你拥有的所有其他资产。还有一个数字游戏：一只从 50 美元跌到 25 美元的股票会让你的投资减少 50%；然而，如果卖空的同一只股票从 25 美元涨到 50 美元，那么你就失去了 100% 的原始投资。

有几件为卖空辩护的事需要在这里说。第一，有一些方法可以管理你的空头仓位，以便防守，我们将在后面讨论（第二十二章）。当一笔交易对你不利时，这些方法可以使你的损失降到很低。第二，早在你的整个账户被清零之前，你的经纪商就会要求你追加保证金，以防空头头寸危及你的交易能力（让你继续交易，符合经纪商的利益）。在大多数追加保证金通知中，如果你在给定的时间段内没有自己操作，你的经纪商只会替你卖出头寸。第三，会有更多的公司破产，即成为"仙股"而非无限飙升，因此总体上说，做空是相对安全的一方。第四，这里描述的做空机制有67%的胜率。他们的目标是赚钱，而不是赔钱。简而言之（in short 的双关语是"做空"），有了正确的交易和头寸管理系统，做空的回报远远大于风险。

保证金账户

有一些人可能从来没有做空过股票。我在这里为你提供一份短期的做空课程。首先，要做空股票，你需要在证券经纪商那里开一个所谓的"保证金账户"。有了保证金账户就可以从你的经纪商那里借钱，如果你想做空股票，就需要这样做。开一个保证金账户必须满足一些最低要求，但经纪商的要求各不相同，所以你一定要向他们核实。另一种类型的账户是现金账户，不是为借款而设立的，因此你不能用现金账户做空。在保证金账户中，经纪商将资金借给你，你将用这些资金购买你想做空的股票，你可以用自己的现金以及你拥有的任何股票作为这些做空股票的抵押品。

用保证金账户做交易既有利也有弊。有利的是，在保证金账户中，你总是在进行保证金交易。这意味着你所做的每一笔交易，无论是多头还是空头，都是在经纪商资金的帮助下完成的。在每一笔融资融券交易中，经纪商都会默认借给你至少50%的本金（有些人可能有资格获得更多）。这意味着，如果你有一个5万美元的账户，你可以持有头寸，多头和（或）空头，总金额可以高达10万美元！一个保证金账户，实际上，将自动使你的回报率加倍！或者，你可以把50%的现金放在一些安全的国债里，或者放在某种收益基金里，然后和其他人交易，这样可以降低你的整体风险（当然，只有当你能找到一个比你的经纪商的保证金利率还高的避风港时，这种策略才会奏效）。

保证金账户的缺点是，增加的杠杆率会带来成本：即我在前面提到的保证金利息。有了保证金账户，你只需支付借入资金的利息。因此，如果你购买了大量股票，花费的金额超出了你账户中的金额，你将支付借入资金的利息。如果你做空股票，你将支付利息，因为正如我提到的，每一次做空交易都是在借入资金的基础上进行的。如果你保持在你的现金限额内并且从不缺钱，你就永远不会在保证金账户上支付利息。因此，开一个保证金账户是一个好主意，即使你认为你不会用保证金。这样你就可以在下一轮熊市中拥有一个想要做空的选择。

事实上，保证金利息并不高。当我全仓投资时，按当时的保证金利率计算，我账户中的每 10 万美元，每月只需支付大约 265 美元。算下来每年仅高于 3% 一点（盈透证券的保证金率比富达、亿创理财和嘉信理财等竞争对手低 60%），这是一个微小的代价。应该指出，如果你决定做超出你的现金水平的交易，而保证金账户允许你做的话，确实有增加风险的可能。这意味着，虽然一场胜利可能会使你的回报翻倍，但失败将使你的亏损加倍。每个人都有其特有的风险承受能力，但我的建议是，在你的现金水平内进行交易。至少，会让你晚上睡得更好。

如何做空一只股票

让我们开始讨论做空股票的细节。重申一下：做空一只股票意味着当你建立一个新的头寸时，你必须向市场出售股票。当然，你并不持有你想做空的股票（否则你只会平仓多头），所以你必须先从你的经纪商那里借入这些股票。一旦你从你的经纪商那里借到了股票，假设他的库存中有股票，你就可以出价把这些股票卖给市场。一旦有人买了你正在出售的借来的股票，你就买入了股票的空头头寸。如果股票价格下跌，你会赚钱；如果股票价格上涨，你会赔钱。从技术上讲，如果股票价格下跌，你将为最终返还股票给你的经纪商支付较少的钱，并得到更多的原始信用（因出售股票）。我知道这一切看起来非常混乱，但它真的就像买卖股票一样，只是将顺序反过来。

这里有一个好消息：所有这些借入股票并出售给市场的行为都是瞬间自动发生的。一旦你设定卖空指令，股票从经纪商到你的账户，再从你的账户到市场的移动，都会在几分之一秒内完成。一旦指令被执行，与多头头寸相比，你在账户中看到的唯一区别是空头股票数量旁边有一个负号。该头寸的市值也将被标记为负号。如果这个头寸对你有利，你会看到这个负数变小。这个数字代表你从市场上回购股票所需要的现金量，这样你就可以把股票还给经纪商。

还继续跟着我？这里有一个例子可以让事情更清楚：假设我想卖空苹果公司（Apple，Inc.）的100股股票。是的，我没有按当前的卖出价买入100股，而是和我的经纪商约定按当前的买入价卖出100股。使用盈透证券的交易者工作站作为我的交易平台，我只需点击出价，平台就会自动为我填写订单，如图14.1所示。

图14.1　盈透证券苹果公司股票的卖空订单

由盈透证券提供。

在上面的例子中，我已经启动了一个指令，以189.85美元（位置1）的当前出价出售100股苹果公司的股票。我只需单击鼠标左键出价（位置2）就可以做到这一点。我目前没有持有苹果公司的股票，所以我的经纪商会自动识别出我实际上并没有"卖出"股票，而是"卖空"苹果公司的股票。我现在要做的就是按下发送按钮。瞬间，假设我的限价被触及，我将做空100股苹果公司股票，同时在我的账户中出现18985美元的"信用"，扣除佣金和手续费。那些钱并不属于我。它属于我的经纪商，因为我做空的股票是经纪商的股票，不是我的。我的账户上的1.9万美元是一种贷款，我必须还清，外加利息。但从事这项交易的动机是我有可能以低于最初借款金额的价格偿还贷款。还有什么贷款具有这样的潜质？据我所知没有。

如果几周后苹果公司的股价下跌，比如说每股150美元，我可以购回我做空的股票，这就是所谓的以15000美元为成本平仓。这将使我在支付费用、利息和佣金后，获得大约3950美元的净利润。但假设苹果公司的股票价格走高，触及了我设定的每股210美元的止损价。我的回购成本将是21000美元，加上佣金、利息和手续费，比我原来的信用额还高。因为我现在必须为我借入的股票支付比我做空它们时所获得的信用额更多的钱，这笔交易将使我在扣除佣金、利息和费用后损失大约 2050 美元。

总结一下，要做空股票，请遵循以下五个步骤：

1．找到一只你认为在未来几天或几周内价格会下跌的股票（我们的看跌交易形态将帮助你完成这一步）。

2．向你的经纪商确认，以确保其库存中有股票份额。一种确认的方法就是尝试做空股票。如果交易成功，那么它就有股票可以借。如果没有，那你应该收到某种提示。盈透证券会让你知道他们将为你找到该股票，并在之后执行你的交易。

3．发送股票的卖出指令，就像在卖出你已经拥有的股票一样。你的经纪商会自动将买入成本记入你的账户，你会看到你建立了空头头寸。

4．等待股票下跌到一个预定的价格，或者直到它达到你的止损点（第二十二章的内容将帮助你做到这一步）。

5．通过购买相同数量的你做空的股票来了结空头头寸，就像你建立一个新的多头头寸一样。

第十五章
反弹形态

对于以下所有看跌趋势交易形态，我们将从看跌观察名单中提取新的交易。这是一份基于价格、成交量、波动性、估值和盈利预测调整的预筛选股票名单。正如我在第七章中所解释的（如果你跳过了那一章，请回去读）。这是我的整个趋势交易系统的关键。我们把看跌观察名单中的这些因素结合起来，从市场中捕获了前50只股票，这些股票的形态特征已被证明相对于大盘的表现明显更糟糕。以下看跌趋势交易形态可用于任何一组股票。但如果你真的想提高交易效率，需要先建立一个经过时间考验的、预先筛查过基本面的看跌观察名单。你的看跌观察名单如果不是每月甚至每周更新一次的话，应该至少每季度更新一次。

对于以下每一个看跌形态，我要告诉你几件事。我将指出哪种市场类型最适合哪种形态。这并不意味着只有一种市场类型适合它——这只是意味着，相应的市场类型将大大提高交易成功的可能性。我还将介绍一些规则，你需要确定你的两个观察名单上的形态（见第七章）：看涨名单中的看涨形态（第九至十三章，以及第十九章）和看跌名单中的看跌形态（第十四至十九章）。如果出于某种原因，你跳过了关于如何设置观察名单的第七章，请先停下来，回到这一章。第七章是回报率大幅提高的关键。这个类比仍然成立：为什么买了一辆特斯拉而从不尝试它的"荒诞模式"？

对于每一个看跌形态，就像我对每一个看涨形态所做的那样，我将详细说明每一笔交易的买入规则。我还将向你展示你需要输入股票筛选工具的参数，如果你想自己设置筛选条件（而不是简单地浏览图表或使用趋势交易工具包）的话。我将用图表来说明每一种形态，展示它在实盘交易中的样子。第二十二章将讨论交易管理中最重要的话题：止损点在哪里，何时获利，如何调整仓位并使仓位多样化。

让我们看看五个看跌趋势交易形态中的第一个——反弹形态。反弹形态（指股价遭到阴跌、压抑之后的反弹）与我们曾在第九章学习过的看涨回调形态相反。与看涨趋势相对应，这是一种普遍存在的形态，尤其是在波动性较大的市场，对我们来说是真正的主力军。除了回调形态外，我还将这两个形态称为"面包和黄油"形态。顺便说一句，这里有一个专业的提示：如果你每天在 Metastock 的趋势交易工具箱中运行回调和反弹形态，并记录每个形态中通过的候选股票数量之间的比例、回调和反弹的比例等，你会对整个市场的状况有很好的了解。例如，当回调与反弹的比例大于 1 并继续上升时，这表明我们正处于一个看涨的市场，而市场正变得越来越超卖（这正是买入股票的好时机）。当回调与反弹比例小于 1 并继续下降时，表明我们正处于一个看跌的市场之中，市场正变得越来越超买（这正是卖空股票的好时机）。有关这方面的更多信息，请在 YouTube 上搜索"Trend Trading with Dr. Stoxx"。这是我为 Metastock 制作的一系列免费网络研讨会的专题，其中详细说明了这一点。

如果你正在寻找做空的趋势交易，预期价格会在买入后下跌，那么你要寻找以下一个或多个形态。当你在你的观察名单上看到一只股票符合一个或多个这样的形态时，记下来。你也可以把这个名单中的股票添加到你的"特别自选股"名单之中。

市场类型：反弹形态最适合用于：

- 强趋势熊市
- 弱趋势熊市

特征：反弹形态是我创建的第一个看跌交易策略。第一次迭代是在我问了自已一个简单的问题之后出现的：如果我选择了我看好的回调形态的参数，然后简单地颠倒这些参数，我做空，而不是购买那些符合条件的候选股票，会发生什么？答案是经过几个月的回溯和实盘交易后得出的：我赚钱了！尽管阴跌反弹对我来说一直是一种纯粹的技术手段，尤其是在震荡的市场中，但将其应用到我们预先筛选过基本面的看跌名单后，该形态的盈利能力达到了一个全新的水平。

反弹形态实际上与前文提到的回调形态刚好相反。下面是对一只股票的三个主要走势的分析。我们正在寻找一只强势或弱势下跌的股票（步骤 1），但该股票已从低点开始反弹，达到主要移动平均线（步骤 2），此处应作为阻力位，从而使该股票恢复下跌趋势，走向新低（步骤 3）。我们正在寻找已经经过了步骤 1 和步骤 2，现在准备进行步骤 3 的股票，我们打算从中获利。步骤 2，阴跌反弹本身，被称为"回归均线"。我们将在第二十章学习。我们正在寻找那些走得太远、太快、远离主要移动平均线，又迅速回到该平均线的股票，而现在，随着这些指标数值的重置，它们已经准备好恢复主导趋势。

我们总是等待进入阴跌反弹的形态，直到我们得到超买条件的确认——我们将使用与回调形态中使用的相同的随机指标——以及某种看跌 K 线形态。这轮阴跌反弹本身可能只是卖空者大量的短期获利回吐，或是一次逼空（由于出人意料的反转，卖空者被迫平仓并回购股票），或是回应消息，或是盈利公告，或是整体市场的普遍看涨。不管怎样，一旦这种对股票重新估值的作用发挥出来，指标有机会从超卖水平重新调整，主导趋势通常会再次出现。由于我们的看跌名单中的股票已经被认为表现不佳，因此我们的胜算很大。这种情况发生的可能性增加了。尤其是当大盘出现看跌趋势时，出现的阴跌反弹。记住，股市往往下跌比上涨快，相对于其看涨趋势中的回调形态，阴跌反弹的走势有可能在更短的时间内赚更多的钱。

关键指标：在反弹形态中有以下几个关键指标。

- 第一，你应该确定一只强势或弱势下跌的股票，它的反弹已经触及下跌 20 日均线（强势下跌）或 50 日均线（弱势下跌）。如果这条移动平均线与位于下降趋势高点上方的下降趋势线重合，或者位于下降趋势线附近，那就更好了。请注意，阴跌反弹本身应该是持续了几天的反弹，而不是大幅度的跳高缺口，或是一根"长阳线"的反弹（一个单日内的大幅上涨）。如果反弹的角度在45度左右或更小，并且呈锯齿形或a-b-c形，也是非常理想的。

> **定义**：处于下跌趋势的股票，是指不断创出较低的高点（最好是更低的低点，但严格来说，这是没有必要的）的股票。强下跌趋势的股票的20日均线持续下跌，并且低于下跌的50日均线。下跌趋势越强，这两条均线分开得越远。弱下跌趋势的股票的20日均线大部分时间在下跌，并且大部分在下跌的50日均线以下。

- 第二，随着价格的回调，随机指标［设定为（5，3，3）］大幅上升或高于超买的80线。这一指标证实了下跌的股票目前在短期内处于超买状态。
- 第三，当前的K线必须有一个实体的阴线（或黑色实体K线），表明这一天的收盘价低于开盘价。如果当前的K线形态是我们之前名单中的看跌形态之一（倒锤线、阴线反包、均线下穿或看跌十字星），都是理想的。如果当天的K线为阳线（或白色K线），表示收盘价高于开盘价，则应采取观望的态度。你应该在下一个交易日再一次查看该股票。
- 第四，上涨至该移动平均线的价格一定是某种看跌K线（十字星、阴线反包、墓碑线、上吊线、看跌十字星等）。如果出现的是阳线（收盘价高于开盘价），那么这是一个观望的条件。应该在下一个交易日再做一次检查。
- 卖空信号：这四个关键指标显示出卖空信号，该股已准备好以反弹形态入选做空名单之中了。

反弹形态的筛选：反弹形态最经常发生在弱趋势熊市的市场中，一般是遭受了短期的股价盘整或空头平仓之后。在盘整阶段，它们也可能出现在强势下跌的市场中，因为在"阴跌"模式下，看跌的高贝塔股往往比一般市场反弹得更快。虽然阴跌反弹经常发生，但在市场周期的自然过程中，有时反弹形态并不经常出现，在这种情况下，你应该尝试我们的其他看跌形态。

如果你不想在看跌观察名单上的股票的走势图中寻找这一形态，还可以使用 Metastock 的趋势交易工具包，在上传的看涨观察名单上运行预编的阴跌反弹研究，或者你可以在"在线筛选工具"中构建自己的反弹自选股。你将需要一个工具，它允许你构建定制的技术自选股，并将这些自选股应用到你上传的观察名单之中。不是所有的工具都能做到这一点。Metastock、Stockcharts、StockFetcher 和 Trade Ideas Pro 都是可以执行这两个功能的筛选工具。

要使你自己筛选的阴跌反弹自选名单在你的定制自选股中运行，请将以下条件输入你选择的筛选工具中，并在看跌观察名单中运行：

- 针对上一次收盘时，所有股票须符合以下条件：
  ◇ 当日收盘的 20 日均线低于当日收盘的 50 日均线。
  ◇ 当日收盘的 50 日均线低于当日收盘的 200 日均线。
  ◇ 当日收盘的 50 日均线低于 10 天前收盘的 50 日均线。
  ◇ 当日收盘的 20 日均线低于 5 天前收盘的 20 日均线。
  ◇ 当日的每日随机指标 %K（5，3，3）大于 80.0。
  ◇ 当日收盘价低于当日开盘价。

在市场周期的自然过程中，有些情况下，反弹形态并不经常出现。如果你在主要观察名单上找不到任何像样的阴跌反弹形态，你可以尝试使用一个特殊的筛选条件来搜索。当我这样做的时候，我将以下标准输入筛选工具：

- 针对上一次收盘时，所有股票须符合以下条件：
  ◇ 当日成交量的 60 天简单移动平均值大于 500000。
  ◇ 当日收盘的 60 天简单移动平均线大于 10。
  ◇ 当日的 K 线图出现阴线反包形态。
  ◇ 当日收盘的 20 日均线低于当日收盘的 50 天简单移动平均线。
  ◇ 当日收盘价大于 5 天前的收盘价的 1.15 倍。

通常，根据市场情况，界面上会出现 6 只股票。如果名单太长，我将把成交量增加到 1000000，5 天前的收盘价乘数将增加到 1.20。如果名单太短，我将乘数减小到 1.10 或更小。

图表说明： 图 15.1 显示了蓝鸟生物公司（bluebird bio, Inc.，股票简称 BLUE）的 7 个反弹形态的位置。蓝鸟生物公司（以下简称蓝鸟生物）是免疫治疗和基因编辑领域的生物技术公司。像大多数只靠预期未来而交易的研究型生物技术公司一样，蓝鸟生物的净收入为负，销售额微不足道，股价却高达 200 美元左右。它的 Zacks 等级通常为 3（生物科技股的典型情况）。我们注意到在图 15.1 的最左边，BLUE 处在一个强大的上升趋势之中。然后我们注意到出现了 3 个看跌的信号：20 日均线横穿 50 日均线，50 日均线走势已趋于平缓（位置 1），之后 50 日均线开始下降（位置 2）。20 日均线横穿 50 日均线，开启了阴跌反弹的可能性。因此，一旦注意到这一点，我们将定期监测该股的随机指标和 K 线卖空信号。

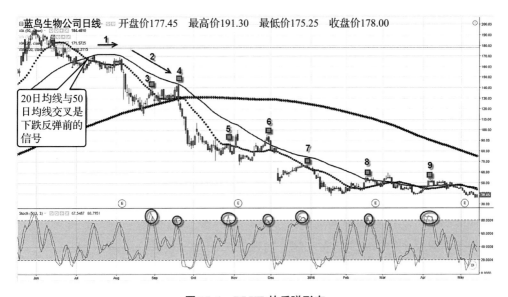

图 15.1　BLUE 的反弹形态

图由 TradingView.com 提供。

均线横穿不到两个月后，我们得到了第一个阴跌反弹信号（位置 3）。在这里，我们看到所有的关键指标都到位了：20 日均线在下跌的 50 日均线之下，随机指数上升到 80 以上（超买），并且此处出现一根阴线，这是买入信号。这笔交易花了几周时间才开始，但如果将止损点设在 50 日均线，那么我们将有足够长的时间来做空，以享受下一轮阴跌反弹信号（位置 4）所引发的暴跌。在位置 4 的交易相当成功，在收盘买入后的 7 个交易日内净赚 35%。位置 5 距离 50 日均线太远了，所触发的信号让我们在此处止步，但仅仅在 4 天后，又出现了一轮可能会阻止我们出局的阴跌反弹。不用担心，接下来的 4 个信号弥补了损失。位置 6 的信号抓住了跳空缺口带来的收益，而位置 7、8 和 9 的交易也在下跌主导趋势中做空，获得小额的收益。总的来说，包括损失，我们正在看的这张图，它在 8 个月内为我们带来了 147% 的回报率（220% 的年化收益率），尽管从左到右来看，股票损失了近 75% 的市值。

图 15.2 显示了健康宠物食品制造商 Freshpet，Inc.（股票简称 FRPT）的走势。该公司早在 2014 年就上市了，在禁售期结束后不久，公司的股价开始暴跌。尽管此后股价有所回升，但公司仍不盈利，市销率高达 4.8（必须低于 2 美元才有可能看涨），当时 Zacks 等级为 4（"卖出"）。在图 15.2 中，我们看到看跌信号在位置 1 的均线横穿处出现，紧接着股价在位置 2 处突破 50 日均线。我们的第一个反弹信号就在那之后出现（位置 3），该股从 21 美元左右大幅下跌至 16 美元以下的低点，在短短 7 个交易日内最高回报率为 24%。在位置 4 的交易非常棒，耐心持有的人看到一个潜在的回购价格 10 美元后，在一根长期看跌的阴线反包出现时买入，收盘价略高于 18 美元（获得 44% 的回报率）。位置 5 和位置 6 的交易进展不大，直到该股出现一个跳空开盘缺口，每股最大收益超过 40%。位置 7 和位置 8 的交易的潜在利润分别为 13% 和 33%。在这张图上，8 个月的最大总利润达到了 154%（折合年化收益率为 231%）。注意，在位置 9 时，我们看到 20 日均线走势高于 50 日均线。如果在这段时间内有任何新的反弹信号释放（的确没有），它们就不是有效的信号。

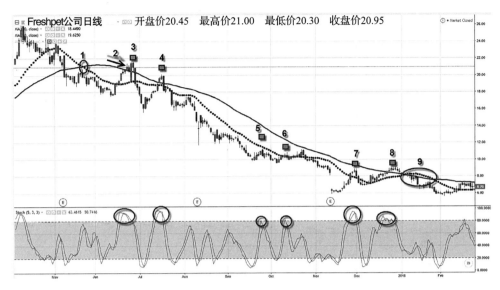

图 15. 2 FRPT 的反弹形态

图由 TradingView. com 提供。

如何增加成功的概率：对于反弹形态，当应用于我们的看跌观察名单时，已经经过了基本面分析和技术指标的预筛选，由此，已经使我们的成功概率大大增加。但是，我们还可以通过一些方法来增加成功的概率，当有几只候选股票触发卖空信号时，我们可以选择最好的候选股。包括但不限于以下内容：

- 倾向于市销率最高的阴跌反弹候选股。

- 如果你在使用 Finviz 软件（Zacks 等级在 3. 0 以上的都有利于做空），支持 Zacks 等级最高（5 是最高的）或分析师建议最高的阴跌反弹候选股。

- 排除因出现较大的跳高缺口导致反弹的任何一只阴跌反弹候选股。

- 排除下跌角度大于 45 度的任何一只候选股。

- 倾向于在强劲的下跌趋势中，20 日均线远低于 50 日均线的候选股。

- 倾向于出现在 50 日均线以下并尽可能接近 20 日均线的阴跌反弹信号。

- 倾向于在 20 日均线和 50 日均线同时下跌时，所释放的反弹信号。

数据表现：你在这里所学到的反弹形态，已经在实时交易中测试了很多年。这是我早在 1999 年就开发的第二个交易系统，所以我已经真金白银地交易了 20

多年。为了演示系统的性能，我使用 Metastock 趋势交易工具箱中的 relief-rally 探索工具做了一些回溯测试，该工具应用于看跌观察名单筛选的研究向导中的各种回溯测试。这种测试也有缺点，就像使用回调形态一样。第一，后验数据是机械的，不能解释交易者的错误。第二，回溯测试不能考虑交易者的自由裁量权，因为当运行一次筛选工具产生几只候选股时，交易者必须决定哪一只最适合交易，或者决定提前结束交易。第三，系统的回溯测试无法剔除那些由于大幅跳高缺口或单日"长阳线"反弹而触发的阴跌反弹形态的股票。

除了这些警告性的注意事项之外，还应该补充一点，过去的表现，无论是从实际交易还是从假设的回测来看，都不能保证系统今后会以同样的方式表现。有了这些警告，让我们看看在 5 年（2013—2018 年）的回溯期内（应该注意的是，这是一个牛市时期），我们的看跌观察名单股票（每季度更新一次）中有关反弹形态的设置是如何执行的，所以当我们看跌趋势交易（如反弹形态）的回报时，要考虑到这一点。

在我们的测试中，使用了跟踪止损、目标价格以及再投资利润。标准普尔 500 指数是基准指数。事实上，这一形态击败了标准普尔 500 指数近 50000 个基点的 α，证明了这种趋势交易方法的强大（见图 15.3）。请记住，由于在交易选择中使用了自主判断，实际交易结果可能比这里所表现的要好。

5 年回溯：反弹形态（2013—2018 年）			
启动资产	$10000	总交易数量	476
期末资产	$68217	交易成功数	280
总收益	$58217	交易失败数	196
总回报率	582.2%		
年化回报率	46.4%		
基准指数：标普 500		总回报率	90.0%
		年化回报率	13.6%

图 15.3　5 年期反弹形态的回溯测试

第十六章
下跌缺口形态

市场类型：下跌缺口形态最适合用于：

● 强趋势牛市

● 弱趋势牛市

● 区间震荡市场

特征：我们首先要注意的是，没有与第十章中看涨的螺旋弹簧形态相对应的看跌形态。我对股价看跌走势的研究表明，无论什么形式的螺旋形态（上升三角形、下降三角形、旗形、三角旗形等），伴随着下跌趋势，往往会导致看涨反转，而不是主导趋势的延续。有一些方法——技术上的和基本面的——可以使这些机会对我们有利，但它们不在本书的研究范围。我在这里提供的不是螺旋弹簧形态，而是一种不同的图形走势。几十年来，众多交易者一直在使用这种走势，希望从意外的坏消息带来的动量反转中获利。

与第十三章描述的底部看涨突破形态一样，下跌缺口形态采用了一种反向交易风格。在这里，我们不希望看到新趋势的延续；相反，我们正寻求抓住旧趋势的逆转。这一形态所交易的股票已经在一段时间内处于强劲上升趋势，但刚刚走出一个未填补的跳空缺口；也就是说，它以巨大的下跌缺口开盘，并且在收盘时都无法弥补。我们要求这一缺口是对某些坏消息的反应，而不是对市场普遍疲软的反应。这种形态要求只有在建立了一个新的高值（至少三个月的最高价格）之后，才有跳空缺口。这就是它们在牛市中表现最好的原因。任何在熊市中攀上新高的股票都是避险股票，卖空者应该避免。但在牛市创下新高的股票，一旦遭遇坏消息，容易出现逆转。为什么？因为当所有的股票都在上涨时，有那么多好的股票可以选择。因此，当坏消息导致强势股票出现开盘缺口时，这可能引发获利者和投机者的仓促退出，尽管他们曾经有过一段愉快的经历，但现在却在寻找更好的目标。值得注意的是，这种形态往往需要几天的时间开始，因为逢低买入的人，尤其是在牛市中，可能会支撑一段时间再选择出价。一旦转入市场下跌，他们通常在跳空缺口后随即抛售。请记住，就像第四部分中的所有形态一样，我们正在将这个形态，应用到我们的看跌观察名单中。这些股票，由于我在第七章中所解释过的原因，通常其交易超出可持续估值和增长指标，并且随着时间的推移，其表现一直弱于整个市场。在这种情况下，我们在这些股票经过了长期的上涨之后做空这些股票，这使得它们的估值更高，再加上意外的坏消息，这便是一个成功的组合！

在我们研究这一看跌形态的细节之前，还有最后一点需要补充：它现在出现的频率远远低于本书第 1 版编写时出现的频率。这要归咎于高频交易。当我最初写《以趋势交易为生》的时候，程序化高频交易（HFT）当然也已出现，但它占总交易量的比例小得多。在 2005—2006 年，HFT 占据市场总成交量的 20% ~ 25%。如今，这一数字已接近 60%，增长了近三倍。[一]出于建立一个有序市场的本意，HFT 算法扫描全市场的不平衡交易，并通过每秒触发数千笔交易来利用这些不平衡，造成人为的供需平衡，并从中套利。实际上，这意味着当日的跳空缺口（或跳高缺口）往往会被日内交易填补，而我们在这种形态中要寻找的是未被填补的缺口。HFT 也倾向于在缺口处阳线买入，而我们则希望在阴线处买入。没关系，即使我们不能像以前那样频繁地使用，这一形态仍然是一种有利可图的交易方式。这种形态的出现往往会使我们的交易时间大大缩短，至少从年化收益率的角度看，一旦市场和股票特定风险的敞口被低估时，我们最有可能实现盈利。

关键指标：下跌缺口形态很容易被发现并且交易。具体情况如下：

[一] Frank Chaparro，"高频交易如何改变股市"，《商业内幕》，2017 年 3 月 20 日，2018 年 5 月14 日查阅。

- 第一，我们需要确定该股处于稳定的上升趋势之中。在此形态中，我们给"稳定的上升趋势"下了一个定义，如下所示：

  ◇ 在过去60个交易日（或3个月）内，50日均线基本上一直在稳步上升，没有出现任何重大下跌。

  ◇ 至少在过去40个交易日（或两个月）内，价格基本保持在50日均线之上。

- 第二，当天的K线在收盘时要形成一个"下跌缺口"（见定义）。

> **定义：** 当市场收盘时，一只股票的日内最高价格至少比前一交易日的日内最低价格低1%时，即为下跌缺口。请注意，一只股票在第一个关键指标中定义的上升趋势之后出现下跌是不够的，还必须是当天的高点至少比缺口前一天的低点低1%，才可以被称为"下跌缺口"。

- 第三，下跌缺口形态一定是由某种坏消息造成的，而不是由特别股息或整体市场疲软引起的。这方面的例子可以是收益报告、分析师降级、收益预期下调（这是一个特别有效的催化剂）、集体诉讼、产品召回、股票分配（并不总是负面的，但通常意味着公司有太多债务或现金流不足），等等。该消息对公司有害。

- 第四，当天的K线必须是阴线（收盘价低于开盘价）。如果它是阳线，则完全否定该形态。我们不等待阴线，而是继续寻找另一只股票的缺口。

- 卖空信号：当满足上述这四个条件时，就会触发卖空信号，可以在出现下跌缺口当天收盘或第二天开盘时入场（在许多情况下，这是最好的入场时机）。

下跌缺口形态的筛选： 下跌缺口形态最常出现在牛市中，无论强弱。理想的目标是上涨幅度过大、上涨速度过快且适合抛售的股票。利空消息只是作为最终会发生的抛售事件的催化剂。请记住，我们预先筛选的看跌观察名单是针对那些没有盈利预期或实际盈利低于预期的所谓高估值股票进行排序的，其中已经包含了容易受到强劲抛售事件影响的股票。出于这个原因，一旦我们找到满足前面所述的四个要求的目标股票，并且在下跌缺口日收盘时建仓，我们有理由相信我们的空头交易头寸将呈现强劲的下行趋势。

下跌缺口形态很容易在您的观察名单图表上出现。如果你想机械地寻找它们，那也很容易。这一形态可以纯粹机械式地筛选——或几乎如此。因为有可能在不完全满足第一个关键指标的情况下让股票通过筛选（但这种情况很少见）——而你对合格候选股的名单所要做的就是查看新闻提要以确定是什么导致了缺口出现。我已经将 Gap Down 探索编码到 Metastock 的趋势交易工具包中，只需单击鼠标，您就可以每天在您上传的看跌观察名单上运行筛选。或者，您可以在在线筛选工具中构建自己的看跌预筛选。您需要一个工具，让您既可以构建自定义技术界面，也可以将这些界面应用到您上传的观察名单中。并非所有工具都能做到这一点。Metastock、Stockcharts、StockFetcher 和 Trade Ideas Pro 是可以执行这两种功能的筛选工具的示例。

要使用您自己的定制界面筛选下跌缺口形态并进行交易，请将以下标准输入您选择的筛选工具并在看跌观察名单中运行它：

- 上一个交易日收盘：
- 所有的股票符合：
  - 缺口向下 [一些工具将此预编程为筛选条件；如果没有，你可以使用以下参数：今日高点 < （昨日低点 × 1.01）]。
  - 今日收盘 < 今日开盘。
  - 今日收盘价的 50 日简单移动平均线 > 20 天前收盘时的 50 日简单移动平均线。
  - 今日收盘价的 50 日简单移动平均线 > 40 天前收盘时的 50 日简单移动平均线。
  - 今日收盘价的 50 日简单移动平均线 > 60 天前收盘时的 50 日简单移动平均线。
  - 昨天收盘价 > 收盘时的 50 日简单移动平均线。
  - 20 天前收盘价 > 收盘时 50 日的简单移动平均线。
  - 40 天前收盘价 > 收盘时 50 日简单移动平均线。

图表说明：图 16.1 为阿里巴巴集团控股有限公司（以下简称阿里巴巴，股票简称 BABA）的图表。由于估值指标不佳，我们将其列入看跌观察名单。BABA 的市销率目前为 12.7，Zacks 等级为 3。阿里巴巴是中国最大的上市公司之一，它相当于亚马逊、谷歌和 Paypal 合而为一的庞大企业集团。在图 16.1 中，我们看到了两个可能盈利的下跌缺口形态。请注意持续的且相当陡峭的上升趋势（位置 1），如急剧上升的 50 日移动平均线（实线）所证明，价格在整个期间大多保持在该线上方。还要注意的是，在 11 月下旬，关于债券分配的消息让阿里巴巴的股票出现了跳空缺口，这将产生每股 20 美元的快速转向交易，只有缺口本身才略低于 1% 的要求。但是在位置 2 时，我们看到了真正的反转。2018 年 2 月 1 日，阿里巴巴的股价因收益低于预期而下跌约 4%（专业提示：如果您使用 TradingView 并看到下跌的缺口，请查看图表底部，圈出的"E"表示"收益"），而且，尽管努力缩小缺口，盘中的走势最高点比前一天的低点低 1.6%。缺口日的 K 线也以红色（下跌）收盘，给出我们一个有效的入场信号。第二天开盘，再加上 6 天的持有，将产生每股约 26 美元的最大收益（位置 3），或略高于 13% 的收益率。

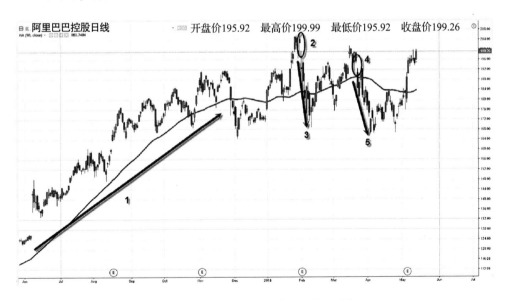

图 16.1　阿里巴巴控股的下跌缺口形态

图由 TradingView.com 提供。

第二次下跌缺口（位置4）的出现是由于隔夜有消息称美国政府可能对中国进口产品征收关税，当天收盘为红色（下跌）。这一政策变化将大幅削减阿里巴巴的利润，让投资者有理由将 2017 年年末反弹期间获得的利润落袋为安。出现缺口后第二天的做空，再加上 8 天的持有，使我们的潜在最大收益超过每股 20 美元，或接近 11%。这两项下跌缺口交易加在一起，有不到 3 周的市场机会，可获得 24% 的收益（或年化收益率达到 445%）。另外，我们应该注意到，在图 16.1 中唯一的指标是 50 日简单移动平均线。下跌缺口形态是一种纯粹的价格游戏。我们只使用移动平均线来确认上升趋势，但在那之后，一切都与价格有关。

在图 16.2 中，我们看到了生物科技公司 Editas 医学公司（Editas Medicine，股票简称 EDIT）的走势图，这是一家由麻省理工的天才张锋创建的基因组编辑公司。作为一家典型的研发型生物技术公司，EDIT 达到了 95.7 的超高市销率，Zacks 等级为 3，这是生物技术类股票的一贯表现。在图 16.2 左侧，我们看到了从 2017 年 12 月上旬到 2018 年 3 月底持续了近三个月的上升趋势（位置 1）。有消息称，张锋正在将部分技术剥离到一家竞争对手的公司，这引起了投资者的恐

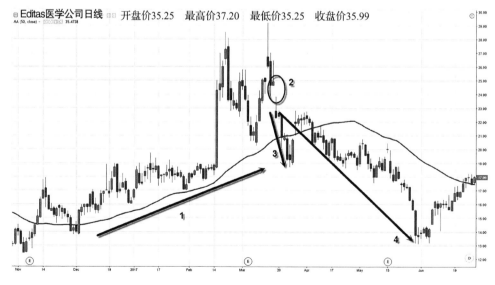

图 16.2　EDIT 的下跌缺口形态

图由 TradingView. com 提供。

慌。EDIT 的股价开盘下跌超过 7%（位置 2），盘中又填补了部分缺口——毫无疑问，这是 HFT 的结果，但收盘价却仍低于开盘价，给了我们所需的阴线。从第二天的开盘记录来看，股价又快速下跌接近 4 美元，在之后短短 5 天的交易中，做空的最大利润超过 17%（年化投资回报率达到 884%）。请注意，如果趋势交易者有更多的耐心，他们可以再持有 10 周的头寸，以获得超过 40% 的更大收益（位置 4）（年化投资回报率为 208%）。考虑到长期市场风险敞口（尤其是生物科技股）带来的风险增加，以及年化回报率下降，在位置 3 快速卖出，是最佳退出方式。

如何增加成功的概率：当下跌缺口形态从我们的看跌观察名单筛选出时，已经对其基本面指标和技术指标进行过预筛选，从而提高了我们成功的概率。但是，我们还可以通过一些方法来进一步提高我们的成功概率。当有几只候选股票触发卖空信号时，我们可以选择最好的候选股。这些信号包括但不限于以下内容：

- 倾向于市销率最高的下跌缺口形态的股票。
- 如果你正在使用 Finviz（Zacks 等级在 3 以上的任何股票都有利于做空），那么你最好选择 Zacks 等级最高的（最高为 5）或者分析师建议卖出的候选股票。
- 倾向于之前的反弹角度大于 45 度的下跌缺口的候选股。
- 倾向于出现缺口的前一天收盘价与 50 日均线距离最大的候选股。
- 倾向于出现与公司收益相关的负面消息和（或）涉及下调收益预期（这些因素与价格下跌势头密切相关）的下跌缺口形态的候选股票。

数据表现：跳空下跌缺口的走势，已经实时交易测试了很多年。为了展示其系统的性能，我使用 Metastock 趋势交易工具包中的"下跌缺口研究工具"进行了一些回溯测试，并将其应用于看跌观察名单中进行筛选，使用研究向导中的各种回溯测试。这种测试也有缺点，就像回调形态和反弹形态一样。除了上述回测特有的问题外，编码到趋势交易工具包中的下跌缺口筛选或研究，有时会允许不完全符合下跌缺口形态的候选股票通过筛选（有可能是因为之前的反弹不够充分），或者如果在买入之前仔细观察图表的话，就不会错选（例如，相对于前一轮反弹，下跌的缺口太大）。对 Metastock 下跌缺口形态的回溯测试确实让我们了解了这个看跌的形态的一些表现。

值得注意的是，过去的表现，无论是真实交易还是假设性的回溯测试，都不能保证系统在未来会以相同的方式运行。有了这些警告，让我们来看一下，在 5 年回溯期（2013—2018 年）一个相当好的市场期内，我们看跌的观察名单股票（每季更新）的下跌缺口形态是如何表现的。因此，在我们观察类似下跌缺口的看跌趋势交易的回报时，要考虑到这一点。还应考虑图 16.3 中的数据，包括持有现金的时间。由于下跌缺口形态往往是我们从入市到抵达目标或止损的短线交易，满仓投资的实际回报率将高于此处所示的回报率。

在测试中，我们使用了跟踪止损、目标价格形态和利润再投资。标准普尔 500 指数是我们的基准指数。事实上，这一形态的回报率超过标准普尔近 3.5 倍，证明了这种趋势交易方法的强大（见图 16.3）。请记住，由于在交易选择中存在主观的判断，实际交易结果可能比这里所表示的要好。另外，请注意这里的样本量比较小，这也是我们在本章引言中指出的原因。

5 年回溯：下跌缺口形态 （2013—2018 年）			
启动资产	$10000	总交易数量	79
期末资产	$67704	交易成功数	50
总收益	$57704	交易失败数	29
总回报率	577.0%		
年化回报率	46.2%		
基准指数：标普 500		总回报率	90.0%
		年化回报率	13.6%

图 16.3　5 年期下跌缺口形态的回溯测试

第十七章
看跌背离形态

市场类型：看跌背离形态最适合用于：

- 区间震荡市场
- 弱趋势熊市
- 弱趋势牛市

特征：就像看涨形态中所对应的形态一样，这种形态对我们来说非常好用。我们可以在各种市场环境下使用它，甚至在牛市期间仍可以使用。事实上，市场大约80%的时间都处在区间震荡或是弱趋势环境之中，这种形态在这些条件下非常有效。此外，我们的看跌观察名单往往会引发相当多的破位下跌的走势，所以总是有一个或多个此类交易作为你的趋势交易组合的一部分。看跌背离形态的有利因素和我们讨论过的底部看涨突破形态的情况是一样的：这是一个有可能出现大幅波动的形态。在破位下跌时进入市场，很可能会让你在新一轮重大周期走势的开始时步入股市，特别是考虑到我们只卖空那些按业绩估值过高的公司的股票，而这些公司的盈利前景没有得到改善，甚至还在下降。不利的一面是，破位下跌形态之下的持股期往往比其他形态下要长，所以你可能需要一些耐心来等待那些大幅波动的出现。

作为趋势交易者，我们使用看跌背离形态来精确定位长期反弹的顶部，通常比长期下跌趋势中的反弹形态中看到的反弹持续时间更长，幅度更大（见以下定义）。在看跌背离形态中，我们寻找的是目前正在经历实质性反弹并刚刚进入一系列更高或同等价位高点的下跌股。这一系列的高点中需要至少有两个高点，以便有一个比较的基础。在确定了股价走势（一系列较高或同等价格的高点）之后，看跌背离形态将参考两个或更多的技术指标。这些指标用于确定卖空的信号。

当股价至少出现两个连续新高，或者同等价格水平的高点，与此同时，两个或两个以上的技术指标连续出现低于前高的高点时，就会出现看跌卖空信号。股价和指标之间的这种"分歧"就是我们所说的"背离"。当价格处于较高或同等价格的高位，但技术指标却低于前高时，这就是在告诉我们，在每一个新低位，造成这些股价拉升的力量的相对强度在下降，而不是在增加。或者换一种说法，价格和指标之间的看跌背离表明，上涨势头正在减弱，而转向下跌趋势的可能性逐渐显现。这种走势提供了一个机会，该股在被抛售并开启长期下跌趋势之前，在被以不可持续的高价做空。

关键指标： 这种看跌背离形态依赖于价格走势和一些技术指标。具体情况如下：

- 我们需要确定股票处于长期下跌趋势（见定义）中。这支持了这样一种观点，即我们买入时的大幅反弹只是暂时的反常现象。

> **定义：** 确定长期下跌趋势最简单的方法是在日线图上注意到 50 日均线（可以上升也可以下降）在下跌的 200 日均线以下运行。注意：下跌的 200 日均线是关键；这是下降趋势的信号。一旦 50 日均线上穿 200 日均线，即使 200 日均线仍在下跌，长期下跌趋势也会被否定。

- 当股价走势满足以下三个条件，看跌背离形态有效：

1）它在 50 日均线以上反弹。价格是高于 200 日均线还是低于 200 日均线无关紧要。

2）在该反弹期间，股价至少会出现两个明显的价格高点，最近的高点高于或等于前一个高点，两个高点之间至少相隔 5 个交易日。

3）最近的价格高点对应的以下两个或两个以上的技术指标在走低：MACD 曲线、MACD 直方图、随机指标、RSI、OBV 和 CCI（在第三章中指定的设置）。

● 卖空信号：当满足这三个条件时，一系列低点后的第一个阴线触发卖空信号，优先于看跌 K 线形态（如：倒锤线、破位下跌、阴线反包、黄昏之星等）。

看跌背离形态的筛选：就像看涨的底部背离形态一样，由于不可能建立一个 100% 准确测量看跌背离形态的参数设置，所以最好仔细观察图表，来寻找新的看跌背离形态。如果你想使自己的研究过程更加自动化，可以做以下几件事中的一件。你可以使用我在 Metastock 的趋势交易工具包中构建的看跌背离研究工具，虽然它并不完美，但非常接近于该形态，当市场波动或不稳定时，它会出现许多有效的形态。如果你使用 Finviz 作为主要筛选工具，你可以添加筛选工具到你的看跌观察名单中，根据该形态的要求，找到交易价格高于 50 日均线，同时 50 日均线低于 200 日均线的股票。然后，你将这些股票转移到交易列表（TradingView）或任何你正在使用的图表包中，以观察通过筛选的看跌背离指标的股票名单。请注意，Finviz 在其免费版本中不允许在图表上显示指标。如果升级到 Elite 版本，可以将技术研究应用到图表中，并在一个站点上对此形态进行全部分析。

如果你想建立自己的看跌背离自选股，你可以使用以下参数，记住，你需要进一步查看图表以确定符合条件，因为下面的条件可能会允许一些与该形态不符的股票通过筛选：

● 在前一个交易日收盘时，所有股票须符合以下条件：

◇ 当日收盘的 50 日简单移动平均线小于当日收盘的 200 日简单移动平均线。

◇ 前一交易日高点高于或等于 20 天前的日高点。

◇ 前一交易日高点高于或等于 5 天前的日高点。

◇ 当日的 MACD 直方图（12 - 26 - 9）低于 15 天前的 MACD 直方图（12 - 26 - 9）。

◇ 当日的 MACD（12 - 26 - 9）数值小于 15 天前的 MACD（12 - 26 - 9）数值。

◇ 当日的随机 %K（5 - 3 - 3）指标小于 15 天前的随机 %K（5 - 3 - 3）指标。

◇ 当日的 OBV 指标小于 15 天之前的 OBV 指标。

◇ 当日的 CCI（20）指标小于 15 天前的 CCI（20）指标。

◇ 当日的日 RSI（5）指标小于 15 天前的日 RSI（5）指标。

◇ 当日的开盘价低于收盘价。

图表说明：在图 17.1 中，我们看到了 Workday 公司股票（Workday，Inc.，股票简称 WDAY）的走势图。这是一家应用软件公司，其产品可帮助企业进行财务管理。该股整体表现良好，自 2012 年首次公开发行（IPO）以来，回报率高达 160%。不过，从估值角度来看，该股的价格日趋走高，因此很容易遭到大幅抛售。在图 17.1 中，我们看到了这样的抛售。在这一切发生之前，我们的看跌背离形态设置已经很好地提示了我们。怎么用？首先，我们在图 17.1 上看到，从左到右，200 日均线（图中虚线）稍微向下倾斜，并且在持续时间内高于 50 日均线（图中实线）。在位置 1 处，我们看到两个价格相同高点相隔 8 个交易日。在这两个价格高点之下，我们看到 CCI 指标（位置 2）和 RSI 指标（位置 3）逐

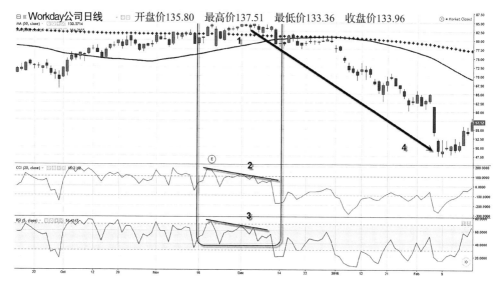

图 17.1　WDAY 的看跌背离形态

图由 TradingView.com 提供。

步走低。这一特征出现在图上时，一旦我们看到收盘时出现阴线，即标志着卖空信号出现了。请注意，这笔交易花了大约一个月的时间才真正开始。正如我所说的看涨背离形态有可能捕捉到大的市场波动，但它也需要比其他形态持有更长的时间。如图 17.1 所示，WDAY 花了大约 8 周时间从 83.61 的买入价下跌到 47.32 的最低点，做空收益率为 43.4%（年化收益率为 282%）。这样的收获是值得等待的！

在图 17.2 中，我们看到了安特罗合伙企业（Antero Midstream，股票简称 AM）的走势图，这是一家有限合伙企业，拥有不断扩张的石油和天然气资产组合。安特罗合伙企业的成长速度相当惊人，像大多数有限合伙企业一样，有良好的股息收益，但其估值指标几乎乏善可陈。当时股价的市销率为 6.3 左右，Zacks 等级为 4。在图 17.2 中，我们看到了一个典型的看跌背离形态。200 日均线（图中虚线）向下倾斜，50 日均线（图中实线）低于 200 日均线（个别点除外），在 2017 年 11 月下旬股价触底后，又连续创出一系列高点。一旦最终的价格高点出现（位置 1），我们就可以在下面看到，CCI 指标（位置 2）和 RSI 指标（位置 3）

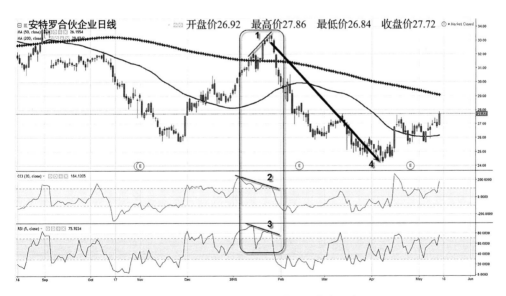

图 17.2 安特罗合伙企业的看跌背离形态

图由 TradingView.com 提供。

都连续走低（MACD 直方图也是如此，只是图上没有显示）。在股价高点之后的第一个阴线，将是我们做空交易的开始。仅仅在 9 周后，该股跌至 24.20 美元的极端低点（位置 4）。这意味着做空的最大回报率为 24.7%（年化投资回报率为 142%）。

如何增加成功的概率：经过对基本面和技术指标预筛选的看跌背离形态的候选股票，其成功的概率已经较高。但是，我们还可以通过一些方法来提高我们选择最佳候选股票的成功概率。当有几只候选股票触发卖空信号时，我们可以选择最好的候选股，包括但不限于以下内容：

- 倾向于市销率最高的看跌候选股票。
- 如果你正在使用 Finviz（Zacks 等级在 3 以上的任何股票都有利于做空），那么你最好选择 Zacks 等级最高的（最高为 5）或者分析师建议卖出的候选股票。
- 倾向于之前的反弹角度大于 45 度的看跌背离形态候选股。
- 倾向于最后一个股价高位，即指标出现背离的高点，也是距离 50 日均线最远的高点的看跌背离形态候选股。
- 倾向于 200 日均线向下倾斜最明显的看跌背离形态候选股。

数据表现：虽然我已经将看跌背离形态编码到 Metastock 的趋势交易工具包中，如果使用 Metastock 作为回溯测试工具就像其对应的看涨的底部背离形态一样，看跌背离形态也很难不出现筛选的失误。因此，获得历史表现数据的唯一方法是在我们的看跌观察名单上运行趋势交易工具包，在 5 年的回溯期内进行看跌背离研究，然后在目标周期内的图表上仔细观察是否有符合条件的形态。这就是我所做的。我在看跌观察名单中进行筛选并回溯，将其上传到 Metastock 中，然后定期对该观察名单进行回溯看跌背离研究。随后，通过历史图表对最终通过筛选的股票进行了准确的看跌背离形态的认定。我用买入信号后一交易日的开盘价作为买入价，用高于触发买入信号的最后高点的价格作为卖出价，用买入后的最高低点后的第三个交易日的收盘价来获利退出。主观性和较小的样本量（5 年内 69 次交易）限制了数据的可靠性。但我们已经尽可能接近了解这种交易方式的潜在收益。请注意，尽管在我们的回溯期内，看跌背离形态是所有走势中回报率表现最差的一种，但在牛市期间，看跌趋势交易策略的回报率仍高于标普 500 指数 300% 以上，这一事实凸显了其强劲的盈利潜力。

同样应该说明的是，过去的表现，无论是从实际交易还是从像这样的假设性回溯测试来看，都不能保证系统今后会以同样的方式表现。有了这些提示，让我们看看在 5 年的回顾期（2013—2018 年）内，看跌观察名单股票（每季度更新一次）的看跌背离形态是如何表现的——应该注意到，这是一个相当长的牛市期——并将这些数据与同期的标准普尔 500 指数进行比较，见图 17.3。

5 年回溯：看跌背离形态 （2013—2018 年）			
启动资产	$ 10000	总交易数量	69
期末资产	$ 111557	交易成功数	41
总收益	$ 101577	交易失败数	28
总回报率	432.1%		
年化回报率	39.7%		
基准指数：标普 500		总回报率	90.0%
		年化回报率	13.6%

图 17.3　5 年期看跌背离形态的回溯测试

第十八章
支撑破位形态

市场类型：支撑破位形态最适合用于：

● 强趋势熊市

特征：与支撑破位形态相对应的看涨形态是阻力位突破形态（见第十二章）。因此，它属于一种突破型交易类型（我只想为多头交易保留这种类型），但由于我们正在寻找向下突破的交易机会，所以我们称之为破位型交易。任何破位型交易系统的目标都是低位卖空。支撑破位形态寻找的是几个星期以来价格一直走低的股票，这些股票刚刚跌破关键的短线支撑位。它特别适用于强趋势熊市，在这种市场类型中，它可能是常规形态中你唯一可以有所作为的形态。弱趋势牛市常常会提供阻力位突破形态的交易机会。虽然这种形态在区间震荡和看涨的市场中的效果不太好，但与我的其他看跌交易方法相比，它的下跌幅度往往要小得多。

虽然这个形态的细节在第 1 版的《以趋势交易为生》中已经介绍得相当全面了，在第 2 版中，就像在我们的看涨预筛选观察名单中所看到的，非常过瘾！通过预先筛选我们的观察名单，我们就可以只卖出估值过高的股票，而这些股票的公司正在降低盈利预期（或至少没有提高），我们已经大大降低了与破位交易相关的风险。这些基本特征为投资者提供了可衡量的理由，让他们能够持续抛售，而不是获取快速利润，并导致交易员所称的空头挤压回落至破位支点上方。如果你坚持这些规则，你将学会我一贯采用的做空方法之一。

支撑破位形态的缺点，就像阻力位突破形态一样，是"一招鲜"的做空手段。这种手段最好只用于一种市场类型，即强趋势熊市，我们严格的入市条件意味着我们不会从观察名单上找到太多的日常可行的交易。不过，支撑破位是最好的，有时也是你唯一的趋势交易形态，在长期熊市期间，很少出现有意义的反弹。

一些趋势交易员遭遇强趋势熊市时，会日复一日地观望，等待缓解反弹或股价企稳，从而给他们创造有利的机会。在这种情况下，趋势交易者的武器库中其实有一个关键武器：支撑破位形态。这里的"底部"（Blue sea，直译为"蓝海"）指的是股票交易进入新的低点，因为它至少刷新了三个月以前的价格低点。我们通过查看一项指标来确认这一破位，该指标为我们提供了近期交易量趋势的直观参考，并使用动量指标确认了我们进入该行业的情况。在这个形态中，我们不使用移动平均线。

在我们审视这一形态之前，还有最后一点需要注意：有时做空一只股价已经在近期出现新低的股票会让人感到害怕。这与"低买高卖"的心态背道而驰，对于像我这样喜欢低价买东西的人来说无疑是一种"煎熬"。当我看到图表上的新低点时，我的第一反应是"买"，而不是"卖"。我发现有一个方法对克服这种心态很有帮助，那就是把我正在看的图表倒过来，然后问："我会买这只股票吗？"如果你像我一样喜欢动量强劲的股票，你会大声说："是!"一些图表软件包允许反转图表。例如，在 Stockcharts 中，你只需在输入符号之前输入"＄ONE"，就会弹出反转图。如果你在看它的时候觉得"买"，那么再把它转回到正确的方向，就意味着做空它!

关键指标：支撑破位形态依赖于几个价格参数及两个技术指标：OBV 和 MACD。在此形态中不使用移动平均线。下面是确认这个形态的规则：

- 第一，该股的收盘价（非盘中走势）必须至少在过去 40 个交易日创下收盘新低，但不是 52 周来的新低。
- 第二，收盘价新低不能低于该股 52 周高点太多。我们不希望股票过度下探。

为了防止这种情况发生，我们计算我所说的股票的"最低价格倍数"，取信号日的收盘价除以 52 周的最高价格。最低价格倍数不应低于 0.8，或低于 52 周高点的 20%。换句话说，如果一只股票的 52 周高点是 80 美元，我们只在收盘新低在 64 美元之上（即 0.8×80）时，才会做支撑破位形态卖空操作。

- 第三，当前股价在支撑破位时（前 40 个交易日内没有价格支撑）应伴随该期间的最低 OBV 读数（见第十二章中的 OBV 定义）。

- 第四，当前股价在支撑破位时，应伴随该期间最低 MACD 线（非信号线）读数。

- 第五，破位至新低时当天的 K 线必须是阴线（收盘价低于开盘价）。这就剔除了那些在坏消息出现时跳空低开，然后在收盘时反弹的股票。

- 卖空信号：当上述五个条件在同一天全部满足时，我们就找到了支撑破位的做空信号。

支撑破位形态的筛选：与我们看过的其他一些形态不同，我们可以设置一个筛选条件来确定支撑破位形态，其准确率尽管不是 100%，但是很接近。你的最佳实践方案仍然是把观察名单筛选作为你的主要分析工具。但是如果想要让这个过程自动化，你可以有这样几个选择：可以使用我在 Metastock 的趋势交易工具包中构建的支撑破位形态研究，它做了一项了不起的工作，从你上传的看跌观察名单中识别候选股票。如果你使用 Finviz 作为你的主要筛选工具，你可以在你的看跌观察名单上添加筛选工具，以发现股价创下 50 天来的新低（这不是我们想要的全部，但这是一个好的开始），并且当日走出一根阴线的股票，但是你必须盯着任何符合条件的候选股的走势图，以确保当前的价格比 52 周的高点低 20%，并且它们经过了 OBV 和 MACD 确认出现背离。请注意，只有 Finviz 的精英版允许使用技术指标，因此你需要将你的候选股移到 TradingView 或其他一些图表包中，以进行最终的确认。

如果你想建立自己的支撑破位形态的自选股，你可以使用以下参数，并应用于你的看跌观察名单。注意，你可能需要为最后两个筛选工具编程。如果可能，你可以雇用一个程序员为你做（Ninja Trader 在他们支持的论坛上有一份程序员名单），或者为每一行做几个筛选工具，将其与一系列过去的数据进行比较（例如，高于 5 天前、10 天前、20 天前、40 天前的收盘价等）。

- 针对上一日收盘时，所有股票须符合以下条件：
  - 当日的收盘价低于过去 40 天的最低收盘价。
  - 当日的收盘价高于过去 260 个交易日的最低收盘价。
  - 当日的收盘价高于或等于从当日开始的 260 天内的最低低点乘以 0.8。
  - 当日的 OBV 指标小于过去 40 天的收盘 OBV 指标的最低值。
  - 当日的 MACD 指标小于过去 40 天收盘 MACD 指标的最低值。
  - 当日收盘价低于开盘价。

图表说明：图 18.1 显示了欧特克公司（Autodesk, Inc.，股票简称 ADSK）的股价走势，这是一家数字设计软件制造商。当时该公司不盈利，市销率超过 14（记住，低于 2 才被认为看涨），正常情况下 Zacks 等级为 4（"卖出"），有时甚至是 5（"强烈推荐卖出"）。这些只是一些比较明显的存在问题的基本指标。由于希望产品销售得更好，该公司的股票会周期性地得到支撑，但不可避免地会回归到现实，股价会跌回更合理的水平。所有这一切都在说明，这是一个做空的良机！在图 18.1 中，我们看到了典型的支撑破位形态的形成。以收盘价为基础，我们看到一个跌破 40 天的新低点（位置 2），此处仍然远远高于我们的最低价格倍数（52.65）所设定的 52 周的高点，显示在图表中的位置 1。有了价格确认后，我们向下滚动图表，以确认我们的另外两个指标是否也出现破位。为了确认股价动量指标的下降是过去 40 个交易日中最剧烈的，我们观察 MACD 指标（位置 3）。在这里我们看到，事实上，该指标中的价格动量与图表中的实际价格相匹配，为过去 40 多天的新低。然后，为了确认在这个破位中卖家比买家多，我们来观察 OBV 指标。在位置 4，我们可以清楚地看到一个新的 OBV 指标的低点，以匹配 MACD 指标和股价的低点。因为所有的指标都匹配，所以我们在破位日收盘时卖空。这是一根阴线，刚好低于每股 60 美元。虽然这次的交易浪费了几天的时间，但随后抛售开始了。十周后，该股比我们的买入价下跌了 30%（年化投资回报率 156%），我们可以平仓空单，以保持卖出价和买入价之间的差价。

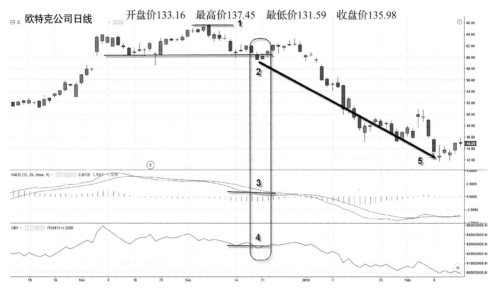

图 18.1　欧特克公司的支撑破位形态

图由 TradingView.com 提供。

图 18.2 为我们提供了非常翔实的情况比较。在这里我们看到了得州资本银行（Texas Capital Bancshares，股票简称 TCBI）潜在的三个支撑破位信号，但其中只有两个是有效信号。得州资本银行是一家地区性连锁银行，其业绩增长相当稳健。然而，股价却相当高，当时的市销率为 5.3 左右（对银行股来说是很高的）。在交易时，其 Zacks 等级为 4（"卖出"）。TCBI 的 52 周最高收盘价略低于62 美元（位置 1），我们按最低价格倍数计算，股价应该在 49.50 美元。任何超过这个价格的位置都是被高估的。可以看到，我们的三个潜在破位信号都出现在击穿日收盘价之上。信号在位置 2 走出明确的 40 天收盘价的低点，MACD 指标确认破位（位置 3），OBV 指标也走出 40 天以上的新的低点（位置 4）。这是一个有效的信号。位置 5 的信号显示了新的价格低点，MACD 指标出现新的低点（位置 6），虽然不太明显，但 OBV 指标实际上是在位置 5 的低点之下。因此，这是一个有效的支撑破位形态。但是，位置 8 的信号不是有效信号。你知道为什

么吗？你可以看到股价创下40多天的新低（位置8），OBV指标也低于位置7的低点（位置10），但看看MACD指标（位置9），它明显低于位置6，这表明位置8的破位信号比前两个信号的风险更大。事实证明，对于支撑破位形态来说，位置8是一个不错的买入点。不管怎样，我们已经从位置2和位置8的价格低点开始做空了。这两个都是有效的信号，尽管在交易的早期略微亏损，但如果你在位置11的最低点仍持有的话，潜在收益分别为22.3%（8周内）和21.7%（6周），年化投资回报率分别为145%和188%。

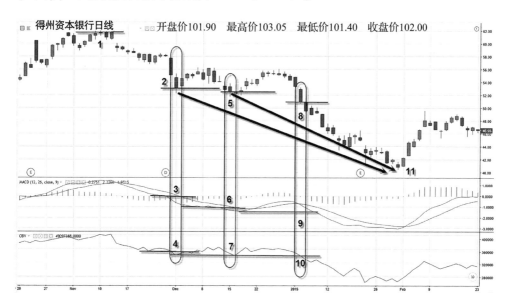

图18.2　得州资本银行的支撑破位形态

图由 TradingView.com 提供。

如何增加成功的概率：支撑破位形态适用于我们的看跌观察名单，经过了基本面和技术指标的预筛选，我们的成功概率大大增加。但是，我们还可以通过一些方法来增加我们的成功概率，当有几只候选股票触发卖空信号时，我们可以选择最好的候选股票，包括但不限于以下内容：

- 倾向于市销率最高的支撑破位形态候选股票。
- 如果你正在使用 Finviz（Zacks 等级在3以上的任何股票都有利于做空），那么你最好选择 Zacks 等级最高的（最高为5）或者分析师建议卖出的候选股票。

- 倾向于股价出现 40 天新低的股票，而不是六个月新低。

- 倾向于这种支撑破位形态候选股票，其股价在出现一个圆形的顶部之后逐步下降到新低，而不是直接破位出现一个直线下跌的低点（例如，两根或两根以上的长阴线）。

- 倾向于在利空消息的影响下创出新低的支撑破位形态候选股票，例如盈利低于预期、降低评级、降低指导价、看跌报道，或管理层变更等。

数据表现：就像它所对应的看涨形态一样，支撑破位形态是 100% 机械的，不需要图表模式识别（回调形态和反弹形态是仅次于这种形态接近此类情况的）。我已经把它编写进 Metastock 趋势交易工具包中，因为理论上所有符合条件的股票都是合格的支撑破位形态，我们可以使用该软件进行回溯测试。在熊市中，这种形态会在你的看跌观察名单中引发相当多的买入信号。在牛市中，则寥寥无几。这就是在过去五年里，我们看到的支撑破位的信号要比突破阻力的信号少的原因。尽管如此，我们这次回测的样本量还是比前两个看跌形态的样本量要大。这增加了我们的回测数据的可靠性。

说了这么多，需要重申的是，过去的数据表现，无论是真实的交易还是一个假设的回测，不能保证系统将以相同的方式表现。有了这个提示，让我们看看支撑破位形态如何在 5 年的回溯期（2013—2018 年）——应该注意到，这是一个牛市时期，将这些数据与同期的标准普尔 500 指数进行比较，见图 18.3。

5 年回溯：支撑破位形态（2013—2018 年）			
启动资产	$10000	总交易数量	321
期末资产	$53209	交易成功数	201
总收益	$43209	交易失败数	120
总回报率	1019.2%		
年化回报率	62.1%		
基准指数：标普 500		总回报率	90.0%
		年化回报率	13.6%

图 18.3　5 年期支撑破位形态的回溯测试

第十九章
上升楔形破位形态

市场类型：上升楔形破位形态最适合用于：

- 弱趋势牛市
- 强趋势牛市
- 区间震荡市场

特征：这是最后一个看跌形态，与第十三章中提到的底部看涨突破形态相似但不完全相同。需要说明的是，这不是一个没有图表阅读经验便可理解的形态。如果你缺乏这些技能，有很多网络资源可以帮助你获得，你也可以从斯托克斯博士网订购。上升楔形破位形态需要一双有经验的眼睛来识别其基本的股价走势所形成的基础形态，但这种形态所能提供的回报是值得付出任何代价来学会它的。正如你将看到的，底部看涨突破形态所呈现的高回报率在看跌形态里也将呈现。然而，考虑到这种形态所涉及的主观判断比通常的程度更高，似乎最好给你这样一条建议：如果在判断时有任何的怀疑（在各项指标都正确的情况下），请不要参与！

就像与它对应的看涨形态一样，这种形态可以在各种市场上交易。这也是一种在反转中寻找机会的游戏。在这里，我们正在寻找这样一类股票，它处在一个上升趋势中，但即将准备以戏剧性的方式转入下跌的趋势。当上升趋势的震荡越来越窄时，就会产生楔形。为了使这一形态有效，我们需要观察技术指标，从中找到有关楔形价格走势的两件事：其上升的势头必须正在放缓，而且需要有证据表明股票的分散（卖出）多于聚集（买入）。虽然长期持有这种形态可以带来更大的收益，但在破位点往往会爆发一轮集中的抛售，能够在几天内带来10%或更高的收益，成为一个理想的短期趋势交易机会。

关键指标：上升楔形破位形态的确认有赖于一个移动平均线（50 日移动平均线）、一个股价走势（上升楔形）和两个技术指标：MACD 和 OBV。以下是具体内容：

- 必须清楚地看到，该股至少处于短期上扬或延长的阴跌反弹（长期上扬也不错），要满足两个条件：50 日均线必须上升，当前价格必须高于 50 日均线。

- 上升趋势的上下波动必须在更窄的范围内进行。当这种情况发生时，股价会走出一个楔形的图案。通过在相对低点和相对高点上方绘制支撑线和压力线，可以更好地使这个楔形显现出来。要想构成一个楔形，每条趋势线上必须至少有三次价格点接触（不一定是高点或低点接触，简单的日内接触点就足够了），接触点越多越好。

- 上升楔形在形状上可以是长而窄或短而肥，在趋势上可以或尖或钝，但它们都或多或少地符合图 19.1 所示的形状。

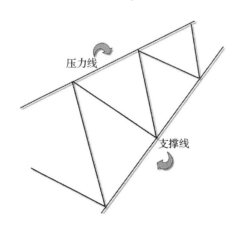

图 19.1　上升楔形走势图

图由 DrStoxx.com 提供。

- 一旦我们确定了一只上升楔形走势的股票，我们需要确认它的走势是一个看跌的上升楔形，也就是说，一个即将突破支撑线的楔形（见图 19.1），并触发一次抛售事件。我们通过参考两个技术指标来确认这一点：MACD 和 OBV

（就像我们对底部看涨突破形态所做的那样）。我们使用 MACD 指标来确认，我们在图表上观察的上升楔形实际上是一个看跌的楔形，然后我们使用 OBV 指标触发买入信号。

1. 当 MACD 指标在楔形内的价格较高或处于同等价格高位时（如果价格处于较低的高位，则可能不是楔形），而 MACD 指标正在逐步震荡走低时，这个上升的楔形则为看跌；

2. 当 OBV 指标跌破在上升楔形期间指标设置的低点下的趋势线时，看跌上升楔形触发卖空的进场信号。

- 卖空信号：在 OBV 趋势线突破下行的 K 线后，第一根阴线触发上升楔形破位，是卖空信号。如果 K 线为阴线，你也可以在 OBV 破位的当天买入。

上升楔形破位形态的筛选工具：我们无法使用常用的工具来筛选上升楔形破位形态。虽然股价形态识别软件越来越高效，但筛选工具本身不能及时反馈，以确定股价走势、MACD 震荡下跌和 OBV 趋势破位等，而这些指标需要同时出现。尽管我在 Metastock 的趋势交易工具包中编写的上升楔形破位形态研究工具足够强大，足以在大多数时间里进行有效筛选，但它仍然允许一些表面上符合条件的候选股票通过筛选。Finviz 的自选股程序有一个上升楔形图案筛选工具，可以用来筛选一些相当不错的候选股，但它也会每天筛选出数以百计的完全没有上升楔形形态的图表，这个筛选工具因此也 "声名狼藉"。基于这些原因，当你盯着图表看时，你会发现在这个形态中，你的大部分交易都来自你的观察名单。下面将为你提供一个可供进一步研究的小名单。比我更擅长这类工作的读者可能会想摆弄一下这些参数，使它们更加强大。

- 针对上一个交易日收盘时：
- 在美国上市的股票应：
  ◇ 当日收盘时的 50 日简单移动平均线高于 40 天前收盘时的 50 日简单移动平均线。
  ◇ 从当日开始向前超过 30 天的最大震荡范围大于当日之前 15 天的最大震荡范围。

◇ 从当日开始向前超过 15 天的最大震荡范围大于当日之前 5 天的最大震荡范围。

◇ 当日的 MACD 线（12 –26 –9）低于当日之前 40 天前的 MACD 线（12 –26 –9）。

◇ 当日的 OBV 日线低于 40 天前的 OBV 日线。

◇ 当日的收盘价比开盘价低。

在没有可靠自选股的情况下，你将不得不定期查看观察名单上的股票的走势图。事实上，这是一个很好的方法，因为它可以让你看到一个上升楔形发展了几天或几周。与底部看涨突破形态一样，OBV 指标触发信号确实是这种形态的关键：如果能在当天买入，你很可能会发现自己正处于一个重大抛售期的开端。较早筛选出的自选股通常已经触发了其 OBV 信号，这就是为什么在这种设置下，最好同时紧盯着股票走势图。

图表说明：在图 19.2 中，我们看到了 Spark Therapeutics 公司股价（股票简称 ONCE）的走势图，这是一家生物技术公司。像大多数研发型生物技术公司一样，该公司没有什么实际收益，而且市销率很高。它当时的 Zacks 等级是 3，这是典型的生物技术公司的级别。在图 19.2 中，我们看到左侧的股票出现了不错的反弹，表现为 50 日移动平均线在上升，价格基本保持在该平均线之上。在反弹中的低点和高点位置划一条支撑线和一条压力线，记住，只需要在每一条趋势线上找出三个接触点，我们就会得到两条上升的趋势线。随着时间的推移，其交易价格范围逐渐缩小。不过，这是一个看跌的楔形吗？要回答此问题，我们还要关注 MACD 指标，看看它的趋势是否为震荡走低，即使股价在不断走高。是的，情况就是这样。然后我们转向 OBV 指标，确认看跌上升楔形，准备做空。这一时机发生在位置 3 时，当 OBV 下降到上升支撑线以下（该支撑线是在 OBV 的低点处绘制的，用于上升楔形的延伸），一旦 OBV 的支撑线在下跌中破位，我们就可以在下一个阴线时做空。在 ONCE 的走势中，这个买入信号出现在楔形的支撑线本身被跌破后的几根 K 线之后。该股以 86.00 美元左右的价格被买入，在短短的 8 周内，股价一路拉低至 41.00 美元附近的最低点，潜在利润率为 52%（年化投资回报率 338%）。

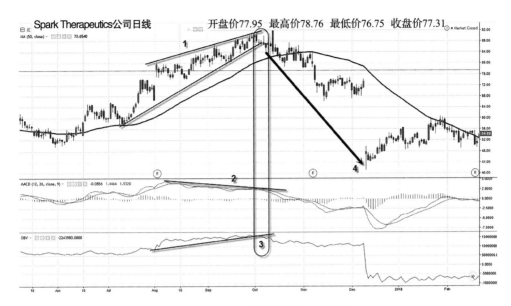

图 19.2　ONCE 的上升楔形破位形态

图由 TradingView. com 提供。

　　在图 19.3 中，我们看到了日间交易最受欢迎的 Yandex（YNDX）公司股价走势图，Yandex 是一家位于俄罗斯的致力于搜索引擎和移动应用程序开发的科技公司。股票的估值高得令人瞠目结舌，当时的 Zacks 等级为 5（"强烈推荐卖出"）。在图 19.3 中，我们看到了一个跨越近三个月的上升楔形，加上一个上升的 50 日移动平均线（位置 1）。上升楔形包含 3 个主要的支撑点和 7 个阻力点的两条趋势线。支撑趋势线在破位前处于 3 个震荡低点以下，有 7 次盘中触底。在第三个高点，我们看到 MACD 指标呈现出一个高位低点（位置 3），第一次表明这是一个看跌楔形。一旦 MACD 指标出现背离，我们买入交易所需要看到的就是在楔形后半部分低支点下方绘制的 OBV 趋势线的破位。一旦破位（位置 3），我们就有一个在第一根阴线收盘时买入的机会。这种情况发生在 OBV 指标破位的同一天，甚至在楔形本身破位下跌之前，就给了我们一个买入机会（我喜欢更早地买入，因为它更方便我们紧急止损，从而降低风险；我们将在第二十二章中详细介绍）。从买入点可以看出，我们的交易在两次波动中取得了很好的收益。我们本可以在 10 个交易日内迅速获利（位置 4），最高回报率略高于 15%（年化投资回报率390%），或者耐心一些，在温和的反弹中继续持有，直到位置5，更低的低点，我们7周内可能获利超过30%（年化投资回报率223%）。

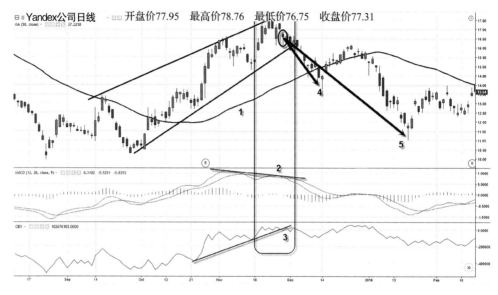

图 19.3　YNDX 的上升楔形破位形态

图由 TradingView.com 提供。

如何增加成功的概率：上升楔形破位形态适用于我们的看跌观察名单，经过了基本面分析和技术指标的预筛选，我们的成功概率大大增加。但是，我们还可以通过一些方法来增加我们的机会，当有几只候选股票触发卖空信号时，我们可以选择最好的候选股票。包括但不限于以下内容：

- 倾向于市销率最高的支撑破位形态候选股票。
- 如果你正在使用 Finviz（Zacks 等级在 3 以上的任何股票都有利于做空），那么你最好选择 Zacks 等级最高的（最高为 5）或者分析师建议卖出的候选股票。
- 倾向于楔形图案最长的上升楔形候选股票。较长的楔形与较高的回报率正相关。避开尖角的楔形，因为当它们破位时，价格倾向于横盘而不是下跌。

数据表现：就像我们以前介绍的一些趋势交易形态一样，不断上升的楔形破位形态并不是一个可以被机械回溯测试的形态。任何回溯测试软件都无法检测到合理的楔形破位买入信号。虽然我们可以使用 Metastock 趋势交易工具包中的上升楔形破位形态研究工具来进行测试，但研究工具本身允许许多虚假符合条件的候选股票通过筛选，因此结果是非常不可靠的。我找出一个看跌的观察名单，该名单每季度更新一次，在 5 年的回溯期内仔细观察上升楔形破位形态的走势图。这不是一个理想的测试——你应该注意到样本规模较小，在 5 年之内只有 81 次交易——但它让我们了解了这一形态创造利润的潜力。注意，虽然与其他 4 种看跌形态相比，我们确实获得了最好的回报，但由于上述测试中的限制，我不会过多地强调这一事实。无论如何，这些数字至少表明我们这里有一个强大的系统。

需要再次指出的是，过去的表现，无论是从实际交易还是从像这样的假设性回溯测试来看，都不能保证系统今后会以同样的方式表现。有了这些提示，让我们看看上升楔形破位形态在我们看跌的观察名单中是如何表现的。这些股票回溯期是从 2013 年 4 月开始至 2018 年 4 月——应该注意到，这是一个相当强势的牛市时期——并将这些数据与同期的标准普尔 500 指数进行比较，见图 19.4。

5 年回溯：上升楔形破位形态 （2013—2018 年）			
启动资产	$ 10000	总交易数量	81
期末资产	$ 135979	交易成功数	46
总收益	$ 125979	交易失败数	35
总回报率	1259.8%		
年化回报率	67.9%		
基准指数：标普 500		总回报率	90.0%
		年化回报率	13.6%

图 19.4　5 年期上升楔形破位形态的回溯测试

现在，你完整地掌握了 10 种不同的交易策略，其中 5 种是看涨的，5 种是看跌的。在过去 5 年的市场运行中，这些策略都被证明是获利颇丰的。这些策略我已经用了很多年了，自从 1998 年我第一次开始成体系地交易以来，有些策略已经成为我的交易武器库的一部分。直到今天，它们只会变得更好。在第 2 版的《以趋势交易为生》中囊括了我获利最多的技术交易系统。你会在下一章读到它。

学会本书中详细介绍的这些方法，只是通向成功的一半：要持续盈利，真正地以交易来谋生，你需要在日常生活中建立一套规则，这些规则将指导你如何利用这些方法进行交易。仅仅知道买进什么股票或卖出什么股票，以及在什么价位买进或卖出是不够的。你还需要知道该买多少股，如果交易不顺，该从哪里退出，以及在哪里获得收益。你需要建立你的交易策略，这样你就可以最大限度地发挥你的盈利潜力，同时控制风险。这就是头寸管理的用武之地。作为一名交易教练，我通常会把一半的工作时间花在客户的头寸管理上。我知道什么有效，什么无效。所有这些我们将在第二十二章介绍。在你读完这一章之前，请不要轻易开启你的交易。

最后一点，即使经过几个小时的艰苦工作，运行筛选工具，观察图表，检查和重新审视技术指标等，你发现没有任何一只股票是值得交易的。你很希望在一只股票的走势图中看到技术上的优点，而这仅仅是因为你渴望交易。千万别这么做。我一直用简单的座右铭指导我的客户："有任何疑点的时候，都不要动手！"有时候最好的交易就是你什么都没有做。在寻找交易机会时，我知道一个好的交易机会，不仅所有的技术指标都趋于一致，其基本面也提供了有利的佐证，而且我的内心也有所期待——这种感觉只有我知道，且非常真实——这是作为交易者的直觉在告诉我，我在这笔或那笔交易中会有大的进展。经过多年的交易，我明白了，在没有这种感觉的情况下，最好站在一边，看看第二天的交易行情。我宁愿持有现金，也不愿在不太理想的交易中冒险赚大钱。现金是一种头寸，它具有独特的价值，是你唯一没有下行风险的交易（好吧，除了通货膨胀）。

第二十章
红利系统Ⅰ：看涨/看跌均值回归形态

市场类型：在做多和做空时，均值回归形态可用于所有市场类型，但最好用于：

- 区间震荡市场
- 弱趋势熊市
- 弱趋势牛市
- 强趋势熊市

特征：以下的交易系统是我的交易武器库中的一部分。到目前为止，这是我最赚钱的技术交易系统。在均值回归形态中，我们对基本面分析的唯一认可之处，是复制我们在本书中所做的工作：根据某些描述性特征（价格、成交量、波动性）和基本面特征（估值、收益预期的调整）建立两个观察名单，看涨名单和看跌名单。然后我们将均值回归的看涨版本应用于看涨观察名单，看跌版本应用于看跌观察名单。

这个系统的早期版本以前已经发布过。在 2009 年，我为这个系统写了一本交易手册，现在斯托克斯博士网和亚马逊还在销售该手册的修订版。我在 2014 年出版的《市场中性交易》（*Market Neutral Trading*）一书的第 13 章详细介绍了该系统的配对交易版本。如果你想了解更多关于均值回归交易的知识，特别是关于在技术分析中使用价格区间的知识，我建议你参考这一章。然而，在《以趋势交易为生》的第 2 版中，你可以看到该交易系统的精华版本，而且是免费的！

均值回归形态依赖于我们尚未讨论的技术指标：布林线（Bollinger Bands）。布林线是一种技术指标，也叫叠加指标。我们已经研究过的 MACD、RSI、CCI 和 OBV 等被称为震荡指标。它们处于股价图表的上方或下方，是一系列与股价变动相关的值做上下的变动（因此被称"震荡指标"）。而移动平均线是与股价重叠的，因为正如名字所示，它们与股价同处于走势图上。布林线也是如此。它们与股价走势叠加在一起，与 K 线相伴，给我们提供了关于价格波动的宝贵信息。

要在均值回归形态的交易中获利，不需要有任何关于布林线的背景知识，但作为在高等教育机构服务超过 20 年的交易者，我自己很重视这种知识。了解一个系统运作的原理，真的可以提升一个人的交易信心。因此，我强烈建议你阅读以下有关交易的经典内容，由布林线的发明者亲自撰写：约翰·布林格所著的《布林线》（麦格劳 – 希尔教育出版公司，2001 年）。这是一个关于我们将在均值回归形态中使用的主要技术工具的权威指南。这本书很难让读者赏心悦目（大多数有关交易的书籍都是如此，包括我写的！），但它透彻且清晰地描述了如何使用布林线，以及为什么它是准确有效地反映股价反转的关键指标。

在我们已经讨论过的一些形态中，在分析图表时需要一定的主观猜测。你必须看懂股价走势图——比如底部看涨突破形态和上升楔形破位形态等——或指标中的差异，尽管这些判断有客观成分，但始终包含着主观的因素。而均值回归形态是 100% 机械的。每个交易的筛选工具都是量化的，可以很容易地写入任何标准的技术筛选工具中。你可以很容易地将均值回归形态编程到 Metastock、Stock 图表、ChartMill、StockFetcher、NinjaTrader、Proitspi 和许多其他筛选工具中。如果使用 Metastock 的 Stoxx 趋势交易工具包，你可以将均值回归形态的看涨版本和看跌版本预编程为一个研究系统。只需上传看涨和看跌的观察名单，并点击鼠标选择新的看涨或者看跌设置，即可在整个交易日实时运行。图 20.1 显示了在运行时你将看到什么。

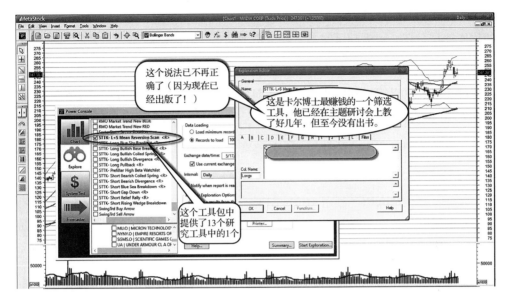

图 20.1　Metastock 的趋势交易工具包，包括做多/做空均值回归研究工具

图由"创新市场分析"提供。

均值回归形态的理论很简单：在成交量大的情况下，股价低于布林线，并且距离 20 日均线有足够距离的股票，预期会回到 20 日均线的"均值"，交易量大、在布林线上轨上方且距离 20 日均线有足够距离的股票，预计将交易回落至其 20 日均线的"均值"。这一回到均值的变动，就是我们正在寻求捕捉的形态。

我在 2003 年 2 月的一次公开研讨会上教授了这个形态的早期版本。此后，我对该形态进行了几次修订。在这里介绍的是最新版本。幸运的是，它也是最简单的一个版本。

均值回归形态适用于看涨和看跌两种趋势，是丰富的趋势交易系统。我的意思是，随着时间的推移，每只股票都会产生非常多的有效交易信号。均值回归形态在所有市场类型下都很有效。它最适用于动荡的市场。在这样的市场条件下，利用我们的两个有 50 只股票的观察名单，每周你可能会发现 8 ~ 10 个新的信号。但即使是在一个低贝塔系数的环境中，你会发现这种形态每周都会发出一两个高质量的信号。

均值回归形态是一个短期逆势系统，旨在捕捉波动性股票的反转走势。任何均值回归交易方法的理论都是如此，在大多数情况下，由价格移动平均线所表示的均值往往过高，因为动量交易者将价格推向单一方向，超出公司基本面所能承受的范围，一旦动量炒作消退，价格将迅速回到一个可量化的均值水平，在这个过程中，我们可以捕捉到因股价快速转向而产生的利润。如果我们考虑到今天的高频交易是动量方程的一部分，创造了比前几代人看到的更夸张的波动，我们就可以了解均值回归形态的盈利能力。价格离均值越远，它越必须回到均值，从而为我们创造更大的利润潜力。

我在这里详细介绍了利用均值回归形态的两个关键点。第一，我们需要找到这样的股票——在基本面基础上预先筛选——它们已经远离其平均价格，无论是上涨（卖空）还是下跌（多头买入），并显示出它们准备回归平均价格的迹象。对于看涨均值回归形态，我们把搜索的重点放在看涨观察名单上，而对于看跌均值回归形态，则将重点放在看跌观察名单上（详见第七章）。通过这种方式，我们将通过允许基本面估值的股价波动和修正盈利预期来帮助我们标记均衡点，即不可持续性，这有助于我们捕捉到反转，从而增加有利回报的概率。

第二，我们需要理解，均值回归的移动一般来说是短暂的。回到均值的步伐可能是快速而猛烈的。在某些情况下，你会发现你的交易在入市后一两天就达到了目标。另外，在三周（15 个交易日）内未达到目标价格的均值回归交易的失败率则很高。在准备本章的内容时，我回顾了各种市场类型的数千次均值回归交易。我的研究表明，一般来说，你持有均值回归交易的时间越长，以每天的收益率（ROI）计算，你的整体盈利能力就越低。

此外，还有一个很容易发现的关键时间门槛：7 个交易日。为了确定这一点，我使用了均值回归形态的测试软件，并在 10 年的回溯期内对标普 500 指数进行了测试。为了使问题简化，我只测试了多头的均值回归交易，使用这里概述的规则，并在不同的持有期（从 1 个交易日到 15 个交易日）设置了定时退出（无止损或目标价退出），以确定每天的收益率。我发现，从信号日进场到当天交易结束为 7 天时，平均日收益率最高。图 20.2 中列出的收益率说明了这一点，显示了从 1 天到 15 天持有的均值回归交易（仅多头）的每日收益率。

1 天	2 天	3 天	4 天	5 天	6 天	7 天	8 天	9 天	10 天	11 天	12 天	13 天	14 天	15 天
0.33	0.29	0.21	0.24	0.27	0.32	0.36	0.35	0.31	0.29	0.23	0.21	0.18	0.17	0.15

图 20.2　基于不同持有时间（1~15 天）的均值回归交易
（标准普尔 500 指数，仅多头，10 年回溯期）的每日收益率

7 天持有期的日收益率为 0.36%，这意味着，如果你能设法维持一个 100%满仓投资的均值回归交易投资组合，并在一年内不停地交易该投资组合，在每 7 天之后结束一次交易，按复利计算，你将得到一个巨大的投资收益率——153.6%。当然，这是一个出色的收益率，特别是考虑到我只是在交易标普 500 指数中波动相当平缓的大盘股，坏消息是这是一个理想化的测试。在实时的、真金白银的交易中，要保持满仓投资并非易事，意味着一年中的每一天的交易都是回归交易。通常每个交易日都会有新的走势，但也有一些不可避免的市场低波动期，那时你会看到这头现金奶牛在几天甚至几周内毫无建树。

让我们看看我在均值回归形态上进行的另一个测试。理想情况下，我们管理这一形态的目标是使自己能够在最短的时间内获得最大的净利润。如果你用两个不同的系统来交易，平均每笔交易盈利超过 5%，但系统 A 每笔交易平均持有时间为 10 天，系统 B 每笔交易平均持有时间只有 7 天，你会在系统 B 交易中赚更多的钱，对吗？因此，我把研究重点放在什么样的头寸管理方法可以让我的均值回归交易在最短的时间内获得最大的回报上。我还希望有一个不错的胜率来保持高昂的士气（没有人喜欢承担损失，即使系统是盈利的）。我决定测试以下 4 种类型的止损目标组合：

- 止损点（-8% SL），目标收益退出（15% TE）
- 止损点（-8% SL），20 日均线退出（20 日均线 TE）
- 止损点（-8% SL），布林线退出（布林线上轨 TE）
- 定时退出（7 天后退出），不设止损或目标退出点（定时 SL）

为了测试这 4 种组合，我在 7 年（2006—2013 年）内，从看涨和看跌的观察名单中随机选择了 200 个均值回归交易，包括 100 个多头和 100 个空头。这一时期

包括两次温和的牛市和一次猛烈的熊市（2008—2009 年的股市崩盘）。我只选择当天至少有一个多头和一个空头通过筛选的交易。这样一来，在股市崩盘最糟糕的几个月里，我基本上避免了做多，因为短期均值回归的候选股票很少出现。从之前的研究（见图 20.2）中我已经知道，第 7 个交易日是定时退出的最佳时间，因此这是第 4 类中测试唯一的退出时限。这里有一些好消息：测试的所有 4 个组合都被证明是有利可图的。这里有更多的好消息：最好的退出策略原来是最容易管理的！

结果如何？你可以在图 20.3 中看到。

	8% 止损＋15% 退出	8% 止损＋20 日均线退出	8% 止损＋布林线退出	定时退出
交易次数	200	200	200	200
成功次数	114	126	84	142
失败次数	86	74	116	58
胜率	57%	63%	42%	71%
平均收益率	4.48%	3.56%	4.88%	4.67%
平均持有天数	11.2	6.5	14.7	7
单日收益率	0.40%	0.55%	0.33%	0.67%

图 20.3　均值回归形态的头寸管理测试结果

真正胜出的策略是定时退出策略。它不仅给我们每天最高的日投资收益率（0.67%），而且在我测试的头寸管理方法中，它也获得了最高的胜率（71%）。更巧的是，定时退出策略是最容易管理的一种策略。下面是它的工作原理：如果你在周一上午开仓，只需将收盘市价（Market on Close，简称 MOC）交易指令设置为在下周三执行。这样，你的经纪商会在你交易的第 7 天收盘时自动平仓。这是一个真正的"设定即忘"的系统。你知道，无论输赢，你的头寸都将在 7 个交易日内结束。顺便说一下，260 个交易日（一年）内，每日收益率为 0.67%，以这样的日收益率计算，在不计算复合收益率的情况下，你的年度收益率将达到惊人的 174.2%。如果你每两周左右计算一次复合收益，你所得到的收益很可能在短短几年内改变你和家人的生活！

让我给你看看这个系统的实盘交易是什么样的。几年前，我建立了一个真实的10000美元的投资组合，并将其完全用于均值回归系统的多头，然后用100%的保证金来交易空头。在连续8周的时间里，我从高贝塔系数股票的观察名单中筛选出配对的多空交易——当时我没有对看涨和看跌观察名单做基本面预筛选——每一次都有5天的持仓期（这比理想的7天持有期要短，但它让计算变得容易许多），有趣的是，26只空头中只有10只盈利（这段时间市场大多是看涨的），而26个配对交易中有19个盈利了（见图20.4）。还请注意，在5个交易日内，平均每对多/空交易的净收益为3.3%（每天增长0.66%），这与系统的日平均水平是一致的。投资组合的总收益率为28.5%！意味着这将转化成出色的185%的年化投资回报率！

关键指标：均值回归形态，无论是长期还是短期，都使用一个非常简单、清晰的图表，只用以下两个指标：

- K线图
- 布林线（20，2.0）

以下是该形态的多头（看涨）版本的详细设置：

- 第一，我们需要找出前一交易日开盘价可能高于或不高于布林线下轨，但交易日的收盘价肯定低于布林线下轨的股票。
- 第二，我们需要知道前一天的K线是阴线。请注意，前一天跳空下跌的股票跌破了布林线，这种情况往往会影响我们的盈亏比。当一只股票的缺口低于布林线下轨时，它通常由较强的新闻事件等因素造成缺口形成上方的阻力，这种阻力阻碍该缺口被填补，从而也影响了均值回归的走势。但情况并非总是如此。事实上，由于跳空下跌而出现均值回归的股票的总体回报略好于没有跳空的股票。因此，我们并没有对此作严格要求。
- 第三，当天该股收盘价位于布林线下轨上方（所以要求是，前一天的收盘价在布林线下轨下方，而当天的收盘价在布林线下轨的上方）。
- 第四（这是关键的部分），当天的收盘价必须比20日移动平均线至少低10%，从而给我们的均值回归留出上行的空间。

周	资金量	总金额	收益	收益率	平均	多头	买入价	买入量	卖出价	起始资金	收益/亏损	收益率	空头	买入价	数量	卖出价	起始资金	收益/亏损	收益率
1	$2500	$10000	$329	13.2%	8.4%	HOLX	$17.19	145	$17.57	$2500	$54	1.1%	CALX	$9.00	278	$8.00	$2500	$275	5.5%
	$2500	$10000	$510	20.4%		AXU	$4.62	541	$4.98	$2500	$189	3.8%	KIOR	$10.68	234	$9.30	$2500	$321	6.4%
	$2500	$10000	($66)	-2.6%		RIRK	$10.35	242	$10.33	$2500	($7)	-0.1%	DGIT	$8.54	293	$8.73	$2500	($59)	-1.2%
	$2500	$10000	$63	2.5%		STAA	$8.90	281	$8.31	$2500	($169)	-3.4%	IDIX	$9.73	257	$8.82	$2500	$231	4.6%
2	$2709	$10836	$284	10.5%	4.4%	MXWL	$6.75	401	$6.81	$2703	$20	0.4%	LCC	$12.92	210	$11.65	$2709	$261	4.9%
	$2709	$10836	$121	4.5%		VIP	$7.19	377	$7.69	$2703	$185	3.4%	VHC	$33.31	81	$34.08	$2709	($63)	-1.2%
	$2709	$10836	$64	2.4%		MWE	$46.29	59	$48.14	$2703	$108	2.0%	AUY	$15.58	174	$15.82	$2709	($43)	-0.8%
	$2709	$10836	$6	0.2%		LNG	$11.81	229	$12.18	$2703	$83	1.7%	SMBL	$7.09	382	$7.28	$2709	($76)	-1.5%
3	$3771	$11312	$48	1.3%	-1.2%	SWFT	$9.24	408	$8.77	$3771	$212	3.9%	RGLD	$76.44	49	$79.75	$3771	($104)	-3.0%
	$3771	$11312	$154	4.1%		ONE	$11.21	336	$10.90	$3771	($108)	-1.9%	AUMN	$5.63	670	$5.23	$3771	$261	4.6%
	$3771	$11312	($341)	-9.0%		MW	$29.20	129	$28.48	$3771	($94)	-1.7%	WAC	$21.28	177	$22.66	$3771	($246)	-4.4%
4	$3724	$11173	($261)	-7.0%	3.3%	DY	$18.05	206	$18.71	$3724	$134	2.4%	WPRT	$29.14	128	$32.22	$3724	($395)	-7.0%
	$3724	$11173	$181	4.9%		TWI	$20.86	179	$23.07	$3724	$393	6.9%	OSUR	$10.03	371	$10.59	$3724	($212)	-3.7%
	$3724	$11173	$454	12.2%		QLTY	$10.46	356	$12.04	$3724	$559	9.9%	END	$8.12	459	$8.34	$3724	($105)	-1.9%
5	$5773	$11547	$563	9.7%	6.6%	LSCC	$3.68	1569	$3.68	$5773	($16)	-0.3%	DANG	$6.79	850	$6.1	$5773	$578	10.3%
	$5774	$11547	$195	3.4%		CROX	$16.30	354	$15.82	$5774	($174)	-3.1%	BAC	$8.16	708	$7.62	$5774	$368	6.6%
6	$4101	$12304	($224)	-5.5%	-5.7%	CROX	$15.82	259	$16.15	$4101	$83	1.5%	BAC	$7.62	538	$8.18	$4101	($307)	-5.5%
	$4101	$12304	($706)	-17.2%		AMBT	$6.15	867	$5.40	$4101	($507)	-9.1%	FSS	$5.55	739	$5.81	$4101	($200)	-3.6%
	$4101	$12304	$231	5.6%		LZB	$11.41	359	$12.38	$4101	$345	6.0%	AVAV	$25.62	160	$26.32	$4101	($114)	-2.0%
7	$3868	$11605	$1207	31.2%	10.7%	AMBT	$5.40	716	$7.00	$3868	$1139	19.7%	CX	$6.78	571	$6.65	$3868	$68	1.2%
	$3868	$11605	($230)	-5.9%		BCS	$10.77	359	$10.40	$3868	($136)	-2.2%	LNG	$14.5	267	$14.84	$3868	($93)	-1.5%
	$3868	$11605	$261	6.8%		LQDT	$39.79	97	$40.70	$3868	$87	1.4%	STNG	$6.68	579	$6.37	$3868	$174	28%
8	$3211	$12844	($219)	-6.8%	0.0%	GRPN	$8.93	360	$8.33	$3211	($219)	-3.6%	ETM	$6.29	510	$6.28	$3211	($0)	0.0%
	$3211	$12844	$23	0.7%		DEST	$17.15	187	$18.10	$3211	$176	3.0%	MFLX	$81.03	40	$84.88	$3211	($153)	-2.6%
	$3211	$12844	$183	5.7%		QLIK	$18.28	176	$18.35	$3211	$11	0.2%	RBCN	$11.16	288	$10.55	$3211	$173	30%
	$3211	$12844	$15	0.5%		SWFT	$8.31	386	$8.45	$3211	$50	0.9%	KEYW	$10.84	296	$10.95	$3211	($36)	-0.6%
			$2846	85.5%	3.3%														3.3%

图20.4 均值回归形态的8周多/空测试结果

- 第五，当天收盘价应低于前一天开盘价。理想情况下，我们希望股价回到布林线下轨的上方，并朝着均值移动，不过这些不要在一天内发生。因此，我们使用这个关键指标来排除在一个长阳线时买入的情况。最好的均值回归买入点出现在上穿和锤形 K 线上。一个例外情况是，当信号日的前一天出现了窄幅震荡的 K 线（注意：这个异常情况只能在图表上显示，它不能被编入筛选程序）。

- 买入信号：当五个必要条件都满足时，我们可以在股价回落至布林线下轨上方的当天收盘时买入该股，也可以在第二天开盘时买入。在信号出现当天收盘时进场，总体收益略好。

    以下是该形态的空头（看跌）版本的详细设置：

- 第一，我们要找的是前一天开盘价无论是否在布林线上轨上方，但当天收盘价高于布林线上轨的股票。请注意，前一天跳空上涨的股票，它们超越布林线上轨，往往会影响我们在这种情况下的收益率。当一只股票的缺口高于布林线上轨时，它通常由影响力较强的新闻事件等因素造成，并阻碍该缺口被填补，从而也阻碍了均值回归的走势。但情况并非总是如此。事实上，由于跳空上涨而出现均值回归的股票的总体回报略好于没有跳空缺口的股票。因此，我们并没有将此作为必须达到的要求。

- 第二，我们需要看到，前一天的 K 线是阳线（收盘价高于开盘价）。

- 第三，当天该股收盘价应低于布林线上轨（所以前一天收盘价在布林线上轨之上，当天收盘价在布林线上轨之下）。

- 第四（这是关键部分），当天的收盘价必须至少高于 20 日移动平均线的 10%，这样我们的均值回归走势才会有一些向下运行的空间。

- 第五，当天的收盘价要高于前一天的开盘价。在理想情况下，我们希望股价回到布林线上轨的下方，并向均值移动，不过这些不要在一天内发生。因此，我们使用这个关键指标来排除在一根长阴线时买入的情况。最好的均值回归买入点是看跌下穿均线和十字星。一个例外的情况是，信号日的前一天出现一个窄幅震荡的 K 线（注意：这个异常情况只能在图表上显示，它不能被编入筛选程序）。

- 卖空信号：当五个必要条件都满足时，我们可以在当天收盘时卖空该股，也可以在该股回落到上布林线上轨下方时卖空，或者在第二天开盘时卖空。在信号出现当天收盘时进场，总体收益略好。

　　退出策略：我将在第二十二章对上述 10 种趋势交易形态的退出策略和一般交易管理进行详细说明。然而，均值回归交易的退出则遵循不同的规则。记住，一般来说，这些都是短线交易。根据本书的研究，以日收益率为基础的最佳回报出现在交易的第 7 天。研究表明，7 天定时退出是这种交易最赚钱的方式。然而，我的测试使用的数据相当有限。因此，使用止损策略也是极为谨慎的，因为它可以帮助我防止遭遇极端损失。交易者也可以将该交易的目标价格设定在 20 日均线处，但统计数据显示，这将限制该系统的整体收益。

　　至于在交易中的止损（我们将在第二十二章中讲到止损），我们有一个基于各种形态本身的绝佳位置来设置止损的方法。在信号日出现的前一天，即在布林线区间以外的价格收盘的那一天，布林线的过度扩张，是均值回归交易的一种指引。对于我们的多头交易来说，这一天标志着一个我们不希望看到的短期的低点。空头交易也是如此；这一天标志着近期高点，我们不希望看到价格交叉。最好的止损价格——如果走势对我们不利的话，我们将结束交易的价格——在这些均值回归交易中正好低于多头信号日前一天的低点，略高于做空信号日前一天的高点。在信号日本身设定较低的低点（多头）或更高的高点（空头）的情况下，我们将使用该价格作为我们的指引。

　　因此，总结一下均值回归形态（多头）的退出策略：

- 目标退出：在买入当日，以 20 日移动平均线的价格设定一个"撤销前有效指令"（good till canceled，简称 GTC）的卖出指令。每天在收盘的基础上调整交易。

- 止损：将 GTC 止损价定在信号日前一日低点以下 1.5%，或信号日低点以下，以较低者为准。在任何情况下，止损点不得超过 −8%。

- 定时退出：在交易的第七天收盘时退出（强烈建议），如果目标退出价或止损价没有被触发。撤销所有未结订单，你可以使用"全部退出指令"（order cancels all，简称 OCA）或使用"一键全部退出指令"（one order cancels all），系统将自动为你执行此操作。

- 其他退出策略：

  ◇ 使用追踪止损，而不是静态止损（将在第二十二章中介绍）。

  ◇ 在布林线上轨退出，而不是 20 日移动平均线。

  ◇ 20 日移动平均线减仓一半，另一半在布林线上轨退出。

总结一下均值回归形态（空头）的退出策略：

- 目标退出：在买入当日，以 20 日移动平均线的价格设定一个"撤销前有效指令"的卖出指令。每天在收盘的基础上调整交易。

- 止损：将 GTC 止损价定在信号日前一日高点以上 1.5%，或信号日高点之上，以较高者为准。在任何情况下，止损点不得超过 −8%。

- 定时退出：在交易的第七天收盘时退出（强烈建议），如果目标退出价或止损价没有被触发。撤销所有未结订单，你可以使用"全部退出指令"或使用"一键全部退出指令"，系统将自动为你执行此操作。

- 其他退出策略：

  ◇ 使用追踪止损，而不是静态止损（在第二十二章中介绍）。

  ◇ 在布林线下轨退出，而不是 20 日移动平均线。

  ◇ 20 日移动平均线减仓一半，另一半在布林线下轨退出。

均值回归形态的筛选：均值回归形态是 100% 机械的形态，这意味着该形态的所有筛选条件都可以编程到一个筛选工具中，允许定制技术指标。如前所述，我已经将均值回归筛选条件的多头版本和空头版本编程到 Metastock 的趋势交易工具包中。它与这里详细介绍的形态不同，因为它用一系列筛选工具剔除了处于布林线之外的股票。我后来了解到，虽然避免缺口会略微提高你的胜率，但它也会妨碍整体回报。如果我们不考虑缺口，为均值回归形态构建一个机械筛选系统是相当容易的。请记住，你需要一个筛选服务，它不仅可以让你建立自定义的技术筛选工具，还可以让你上传一个股票观察名单，并对该名单进行筛选。同样，Stockcharts、NinjaTrader、StockFetcher、Metastock 和 TC2000 等软件是应用程序的典范，这些应用程序将允许你执行上述两种操作。

要创建自己的多头交易均值回归筛选工具，只需在以下筛选工具中编写程序，然后在看涨观察名单上运行此筛选程序：

- 昨日收盘价低于布林线下轨。
- 昨日收盘价低于昨日开盘价。
- 今日收盘价高于布林线下轨。
- 今日收盘价高于今日开盘价。
- 今天的收盘价比昨天的开盘价低。
- 今日收盘价低于 20 日移动平均线乘以 0.9。

要创建自己的空头交易均值回归筛选工具（先卖出股票，然后回购或补仓），只需在以下筛选工具中编写程序，然后在看跌观察名单上运行此筛选程序：

- 昨日收盘价高于布林线上轨。
- 昨日收盘价高于昨日开盘价。
- 今日收盘价低于布林线上轨。
- 今日收盘价低于今日开盘价。
- 今日收盘价高于昨日开盘价。
- 今日收盘高于 20 日移动平均线乘以 1.1。

图表说明： 在图 20.5 中，我们看到了 Jounce 医疗公司（股票简称 JNCE）的六个有效的均值回归空头形态，这是一个没有盈利的生物技术公司的股票，有极高的市销率，Zacks 等级为 4（"卖出"）。由于一种抗癌药物的数据不佳，该公司最近几周的评级一直在下调。换句话说，这只股票是我们看跌观察名单上的一只股票，是被做空的。事实上，在图 20.5 中，我们看到了七个均值回归信号——这对于一只波动性很大的生物技术股票来说并不罕见——其中五个是非常有可能盈利的。我们也看到了两个走势，几乎触发了卖空信号，但并没有完全符合我们的所有五个关键指标。在位置 2，我们看到一根阳线，收盘价在布林线上方，随后是一根阴线，收盘价在布林线之内，但是没有超过 20 天移动平均线的10%。在位置 8，我们看到几根长长的阳线正好在布林线上轨，但是没有一个收盘价能够高于布林线上轨。

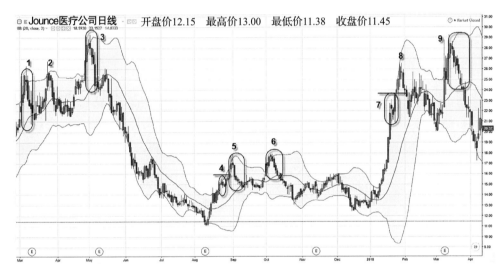

图 20.5　JNCE 的均值回归形态

图由 TradingView.com 提供。

其余位置都是有效信号。位置 1 的信号急剧下跌，在第三天触及 20 日移动平均线目标（很棒！），获得了 13.4% 的收益。请注意，位置 3 的信号是我们在关键指标中允许的一个例外。信号日的收盘价低于预告日的开盘价，但预告日是窄幅震荡 K 线；因此，只要信号日收盘价仍高于均值的 10%，该信号就有效。请注意，我们无法就此例外情况在筛选工具中编写代码，因此，这个信号只有在你关注观察名单上的股票的图表时才会捕捉到它（另一个让关注图表成为日常习惯的好理由！）。在位置 3，入市后三天内触及 20 日移动平均线目标，做空获利达 12.1%。位置 4 是个"哑弹"。在交易四天之后，我们在高出预告日高点

1.5%的水平止损，做空损失 5.2%（还可以）。位置 5 和位置 6 的信号获得了成功，股价上涨 8.7%（由于 20 日移动平均线上涨，获利不足 10%），8 个交易日累计获利 8.1%。位置 7 的交易是我们的第二次失误，在信号日高点上方 1.5%止损，三天亏损 4.6%。在位置 9 入市后的五个交易日内，净赚 12.6%。我们做了七笔交易，扣除亏损后，在短短 26 个交易日的总回报率是 45.1%（年化投资回报率为 451%）。顺便说一句，这意味着每天的回报率为 1.7%，比我们在标普 500 指数测试中看到的最高水平还高出近 5 倍。这可能是由两个因素造成的：像 JNCE 这样的小盘生物科技股的走势比标准普尔 500 指数的任何一只蓝筹股都要快得多，波动性也要大得多，而且 JNCE 被预筛选为基本面看跌，这更是火上浇油，迫使所有的卖家退出离场。

图 20.5 最后一点：在位置 3 、6 、8 和 9 的交易都超过了 20 日移动平均线，触及布林线的下轨。这是你的备用退出目标，如果你有长期持有的耐心，或许你可以在每周交易的基础上减少交易数量。当然，你可以用更大的目标来提高每次交易的总回报，但你每天的回报会减少。由于这是一个快速转向的交易系统，而且在多个星期里，它会释放出相当多的信号，因此，每天的数字实际上就是你的基准。出于这个原因，我更希望看到你要么瞄准 20 日移动平均线，在那里清仓退出，要么在七天后清仓每一笔交易。

在图 20.6 中，我们看到了美国卡车公司（USA Truck，股票简称 USAK）一年的股价走势图，这家公司是近几个月来增长最快的公司之一。截至本书撰写之时，该股在过去 12 个月（截至 2018 年 5 月）累计上涨了 355%，在股价超过 20 美元的所有股票中排名第三。该公司是获利颇丰，拥有坚实的增长数据上限和下限，当时的市销率仅为 0.5 左右。在 2018 年的大部分时间里，该股的 Zacks 等级为 2 或 3。请仔细看看图 20.6。这是一张完美的均值回归交易图表。我们已经知道该股基本面看涨，因为它在我们预先筛选的看涨观察名单上。当你看到这样的股票在上下震荡，没有任何实质性的进展时，就应该开始寻找均值回归形态的多头交易机会（均值回归做空也是如此）。如图 20.6 所示，紧凑的、波动的区间震荡的股价走势是这类趋势交易的最佳图表。

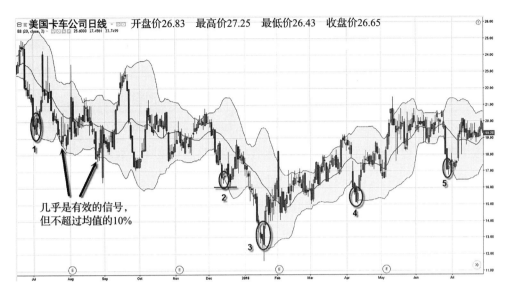

图 20.6　USAK 的均值回归形态

图由 TradingView.com 提供。

在图 20.6 中标记了五个均值回归的多头交易，其中四个获得了相当可观的收益。在位置 1 的交易中，我们在阳线反包位置买入，根据第五个关键指标的例外情况，前面的阴线（即低于下布林线的第二根 K 线）相对于它前面的长阴线，是一个窄幅 K 线。这一交易在短短三天内达到了布林线中轨，加上第四天开盘，这使得我们的卖出限价远远高于平均值，涨幅达到 18.9%。而位置 2 的交易在第四天就停止了，当时它比买入当天 K 线的低点低了几美分，减去 1.5%，只损失了 3.2%。事实上，1.5% 的止损规则是非常严格的；在实际交易中，我们很可能会将止损点进一步压低（在 15.85 美元左右）；如果继续这笔交易，我们在八天内就能获得可观的 9.3% 的利润。位置 3 的交易是另一个"例外"规则，一根"巨大"的阳线吞没了距离均线还很远的窄幅 K 线。这笔交易在买入后短短四天内净赚了 12.2%。位置 4 的交易是一根完美的进场 K 线，当它运行到平均值时已上升了 11.5%，这是仅在两个交易日的涨幅。位置 5 的交易是两支长长的阴线，把股价推离均线太远，接着是一根窄幅阳线，但收盘价仍低于布林线下轨。这笔交易买入后花了几天时间，在一个好日子里出现大幅上涨，超过了布林线中轨，在六天内上涨了 9.9%。综上所述，在 USAK 股价实际下跌超过 13% 的时期内，我们的五次均值回归交易（包括一次亏损）在短短 18 个交易日内上涨了 49.3%（日投资回报率 2.73%，年化投资回报率 712%）。如果止损力度加大，我们的总收益将在 24 个交易日内达到 61.8%（年化投资回报率 668%）。

如何增加成功的概率：均值回归形态适用于我们的看涨观察名单和看跌观察名单。经过了基本面和技术指标的预筛选，我们的成功概率大大增加。但是，我们还可以通过一些方法来增加我们的机会，当有几只候选股票触发均值回归信号时，这将是一个常见的现象，因为这种形态往往会频繁选出最佳候选股票。这些方法包括但不限于以下内容：

- 多头均值回归形态倾向于市销率最低的候选股，空头均值回归形态倾向于市销率最高的候选股。

- 如果你正在使用 Finviz（Zacks 等级在 2.0 以下的任何股票都适合做多头），那么你最好选择 Zacks 等级最低的（最低为 1）或者分析师推荐度最低的多头均值回归候选股票。如果你正在使用 Finviz（Zacks 等级在 3.0 以上的任何股票都适合做空头），那么你最好选择 Zacks 等级最高的（最高为 5）或者分析师推荐度最高的空头均值回归候选股票。

- 倾向于多头均值回归的候选股票，其入场信号是股价正在或近期出现了强烈反弹（股价有支撑）的情况，倾向于空头均值回归候选股票的入场信号是股价正在或最近出现了的强烈抛售（股价有阻力）的情况。

- 倾向于多头或空头均值回归候选股票的入场信号是触及或接近主要移动平均线，例如 50 日或 200 日移动平均线。

数据表现：我已经将均值回归形态编程到 Metastock 的趋势交易工具包中。由于该形态是 100% 程序化的，因此我们可以使用 Metastock 的 backtesting 特性来查看形态的长期性能。我对看涨和看跌的观察名单进行了回溯，将其上传到 Metastock 中，然后进行 7 年的季度回溯测试。我还更新了每个时间段的观察名单。应该注意的是，当市场出现波动或剧烈震荡时，均值回归形态是少数相当有效的形态。当市场强劲上涨时，我们往往会更倾向做空而不是做多。当市场急剧下跌时，我们往往会做多而不是做空。在产生图 20.7 中的统计数据的回溯测试中，我获取了每个有效的信号，并且没有尝试将多头与空头配对。

同样应该提醒的是，过去的表现，无论是从实际交易还是从像这样的假设性回溯测试来看，都不能保证系统今后会以同样的方式表现。有了这些提示，让我们看看均值回归形态在我们每季度更新一次的看涨观察名单和看跌观察名单上 5 年回溯期（2013—2018 年）的表现如何——应该注意到这是一个相当长的牛市时期——并将这些数据与同期的标普 500 指数进行比较，见图 20.7。

5 年回溯：均值回归形态（2013—2018 年）			
启动资产	$ 10000	总交易数量	81
期末资产	$ 353587	交易成功数	46
总收益	$ 343587	交易失败数	35
总回报率	3435.9%		
年化回报率	102.9%		
基准指数：标普 500 指数		总回报率	90.0%
		年化回报率	13.6%

图 20.7　5 年期均值回归形态的回溯测试

第二十一章
红利系统 Ⅱ：利用期权扩大收益、降低风险

在第 1 版《以趋势交易为生》中有一章关于期权交易的内容，介绍了期权的所有基础知识和所有主要的期权策略，并详细阐述了一个可以在盈利季使用的期权交易系统。在本书中，我修改了一些内容，保留了关于期权的入门知识——如果你是一个经验丰富的期权交易者，可以跳过这部分——在本书中我详细介绍了如何通过期权扩大收益，并使本书中的交易策略所涉及的风险降到更低。

自 1999 年以来，我一直在进行股票和指数期权的交易，这是我趋势交易的一部分。而在这十几年中的大部分时间里，我都在亏损。我很早就开始从事股票交易，但接受期权方面的教育，我则经历了一个漫长而缓慢的过程。今天，我在一个网站上管理着一项互联网期权咨询服务，该服务自 2014 年 5 月推出以来，净收益为 2239%（截至 2018 年 5 月），同时保持了 70%～80% 的现金投资组合。按照这一速度，一个 10000 美元的起始账户在短短 4 年内就会增长到近 25 万美元（年化投资回报率 120%）。这就是期权的力量。但要提醒你的是，看到图 21.1 中的权益曲线了吗？看看波动多么剧烈，这也是期权的力量：杠杆的作用使它们非常吸引人，同时也使它们变得非常危险。你需要知道你在做什么，本章有助于你实现这一目标。

斯托克斯博士
期权函
所有的收入和增长

斯托克斯博士期权函

Marketfy排名第一的服务！在每日市场和期权交易中，提供准确的买卖点。为所有会员提供免费期权101网络研讨会。交易类型包括：直接看涨期权和看跌期权、裸看跌期权、备兑看涨期权和指数信用利差等。尤其适合那些新的期权品种。

产品概述	投资组合	评论

总体业绩	近365天业绩	年初至今业绩	近90天业绩	总成交次数
2239.63%	243.66%	39.98%	18.81%	1119

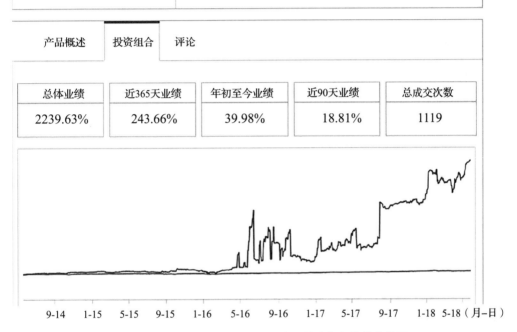

9-14　1-15　5-15　9-15　1-16　5-16　9-16　1-17　5-17　9-17　1-18　5-18（月—日）

图 21.1　Marketfy. com 上的斯托克斯博士期权收益走势图

图由 Marketfy.com 提供。

什么是期权

让我们先从这个问题开始，什么是股票期权？期权交易就像股票交易一样。如果你希望它们的股价上涨，可以做多。如果你希望它们的股价下跌，也可以做空（这也叫写期权）。股票期权只有两种：看涨期权和看跌期权。看涨期权往往会随着股价的上涨而上涨，看跌期权往往会随着股价下跌而上涨。因此，无论是看涨期权的买方还是看跌期权的卖方，通常都看好该股票。看涨期权的卖方和看跌期权的买方一般都看跌该股票。

期权买方有权利，期权卖方有义务。期权买方有权（但没有义务）以指定价格买入（如果买入的是看涨期权）或出售（如果买入的是看跌期权）标的股票。这项权利在期权到期之前一直有效。你购买的每个期权合约都有一个指定的到期月份。期权的到期日为到期月份的第三个星期五。期权卖方有义务以指定的价格卖出（如果看涨期权为卖空）或买入（如果看跌期权为卖空）标的股票。这项义务在期权到期之前一直有效。

购买期权没有保证金要求，因为你的风险来自于期权的价格。购买期权需要在期权账户借记栏中记入期权的购买价格或溢价。另外，期权卖方在卖出期权时，会在其账户中记录期权溢价。如果期权到期时一文不值，他们可以保留这笔钱。然而，由于期权卖方也有义务购买（看跌）或出售（看涨）标的股票，如果他们的期权是由出售期权的人（指定的期权持有人）行使，他们承担的风险将大于期权价格的金额。因此，期权卖方总是需要使用保证金账户。并非所有的经纪商都允许期权的买卖，除非买卖双方同时拥有标的股票。

股票期权的术语

要买卖期权，必须熟悉期权市场的术语。我在这里提供了一些与买卖股票期权相关的常用术语。

平价期权（At-the-Money）

如果标的权益的市场价格等于或接近标的股票价格，则期权就是平价期权。一般来说，平价期权的成本高于虚值期权（Out-the-Money，也叫价外期权）。

买入平仓（Buy to Close）

是指你买入一个你目前做空的合约。

买入开仓（Buy to Open）

指你买入了一份你还没有持有的合约。

看涨期权（Call Option）

看涨期权是持有者有权在到期前的任何时候以执行价格购买标的物的一种合约。

德尔塔（Delta）

期权术语中有几个希腊字母符号表示期权溢价的变化。其中最重要的是 Delta。

Delta 是指期权溢价与股票价格之间的比率。这个比例通常不是 1:1。最常见的是 0.5:1 左右（也经常低于这个比例）。换句话说，如果期权的 Delta 是 0.5，那么股价每变动 1 美元，期权溢价就会相应变动 0.5 美元。这可能会让人觉得交易期权不像交易股票那么划算，但事实上期权是通过价格来杠杆化的——要控制 100 股股票所需购买的期权比购买股票所需的钱少得多——这使得尽管存在 Delta 比率，期权也非常有吸引力。

Delta 还有一些好处：随着股价的波动，它会发生变化。通常，在行权价下，Delta 约为 0.5。然而，实值期权的这一比例可以接近 1:1。相反的情况也是如此：如果股票脱离了行权价并成为虚值期权（价外期权），Delta 就会降低。仅此一个因素——Delta——就使得期权对趋势交易非常有吸引力：当头寸向对我们有利的方向移动时，我们的期权的价格会以越来越快的速度增加；但当头寸对我们不利时，它们的价格就会以越来越慢的速度降低。

行权和转让（Exercise and Assignment）

行权是指期权持有人决定使用该期权以执行价买入或卖出标的股票。转让是指期权卖方（或称为期权出票人）由于有义务卖出而必须买卖标的股票的行为。期权持有人行使期权将导致期权出票人被转让（Assignment）。

行权方式（Exercise Style）

- 美式期权：美式期权在到期前可以随时行使。
- 欧式期权：欧式期权只能在到期日行使（到期日之前不能行权）。

到期日（Expiration Date）

股票期权在到期月份的第三个星期五收盘前到期。所有交易的期权都有当前月份、下个月以及未来特定月份可供选择。每只股票都有相应的月周期可供选择。有三个固定的周期，它们是：

1. 一月、四月、七月、十月

2. 二月、五月、八月、十一月

3. 三月、六月、九月、十二月

期权到期的日期被称为"到期日"。

持有人（Holder）

持有人是购买期权合约的人。写期权的人（期权出票人）并不是持有人，他们只是平仓了一个现有的头寸。期权持有也可以说是他们所买入的期权的多头。

实值期权（In-the-Money）

- 看涨期权：标的股票价格高于期权执行价格。
- 看跌期权：标的股票价格低于期权执行价格。
- 注意，所有具有内在价值的期权都是实值期权。

一般而言，实值期权的购买成本高于平价期权。

内在价值（Intrinsic Value）

内在价值是期权溢价中的一部分，归属于目前可通过在公开市场上行使并同时平仓头寸而实现的价值。

做多（Long）

如果你拥有证券或股票期权，就被称为该证券或股票的多头。

虚值期权（或称价外期权，Out-of-the-Money）

- 认购期权（看涨期权）：标的股票价格低于期权执行价格。
- 认沽期权（看跌期权）：标的股票价格高于期权执行价格。

溢价（也称期权费，Premium）

溢价是为期权合约支付的价格。

期权的溢价取决于多种因素，包括但不限于：标的资产的当前价格、期权的执行价格、到期前剩余时间（时间价值）以及股票的波动率。期权溢价以每股股价为基础。每份期权合约对应 100 股股票。因此，如果一份期权的溢价定价为

2.5 美元，那么该期权的总成本将为每份合约 250 美元（每份合约溢价 2.5 美元 ×100 股）。购买期权会将期权的总成本记入买方交易账户的借方。做空或卖空期权会将期权的总成本记入卖方的交易账户。

看跌期权（Put Option）

看跌期权是一种合约，持有人有权在期权到期前的任何时候以执行价出售标的物。

卖出平仓（Sell to Close）

卖出平仓是指出售你目前拥有的合约。

做空（Short）

如果你卖出了你还没有拥有的证券或股票期权，这种行为就被称为做空那个证券或期权。

行权价（Strike Price，或称执行价，Exercise Price）

行使期权合约时，标的资产的买卖价格即为行权价。

在标的资产现价之上和之下的几个行权价都有期权可供选择。价格低于 25 美元的股票通常每 2.50 美元就有一个行权价。价格超过 25 美元的股票通常每 5 美元就有一个行权价格。

时间价值（Time Value）

在期权交易中，所购买的期权到期前剩余的时间具有货币价值。这个价值称为期权的时间价值。期权离到期日越远，时间价值越大，时间价值随着期权接近到期日而减少。随着时间的推移，这种减少的速度呈指数变化，因此随着期权越来越接近到期日，期权的时间价值也以越来越快的速度减少。在到期日，期权则没有了任何时间价值。

标的物（Underlying）

标的物是期权合约的基础。它可以是股票、指数、外汇、利率或期货合约。标的物通常被称为标的权益、标的资产、标的证券或标的股票。

卖空期权（Write 或 Sell to Open）

卖空期权就是卖空一个你还没有拥有的期权合约。期权的卖方（Writer）是承担风险（承诺承担风险）的人。卖出自己已经拥有的期权合约的人不是期权卖方，他们只是在平仓现有头寸。期权卖方也被称为期权的空头。

卖方（Writer 或称为 "写期权人"）

卖方是指为卖出期权合约而开仓的人。卖方是承担风险（承诺承担风险）的人。卖出已经持有的期权合约的人并不是卖方，他们只是在平仓现有的头寸。期权卖方也被称为期权的空头。

期权工作原理概述

- 股票期权赋予了你购买或出售标的股票的权利。

- 如果你购买了期权，你没有义务买入或出售标的股票；你只是有权这么做。

- 如果你出售期权并行使了期权，那么你有义务以期权的行权价格交付标的股票（如果你买入的是看涨期权）或接受标的股票（如果你买入的是看跌期权），无论标的股票当前的价格如何。

- 期权在指定期限内有效，到期后，你将失去以指定价格购买或出售标的物的权利。

- 购买期权时，记入买方交易账户的借方。

- 出售期权时，记入卖方交易账户的贷方。

- 期权有几种代表标的物价格的行权价格。

- 期权的成本被称为期权溢价。价格反映了多种因素，包括标的股票的当前价格、期权的执行价格、到期前剩余时间以及波动性。

- 并非每只股票都有期权。约有 2200 只股票具有可交易的期权。每一手股票期权代表 100 股该公司的股票。

期权的优势

期权是最通用的交易工具。例如，它们可以在各种各样的工具上交易，包括股票、股票指数、交易所交易基金、大宗商品、货币和债券。所有这些工具的期权都以与前面所述完全相同的方式运作。不过，我们的重点将放在股票期权上。

期权的用途也很广泛，因为与简单的股票相比，期权的用途更广泛的原因如下。

- 期权可以用于对冲风险。
  ◇ 例如，你持有 100 股苹果公司的股票，并怀疑该股票的价格可能会下跌，你可以买入一个看跌期权（或卖出一个看涨期权），一旦该股票被抛售而价格下跌，你就可以卖出看跌期权来弥补股票的损失。这样做的效果是双重的：你可以避免部分股票损失，而期权出售所获得的利润可以降低苹果公司股票的买入成本。
- 期权也可用于从市场波动和不可预测的时期获利。
  ◇ 有一些使用期权的策略利用了这样一个事实，即当股票走势有利时，期权的价值倾向于以递增的速度增长；而当股价走势不利时，期权的价值以递减的速度下降。如前所述，这是由期权的 Delta 造成的，如果运用得当，可以产生令人难以置信的持续的收益。例如，如果你预期奈飞公司（NFLX）的股价会在其盈利公告期间大幅波动，但你不确定该波动是否会上升或下降，你可以购买 NFLX 的看涨期权和看跌期权。如果在宣布的当天 NFLX 的交易强劲上升，你可以卖出看跌期权，持有看涨期权。由于 Delta 的原因，看跌期权的价值下降速度应慢于看涨期权价值的增长速度。这是一个有利可图的差异，可以反复利用。
- 期权为小规模交易者提供了一个杠杆，让他们可以用它来投资高价股。
  ◇ 通过买入看涨期权或看跌期权而不是实际的股票，一个只有几千美元可用的交易者仍然可以控制成批的股票，而不必只购买零星的股票（少于 100 股）。他（她）可以在一些价格较高的股票中持有全部头寸，而通常资金量较小的交易者会被禁止这么做。有了期权，账户规模较小的交易者可以在不占用全部现金的情况下持有多个头寸。

杠杆在这里被定义为投资者获得的优势，他们可以用少量的钱完成大规模的投资。在股票期权中，你经常会遇到这样的情况：每投资 1 美元的期权相当于投资了 10 美元或更多的股票。

让我们举一个真实的例子。比方说，我想买 100 股脸书的股票，因为我认为它的价格在未来几周会上涨。目前的股价约为每股 180 美元，因此，买这 100 股将花费 18000 美元。这么说吧，我是对的：在接下来的一个月里，脸书的股价达到 200 美元。我的 100 股现在价值 20000 美元。这一个月我获得的利润是：2000 美元，扣除交易佣金，比我原来的投资额增加 11.1%。以下是我的股票交易摘要：

- 以 180 美元的价格买入 100 股脸书股票，成本 18000 美元；
- 股价涨至 200 美元/股，盈利 2000 美元，涨幅 11.1%。

只要你能在一个月内把 11% 的收益存入银行，那么你就完成了一笔不错的交易。如果每个月都这样做，你就可以在一年内把一个 5 万美元的账户变成 17.5 万美元以上的账户！

现在我们假设我没有直接购买股票，而是购买了股票的看涨期权。如果脸书的交易价格是 180 美元，我认为它会上涨，我想以 180 美元的价格买入至少三个月后到期的看涨期权（给我的交易时间足够宽松）。目前这些期权的期权溢价约为 5.5%。如果我三个月后买一手行权价为 190 美元的脸书的看涨期权，我的账户就有 550 美元被记入借方，这是期权溢价 × 100（100 为每次看涨期权所代表的股票数量）。这次也一样，我又对了，脸书一个月就涨到 200 美元。当 Delta 为 0.5 时，随着看涨期权从平价期权变为实值期权，Delta 会增加到约 0.75，我的看涨期权的期权溢价在一个月内会从 5.50 美元增加到约 15.00 美元（期权溢价与几个因素有关，不仅仅是价格，所以这是一个粗略的猜测）。那份单一期权合同现在价值 1500 美元，减去佣金后，我已经赚了 950 美元。虽然这低于购买股票所带来的利润，但也意味着惊人的 170% 的整体收益率。从这个角度来看，如果我在期权上投入的资金与我在股票上投入的资金相同（1.8 万美元），我就可以买 32 手看涨期权。这 32 手期权的溢价将升至 4.8 万美元，与我交易股票时获得的 2000 美元相比，净利润将达到 3 万美元。这是 15 倍的杠杆效应。这就是我所说的期权。杠杆，亲爱的杠杆！

所以，总结一下：

- 购买 1 手脸书股价为 190 美元、期权溢价为 5.50% 的看涨期权：总成本为 550 美元；

- 股票涨到 200 美元，看涨期权的利润为 950 美元，或 170% 的收益率。

但是如果脸书的股价没有朝我所期望的方向变动，会发生什么呢？如果不是上涨 20 美元，而是下跌 20 美元，那我的投资怎么办？好吧，如果我只是买了 100 股股票，我会亏损 2000 美元，18000 美元的投资现在只值 16000 美元，损失 11.1%。但如果我买了一份看涨期权合约而不是 100 股股票，我也会亏损，但不会亏损那么多。同样，在发生损失时，Delta 对我们有利。随着脸书的股价发生对我们不利的变化，我们的期权逐渐成为虚值期权，期权溢价的下降速度会减慢。在脸书股票被抛售的日子里，我会损失一些时间价值，但是相对于标的股票的损失，期权溢价损失的总金额趋于减少。这意味着购买期权比持有股票的风险更小。例如，如果脸书的股价从 180 美元跌到 160 美元，我在股票交易中损失了 2000 美元。但如果我买了一手看涨期权，而股价同样下跌，我的看涨期权会从 5.50 跌到 2.25 左右。这意味着期权交易损失 225 美元。这使得期权交易的风险/回报比超过购买股票的 4 倍（$225 \div 550 \times 100\% = 41\%$），这得益于 Delta 的力量。综上所述，期权给了散户交易者一个杠杆，让他们可以用它来投资高价股票。

出售看跌期权比直接做空股票更容易，成本更低。

卖空者喜欢抓住快速下跌的股票乘虚而入。但如果任何一只股票在一天内的跌幅超过 10%，按照 SEC（证券交易委员会）的规定你不能做空这只股票。而对于看跌期权，则没有这样的规定。你可以以市场价买入看跌期权，不管股票的走势如何。此外，尽管 2007 年所有卖空者的克星——上涨法则被废除，但两年后几乎就恢复了这一规则。它随时可以被恢复。有了期权，就没有上涨法则，也永远不会有。此外，看跌期权没有股息和保证金利息支付。如第十四章所述，如果你做空股票，你将被收取 50% 的投资利息（保证金），如果有应付股息，你还将被收取应付股息。当你买看跌期权时，交易是自由的。

期权的缺点

在人们认为自己已经找到理想的交易工具之前，我应该指出期权有一些缺点。

时间价值的衰减：期权在接近到期时会失去价值，对此你无法阻止。但这不是最坏的消息。事实上，时间价值衰减的速率随着时间的推移而增大：期权越接近到期日，衰减越快。图 21.2 是一个清晰的例子，当期权接近到期日时，时间价值衰减率呈指数增长。随着时间的推移，这一事实增加了期权的风险值：如果标的股票在购买期权后的短时间内没有朝着有利的方向移动，该期权盈利的概率就会降低；延迟的时间越长，盈利的可能性越小。股票的情况往往相反：持有时间越长，就越有可能从预期的走势中获利。

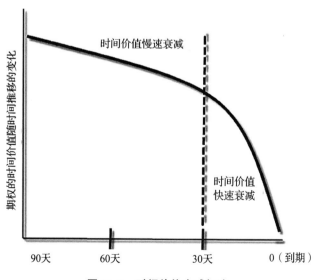

图 21.2　时间价值衰减加速

图由 DrStoxx.com 提供。

投资完全损失：如果交易对你不利，你持有的期权到期（我们在任何情况下都强烈反对这么做）后将毫无价值。

- 这意味着你将不得不减小你的每笔交易的投资规模，从而降低你的整体收益。

- 这也使得实现复利收益变得更加困难，因为如果你承担了巨额损失，100% 复利可能会导致无法弥补的损失。

有了期权，就没有事前或事后的交易：如果你看到有隔夜坏消息传出，而你持有看涨期权，在下一个交易日到来之前你什么都做不了。

期权的流动性通常比股票低：有些虚值期权并非每天都在交易。

- 一般来说，一只股票的流动性越高，期权的行权价就越接近平价，而期权的流动性就越高。

期权的买卖差价较大：

- 在交易良好的股票中，股票的价差通常为 0.01 ~ 0.02 元。在期权上，它通常是 0.10 ~ 0.20 元。

- 在流动性较差的股票中，价差可能是 0.50、1.00 或更大。

在某些 IRAs 账户（个人退休金账户）中，不能交易期权。

IRAs 账户限制任何保证金交易，当然禁止做空股票，但也限制了某些类型的期权交易。一般来说，有明确风险的期权策略，比如买入看涨期权和看跌期权，在 IRAs 账户中是可以交易的。但风险无限的期权，如卖出看涨期权，或需要保证金的期权（如展期做空），在 IRA 账户中是不允许交易的。

期权的基本参数

期权合约有四个主要标识：标的物、到期日、行权价格和类型。

标的物：期权所代表的市场（股票、指数等）。

到期日：月期权的到期日为到期月份的第三个星期五；周期权到期日为指定周的星期五。

行权价格：期权所有者有权（而不是义务）购买标的物的价格。

- 期权分类：实值期权（ITM）、平价期权（ATM）或虚值期权（OTM）。
  - ◇ 实值期权 ITM，即看涨期权的执行价低于标的价格；看跌期权的执行价格高于标的价格。
  - ◇ 平价期权 ATM，即看涨或看跌期权的执行价格与标的价格相同。
  - ◇ 虚值期权 OTM，即看涨期权的执行价高于标的价格；看跌期权的执行价低于标的价格。

期权的类型只有看涨期权（calls）和看跌期权（puts）两种。

- 看涨期权赋予期权买方在期权购买和期权到期日之间的任何时间以指定价格（行权价格）购买标的证券（每份股票期权合约含 100 股股票）的权利，但没有义务。
- 买入看涨期权时，会随着股价上涨而赚钱。
- 当市场下跌或持平时，卖出或做空看涨期权都能赚钱。
- 看跌期权给予期权买方权利，但没有义务，从现在到期权到期日之间的任何时间，以指定的价格（行权价格）卖出标的证券（每个股票期权合约含 100 股股票）的权利。
- 买入看跌期权时，将随着股价下跌而赚钱。
- 市场下跌或持平时，买入或做空看跌期权都能赚钱。

期权有两种价值，这两种价值结合起来就构成了你拥有期权所必须支付的溢价：

- 内在价值（intrinsic value，简称 IV）包含多种因素，包括标的资产的价格；内在价值随着期权实值（in-the-money）移动而增加；一旦期权为虚值（out-of-the-money），内在价值即变为 0。
- 时间价值（time value，简称 TV）随着期权接近到期日而降低；时间价值在期满时变为 0。

例 1

买入甲骨文公司（ORCL）9 月 50 美元看涨期权（当前为 5 月，ORCL 的交易价为 47 美元）。

- 期权交易价格为 1.15 美元（每份合约为 115 美元）。
- 内在价值 IV = 0 美元；时间价值 TV = 1.15 美元。

例 2

买入甲骨文公司（ORCL）10 月 45 美元看涨期权（当前为 5 月，ORCL 的交易价为 47 美元）。

- 期权交易价格为 3.70 美元（每份合约为 370 美元）。
- 内在价值 IV = 2.00 美元；时间价值 TV = 1.70 美元。

注意，标的股票的波动性影响时间价值：

- 波动性降低，则时间价值降低。
- 波动性增加，则时间价值增加。

如何利用期权使收益最大化、风险最小化

在这一节中，我将描述三种不同的方法，当你在仔细阅读本书中提到的趋势交易的各种形态模式时，你可以使用这些股票期权。这些都和我在我的"以交易为生"以及期权的 101 次网络研讨会上所教的期权策略相同。我的各种股票期权咨询的订阅者们，都在使用这些策略来扩大收益以及降低风险。其中一些人只使用期权，另一些人在标的股票价格对他们的账户规模来说过高时使用期权，还有一些人交易股票，但随后以增加期权的方式来降低风险。无论你是否喜欢使用期权，你将在这里学到三种方法，我相信期权可以真正增加你的回报和优化我的趋势交易系统。

如果你已经是一个成功的趋势交易者，那么你会成为一个成功的期权交易者。只要按照我在这里概述的规则去做就行了。如果你想通过期权获得长期的成功，我强烈建议你严格遵守这些规则。由于期权的杠杆作用，你不能像交易股票那样交易期权。它可能在短期内有效，但从长期来看，可能使你的账户归零。我建议你仔细阅读这些规则，用你自己的话写一个简短的总结，然后贴在你交易的计算机旁边。

期权交易规则

1. 如果你要买期权，一定要提前至少两个月购买。我们在本书中所做的短期趋势交易的最佳周期是三到四个月。

- 这样你就避免了时间价值衰减最快的时期，给你一些时间去调整交易，这样就降低了一些交易风险。
- 这个规则的一个例外情况是均值回归形态（见第二十章）。因为这类交易是为七天或更短的持有期而设计的，你只能在三到四周的时间内买卖期权。

2. 如果你正在做空或卖出一份期权，请不要超过一个月。

- 期权溢价通常相对于到期前两周或更短时间内所承担的风险而言太小，任何超过一个月的时间都意味着你在浪费时间，度过一段缓慢的时间价值的衰减期。做空期权溢价的最佳时机是三到四周。
- 因为做空一个看跌期权或看涨期权需要三到四周的时间才能获得最大的收益，所以不建议在均值回归形态上做空或卖出期权。

3. 避免购买价差大于 10% 的期权（例如，2 美元期权的价差为 0.2 美元）。

- 价差是买入价和卖出价之间的差额；这是一个你必须支付给交易所的做市商的溢价，以便交易。
- 价差越大，股票的变动幅度就越大，标的股票就越有可能让你达到盈亏平衡点，你在交易中的风险也就越大。

- 我喜欢遵循的一条法则是我的"10－10 法则"：如果价差大于 0.10 美元，我会在价差之间输入一个限价指令；如果价差大于 10%，我会避免购买该期权。尽管因此我错过了一些很不错的交易，但这就是我的原则。我讨厌为任何事付额外费用。

- 一些交易量大的期权（比如 SPY 和 QQQ 等指数 ETF 上的期权）价差仅有 0.01 美元，这使我们的交易容易多了。

- 注意：这不适用于卖出期权。当我们卖出期权时，我们能够承受更大的价差，因为此时时间价值的衰减对我们有利，而不是对我们不利。

4. 以实值或平价最接近行权价时买入，避免过度虚值时的买入。

- 例如，苹果公司（AAPL）的股价为 187.49 美元，你在行权价为 185 美元时买入（看跌期权或看涨期权），但如果 AAPL 的股价为 187.51 美元，你将在行权价为 190 美元时买入（看跌期权或看涨期权）。

- 交易过度的虚值期权，成功的概率非常低。即使你通过杠杆赚过一大笔钱，但你也会经历众多的小失败，以致难以保持旺盛的斗志。尤其是当你看到股票朝着预期的方向移动，只是不足以通过行权和溢价获利，然后你花了一周的时间思考如果你买了更昂贵的平价来行权，你会赚多少钱。这是我的经验之谈！

5. 当你卖出期权时，你希望尽可能地不赔钱，并且在溢价和股票价格之间保持 1% 的最低比率。

- 例如，我认为 AAPL 在下个月不会下跌，我会卖出一些虚值看跌期权，以获取期权到期时失去的溢价。越是过度的虚值，我的交易越有可能赚钱。但我不想走得太远，因为那样的话，相对于风险，溢价就变得太小了。理想的溢价对股价的比例是 1:100。因此，如果 AAPL 的交易价格是 180 美元，我更喜欢的是一个月后，溢价不低于 1.80 美元。对于波动性更大的股票，这个比率会高很多，但我不希望低于这个比率。

6. 如果你在买入期权，那么你的头寸要确保在任何一笔交易中损失不超过你总账户的2%，不要同时持有超过5个未平仓的头寸。我称之为"2%法则"。

- 2%的损失意味着，如果你交易的账户规模为10000美元，你的每笔交易的最大损失为200美元。那么，5个未平仓的头寸意味着，如果你在每个头寸中损失了所有溢价，你的损失上限为1000美元，或占总账户的10%。因此，在宣布自己彻底失败之前，你可以承受50笔亏损的交易。这至少给你争取了一些时间来掌握技巧！

- 期权的风险很高。如果你不打算让你的账户被迫彻底清空，那么任何超过这种损失配比的方式，都有可能使你的账户中的相当一部分白白损失，你的整体回报也会受到影响。亏损时有发生，即使是最健康的系统，亏损也不可避免。有了期权，如果你不注意头寸大小，这就意味着你的账户可能将会被彻底清空。

7. 在期权上获利比在股票上获利要快（这是因为时间价值的衰减）。

- 由于 Delta 对你有利（随着期权的持续过度虚值，Delta 的变化速度会减慢），因此损失可以保持更长的时间。

- 请记住，如果你持有的时间太长，即使是期权交易中一笔不错的收益也可能很快消失，即使股票走势并未对你不利。

- 始终尊重时间价值衰减的必然性！

8. 不要在期权上使用止损。在股票上可以，但在期权上，绝对不要。

- 由于它们的价差越来越大以及流动性越来越低，不建议对期权交易进行真正的止损。它们往往会成为做市商寻求的快速猎杀的目标。

- 相反，你要做的是确定止损价格，不是期权，而是标的股票（止损将在第二十二章中讲述），并与你的经纪人就该股票的交易价格设定预警，即使你不拥有该股票。如果股票在交易日达到该价格，你应该收到电子邮件、短信或提示声音，让你知道交易没有按计划进行。你应该立即平仓，承担损失。

9. 根据标的市场的预估走势，在目标市场设定一个限价卖出指令×Delta。

假设英伟达公司（NVDA）在 7 月初的交易价格在 250 美元左右，你预计到 9 月该股将升至 275 美元：

- 你以 250 美元买入 NVDA 10 月到期的看涨期权，期权溢价 18.00 美元（Delta 为 0.50）。

- 一旦行权，你应该以 30.5 美元（12.5 + 18 = 30.5 美元）设置一个限价卖出指令，撤销前有效（上涨 25 美元 × 0.50 = 12.5 美元，12.5 ÷ 18 × 100% = 69.4%，看涨期权收益率 69%）。

10. 一旦期权头寸有 50% 的利润，如果它的收益下降到盈亏平衡点，就将其平仓。我称之为"50% 大满贯"规则。

- 关于期权有一句老话：到手的利润一旦失去，就很少有回报。如果你的期权头寸有一个不错的回报，它又突然回到你的买入价，如果股票走势以很快的速度从"狂野"变为"非常平静"，你最好在盈亏平衡点平仓，以避免损失。

11. 如果你想在看涨期权或看跌期权多头中获利，请在到期前两周平仓该头寸。如果你想继续持有该头寸，请在最近的实值期间买入下个月的头寸。

- 这称为"移仓"；如果你通过在新期权中购买更大的头寸并将利润再投资，你就是在把头寸金字塔化。只要你的头寸都有很好的盈利，这就是好主意。这就是你如何从期权中获得 10 倍甚至更多的收益。这也是一个很好的方法，以避免期权到期前的两周，其时间价值急剧衰减。

这是我用股票期权进行趋势交易的通用规则。记住，如果你要买入或卖出一份股票期权合约，你必须对标的股票的未来方向有合理的信心，就像你要买入或卖空股票本身一样。为此，你需要一个健全的交易策略。

在我们研究策略之前，还有一点很重要：只有当你已经是一个成功的股票交易者时，你才能成为一名成功的期权交易者。强烈建议，在你有一个被证明的股票交易收益记录之前，不要交易期权。你可以在股票交易游戏中输掉很长一段时间，但一旦获得必要的经验，你仍然可以保持足够的资本来东山再起。然而，期权的高杠杆性质导致在股票期权博弈中失败是一种短暂的经历。

使用期权的三种趋势交易策略

下面是三种使用股票期权的策略，结合本书中的趋势交易策略使用股票期权。一旦你运行了预筛选的看涨和看跌观察名单，筛选了这些图表的多空交易趋势形态，请保持对当前市场类型的密切关注，以便将其形态与它最适合的类型相匹配。只要有可能，你就可以做出选择：你可以买入或者卖空股票本身，或者你可以使用期权来提高你的盈利潜力和控制你的风险。如果你首选的交易方式是前者，你就不需要阅读下文的内容了。如果你想把期权作为趋势交易的一部分，那么你将选择后者。你需要从以下三种策略中选择一种。每一种都有一个独特的风险回报模式，以及其他特点，所以只需选择最适合你的交易风格的那一种即可。

第一种策略

用期权进行趋势交易的最简单方法是：买入看涨期权而不是买入股票，买入看跌期权而不是做空股票，它是具有回报最高、风险最有限、所需现金最少的一种投资方法。虽然这是最简单的策略，它也是最不可能成功的，原因如下。

如果我们处于区间震荡或看涨市场类型，你的看涨观察名单上的股票通过了你的所有看涨形态要求，并准备好出手，你将按照以下六个步骤购买该股票的看涨期权（而不是买入股票本身）：

1. 确定最佳到期周或月（见本章前面引用的规则 1）：

    a. 如果你交易的是看涨的均值回归形态，则需要三到四周的时间。

    b. 对于所有其他看涨的组合来说，还要两到四个月的时间。

2. 为你的看涨期权确定最近的行权价格（见规则 4 和 5）。

3. 通过使用 2% 法则（见规则 6）确定你将要购买的看涨期权的数量。

4. 确定触发看涨期权卖出规则的标的股票价格（见规则 8）。

5. 然后买入看涨期权（见规则3）。

6. 最后，使用预估的走势来确定你的目标利润卖点×Delta公式（见规则9）。然后以该价格对你的看涨期权设定GTC卖出限制指令。如果你没有停止交易，或者如果期权没有触发50%大满贯规则（见规则10），那么继续持仓，直到触发你的卖出限制指令。

如果我们处于区间震荡或看跌的市场类型，并且你的看跌观察名单上的股票符合所有看跌形态条件，并做好了准备，你可以按照以下六个步骤购买该股票的看跌期权（而不是卖空股票本身）：

1. 确定最佳到期周或月（见规则1）：

    a. 如果你交易的是看跌的均值回归设定，则需要三到四周的时间。

    b. 对于所有其他看跌的组合来说，还要两到四个月的时间。

2. 为你的看跌期权确定最近的行权价格（见规则4和5）。

3. 通过使用2%规则（见规则6）确定你将要购买的看跌期权的数量。

4. 确定触发看跌期权卖出规则的标的股票价格（见规则8）。

5. 买入看跌期权（见规则3）。

6. 使用预估的走势来确定你的目标利润卖点×Delta公式（见规则9），然后以该价格对你的看跌期权设定GTC卖出限制指令。如果你没有停止交易，或者如果期权没有触发"50%大满贯"规则（见规则10），那么继续持仓，直到触发你的卖出限制指令。

第一种策略的优点：

- 这种策略只需要很少的现金，让你可以自由地将这些资金投到其他地方。

- 这种策略的杠杆率很高，使你有可能在短时间内获得可观的收益。

- 这种策略是最容易实现的，因为大多数通过我们的设置筛选的股票都是可选择的，并提供各种各样的执行价格。

- 风险仅限于为看涨期权或看跌期权支付的溢价。

- 这种策略可以在个人退休账户中交易。

第一种策略的缺点：

● 要使这种策略发挥作用，股票必须首先弥补买卖价差、隐含波动率和时间价值，然后期权才能盈利。这意味着，如果期权要产生利润，股票必须迅速向预期方向移动。然而很多时候，我们的交易需要花几周的时间才能正确地进行。

● 你持有的看涨或看跌期权随着时间的流逝，它会变得不那么有价值。尤其是在到期前的最后一个月。在我们的趋势交易形态中，在很多情况下，如果你买入或卖空股票，你是盈利的，但是因为你买入看跌期权或看涨期权，你可能会因为时间价值的衰减而亏损。

第二种策略

还有另一种策略来进行我们的趋势交易形态与期权相结合的交易，但需承担更大的风险，需要你的账户中有更多的现金，但同时也大大提高了你的成功率：在你的看涨交易中卖出备兑看涨期权（covered calls）（也叫"买入 – 卖方"，buy-writes），在短期交易中卖出备兑看跌期权（又叫"卖出 – 卖方"，sell-writes）。注意，由于均值回归交易通常是 7 天或更短时间的持有，并且由于卖出或写期权需要三到四周的时间来获得最佳回报，因此均值回归形态与此方法不兼容。

如果要在区间震荡或看涨的市场类型中使用这种期权策略，而且看涨观察名单上的股票通过了所有看涨形态要求，并做好了准备，你可以按以下七个步骤卖出备兑看涨期权：

1. 购买股票。注意，你每买入 100 股股票，你将卖出（即写期权）同一股票的看涨期权。如果你买入的股票少于 100 股，则不足以卖出一个备兑期权。例如，如果你买入了 240 股股票，你可以卖出两个看涨期权，而剩余的 40 股股票为"未备兑"的状态。

2. 对于要卖空的看涨期权，确定最佳到期周或月（见规则 2）。

3. 为你的看涨期权确定最佳行权价格（见规则 4 和 5）。注意，对于备兑看涨期权，你希望通过卖出虚值期权给你的股票一些上行空间。如果你卖出一个平价期权，则会限制你的整体利润潜力，因为你的股票在触发执行价和你的空头头寸开始对你不利之前，你没有任何空间可以离场。然而，如果卖出的看涨期权距离平价太远，你将无法从看涨期权中获得足够的溢价，从而使交易具有承担风险的价值。我建议使用规则 4 和 5 来找到最好的执行价，然后去下一个更高的执行价。如果溢价低于股票价格的百分之一，它就不是合适的期权。

4. 由于备兑买入不是杠杆头寸，我们将不使用 2% 法则。相反，使用我们的头寸管理和交易规模规则来限制你购买的股票数量，详见第二十二章所述。

5. 我们将在备兑看涨期权头寸上使用与我们简单买入股票相同的止损方法（也在第二十二章中阐述）。

6. 卖出看涨期权（见规则 3）。

7. 我们不会对备兑看涨期权头寸使用目标卖点。相反，我们会持有到到期日。如果股票在当天的交易价格高于买入价，我们就什么也不做。收盘后，我们的期权到期，我们的股票将被市场"赎回"（卖出）。作为交换，我们可以将股票变动所产生的利润保持在执行价之内，再加上看涨期权的溢价。如果股票在到期日的交易价格低于执行价，无论我们的股票头寸是否盈利，我们的看涨期权到期时将一文不值（我们保留期权溢价），如果我们仍然喜欢该交易，我们可以选择对该股票再卖出一个看涨期权。要做到这一点，只需按照第 2 步到第 6 步进行。如果我们不喜欢未来的交易，最好是在当天交易收盘时或在下一个市场开盘时卖出股票。

如果要在区间震荡或看跌的市场类型中使用这种期权方法，而且看跌观察名单上的股票通过了所有看跌形态要求，并做好了准备，你可以按以下七个步骤卖出备兑看跌期权：

1. 卖空该股票。注意，就像备兑看涨期权一样，你每做空 100 股股票，你就要卖出（即写入）同一只股票的看跌期权。

2. 对于要卖出的看跌期权，确定最佳到期周或月（见规则 2）。

3. 为你的看跌期权确定最佳行权价格（见规则 4 和 5）。注意，备兑看跌期权和备兑看涨期权一样。你希望给你的股票一点运行空间。我建议使用规则 4 和 5 来找到最好的执行价。如果溢价低于股票价格的百分之一，它就不是合适的备兑看跌期权。

4. 由于备兑买入不是杠杆头寸，我们将不使用 2% 法则。相反，使用我们的头寸管理和交易规模规则来限制你卖空的股票数量，详见第二十二章所述。

5. 我们将在备兑看跌期权头寸上使用与我们简单卖空股票相同的止损方法（也在第二十二章中阐述）。

6. 卖出看跌期权（见规则 3）。

7. 与备兑看涨期权方法一样，我们不会对备兑看跌期权头寸使用目标卖点。相反，我们会持有到到期日。如果股票在当天的交易价格低于卖出价，我们就什么也不做。收盘后，我们的看跌期权到期，我们的股票将被市场"收回"（回购）。作为交换，我们可以将股票变动所产生的利润保持在行权价之内，再加上看跌期权的溢价。如果股票在到期日的交易价格高于执行价，无论我们的股票头寸是否盈利，我们的看跌期权到期时都将一文不值（我们保留期权溢价），如果我们仍然喜欢该交易，我们可以选择对该股票再卖出一个看跌期权。要做到这一点，只需按照第 2 步到第 6 步进行。如果我们不喜欢未来的交易，最好是在当天交易收盘时或在下一个市场开盘时简单平仓。

第二种策略的优点：

- 这种策略的成功率很高。由于我们是卖出看涨期权和看跌期权而不是买入看跌期权，时间价值的衰减和隐含波动率对我们是有利的。有时我们会把股票交易搞错（横盘不动，甚至与我们的预期相反），但我们仍然可以在交易中获利，因为我们的账户中增加了溢价。

- 这种策略没有杠杆作用，实打实交易的总体风险较小。备兑看涨期权和备兑看跌期权通常被视为"保守"期权头寸。

- 这种交易和买卖股票一样，不会占用更多的现金。

- 卖出看涨期权和看跌期权是为你的账户创造收入的一个很好的方法。

- 这种策略可以在个人退休账户中交易。

第二种策略的缺点：

- 这种更保守的策略不会像第一种策略那样产生"本垒打"式的大赢家。
- 这种策略也比买入看涨期权或看跌期权需要更多的耐心，因为大多数有保障的看涨期权和看跌期权交易都会让你不得不持仓一个月或更长时间。

第三种策略

我个人最喜欢这种用期权进行趋势交易的策略。我发现它结合了看涨期权和看跌期权更为保守的因素，以及直接购买看涨期权和看跌期权的潜在利润。这是一种仅限于期权的策略，因此通常不涉及股票的买卖。这种策略是我在 Dr. Stoxx 期权函（Dr. Stoxx Options Letter）中最常见的期权交易类型。使用这种策略获得赚钱的机会更容易，甚至有可能把你的胜率提高到 90 个百分点！然而，第三种策略需要提前说明两个注意事项：与直接买入看跌期权和看涨期权相比，每天维持头寸所需的现金要多得多，而且只能安全地运用在多头头寸上。第三个策略是卖出裸看跌期权（裸看跌期权是一种期权策略，投资者在不持有相关证券的空头头寸的情况下，卖出看空期权。——译者注）。

卖出裸看跌期权可以在任何市场类型中进行，尽管它们会在波动性较大的市场（区间震荡、弱趋势牛市、弱趋势熊市或强趋势熊市）中产生更多收益。当你从看涨的观察名单中找到一只不错的股票，它符合你交易的所有关键指标后，请遵循以下六个步骤：

1. 确定最佳到期周或月（见规则 2）。持仓一个月卖出是我最喜欢的时间段，一般来说是三到四周，你应该避免超出这个时间段再退出。为了在这笔交易中获得最大的回报，你需要足够的时间来获得适当的溢价，但不要花太长的时间，这样你就不必坐等数周的缓慢时间。我们所期望的溢价会迅速衰减，所以一个月是此交易的最佳时机。注意，因为我们的时间长度是一个月，所以这也不是一个适合均值回归形态的方法。

2. 为你的看跌期权确定最近的行权价格（见规则 4 和 5），然后在该价格下至少寻找两个更低的行权价。在这里，我们希望能够远远低于目前的交易价格，以避免股票下跌，我们的目标是看到这些看跌期权毫无价值地到期，但不会到没有溢价要出售的地步。一个很好的经验法则是找到最接近交易止损点的行权价（如果你买的是股票）。

3. 在这种交易中，确定头寸的大小也有点棘手。首先，确定你手头需要多少现金来维持每天的裸看跌期权。要做到这一点，就要把你选择做空的看跌期权的执行价乘以 50（因为在保证金账户中，你可以借到所需现金的 50%，你只需按执行价把股票价值的一半取走就行了）。因此，如果你做空的推特（TWTR），行权价在 30 美元，每做空一次，你的账户里就需要 1500 美元（30×50 美元）。用它作为你的仓位调整指南。每股 15 美元的股票你一般会买多少股？100 美元的股票呢？200 美元？300 美元？然后做空一次，两次，三次，以此类推。

4. 然后卖空看跌期权（见规则 3）。

5. 在这类交易中，我不喜欢使用止损或目标价退出。目的是不管发生什么，都要持有至到期。这不仅可以节省佣金，还可以大大提高回报。假设你做空了 1.50 的看跌期权。现在三周过去了，假设你做的一切都是对的，你会发现自己在交易的最后一周，可能还有 0.15 或 0.10 的溢价。你很有可能在这里平仓，把 90% 或 95% 的利润存入银行的诱惑力是很大的。这些零散的资金代表了 5%～10% 的周收益，这还不包括你通过避免结束交易而节省的佣金。如果你每个月都买入一套裸看跌期权，那么 5%～10% 的额外收益现在就变成了每个头寸的 60%～120%。所以一定要坚持到底！

6. 如果遇到股票收盘价低于我们的行权价这种罕见的情况，会发生什么？在这种情况下，我们被分配了股票。如果股票收盘价低于行权价，但远低于我们卖出的溢价，我们就赚钱了。如果股票收盘价低于行权价减去溢价金额，我们在交易中会亏损，但只是暂时的。当这种情况发生时，我们现在有办法用这些股票来收回我们的钱。我们不仅以相对于交易时股票价格的折扣持有这些股票，而且我们在银行里有现金，这会进一步降低我们的买入价格，我们还有抵押品（即股票）来卖出备兑看涨期权（见第二种策略）。这就是我们可以使用裸看跌期权得到高胜率的原因。如果有必要的话，我们可以逐月卖出备兑看涨期权，直到股票价格高于我们的行权价格并被赎回（在这种情况下，我们可能会在整个交易中蒙受损失），或者直到卖出并存入银行的看涨期权溢价超过了我们卖出股票时的损失。当一个如此简单的计划也如此接近成功时，这是多么美好！

第三种策略的优点：

- 这种策略有极高的成功率。由于我们是卖出看跌期权（以及分配时的备兑看涨期权）而不是买入看跌期权，因此时间价值的衰减和隐含波动率对我们是有利的。有时我们会把股票交易搞错（横盘不动，甚至与我们的预期相反），但我们仍然可以在交易中获利，因为我们的账户中增加了溢价。此外，如果我们卖出股票，我们就可以继续使用卖出看涨期权（call-writes）溢价，直到我们赎回或者收回损失的钱。

- 由于在这种交易中使用了保证金，这种交易只占用了我们直接购买股票所需的一半现金，以及备兑看涨期权和看跌期权所需的一半现金。

- 卖出裸看跌期权是为账户创造收入的一个很好的策略。

- 这种策略可以在个人退休账户交易，如果你的个人退休账户被批准进行裸卖，并且你的账户中有足够的现金购买全价股票（个人退休账户不能使用保证金，因此你必须能够直接支付现金购买股票）。

第三种策略的缺点：

- 这种更保守的策略不会像第一种策略那样产生"本垒打"式的大赢家。

- 这将不可避免地发生这种情况，比如一笔交易对你不利，你被分配了股票。如果转让时的股价与执行价格减去溢价的差额依然很大，那么通过卖出看涨期权溢价可能需要数月时间才能弥补这一点，也就是说，第三种策略很少会亏损，但一旦出现，损失则可能大幅度增加。

在我们继续之前还有两件事要提。第三种策略是在市场看跌的时候，通过卖出无担保看涨期权来交易。然而，由于价格可能无限上涨，卖出无担保看涨期权的风险更高。出于这个原因，一些经纪商不允许操作无担保期权。即使你的经纪人允许操作无担保期权，也不要轻易尝试。即使所谓"无限风险"似乎夸大了这一点，但无担保看涨期权通常被认为是最具风险的期权交易，这一事实应该足以吓跑我们所有人。

另一种熊市交易工具是看涨信贷利差。这是一个复杂的期权头寸，需要在同一到期月份卖出接近月 OTM 看涨期权并买入远月 OTM 看涨期权。第一个期权的出价（记入你的账户贷方）和第二个期权的报价（记入你的账户借方）之间的差额就是你的潜在利润。除非股价波动很大，价格也很高，而且你的价差很大，增加了风险，否则你账户上的信用额度就很小了。基于这些原因，在大多数情况下，我不认为这是一个可行的交易。牛市中的看跌信贷利差也是如此。如果你想使用我的第三种策略进行交易，我强烈建议你坚持我的看涨形态，并使用无担保看跌期权（以及出问题时的备兑看涨期权）进行交易。

Trend Trading for a Living 以趋势交易为生

第五部分

如何以交易为生

第二十二章
专业人士的理财秘密

在进一步讨论之前，让我在这里花一点时间提醒我的读者，关于本书的第四章交易心理学写了些什么。在这里，我列出了一些资料，可以帮助交易者解决心理和情绪问题，这些问题往往会破坏最健全的交易系统。如果你跳过了这一部分，如果你（和我一样）在严格遵守交易计划方面举步维艰，那么我建议你回去再读一遍这一部分，研究其中列出的一个或多个资料，花上一周的时间来控制自己的情绪，你就会在建立一个终生盈利的交易模式的道路上走得很远。

进入交易

现在来谈谈更实际的问题。如果你发现一只股票已经通过了你的看涨或看跌预筛选，满足了特定的看涨或看跌形态的所有要求，并且呈现出不错的风险/收益比率（稍后将详细介绍），那么所谓进入该交易，是指做多或做空股票，只不过是选择最佳的入市价格，并与经纪人设定一个以该价格买进或卖空的指令。对于多头头寸和空头头寸，我最喜欢的进入方式也是最简单的：我喜欢在信号日收盘时买入新的交易头寸。如果所有设定的关键指标都已达到，并且最后一分钟的变动不大可能改变这一点，同时你有时间在美国东部时间下午 3:40 左右与你的经纪人进行交易，那么，务必和我一样，在信号日进入交易。

如果你没有那份闲暇，或你们中的许多人又因承担工作或家庭的义务而分身乏术，不用担心。我在下一节简述了一个计划。对于那些下午可以在交易平台前进行交易的人来说，在收盘时进入多头或空头交易的最佳方式是，设定所谓的收盘市场指令（Market on Close，简称 MOC）。MOC 指令是一种附加条件的指令，设定为市场指令（即未指定的价格）后，以当天最后交易的任何价格执行，换言之，以官方的收盘价执行。MOC 指令将在当天正式交易结束（最后一个交易）时自动将你放入交易中，而且不可能不被交易。请注意，所有纽约证交所股票的 MOC 指令必须在美国东部时间下午 3:45 之前发出，所有纳斯达克股票的 MOC 指令必须在美国东部时间下午 3:50 之前发出。一旦超过这些时间，就不能下达 MOC 指令，这一点很重要，任何已下的 MOC 指令都不能取消。

然而，并不是每个人都有闲暇在交易日筛选和分析股票，也不是每个人都能准备好一些股票，并在临近收盘时买入或卖出。大多数人白天需要工作，或者带着放学的孩子到处转悠（这也是最重要的工作!），从而不得不在夜间进行分析并确定交易。对于这些忙碌的人，我有一个备用的买入方案，而且效果非常好。事实上，在许多情况下，它会比我喜欢的"在收盘时"进入更好，因为它可以让你远离那些不利于你的交易。这是我在各种股票和 ETF 咨询中向认购者推荐新交易时使用的方案。在任何情况下，对于所有的设定，如果你不能以收盘价交易，我推荐以下最合理、最有利可图的方法来选择最佳的进场价格。

对于看涨形态

- 在夜间或清晨，对任何通过所有关键指标筛选并发出进入信号的新的候选股，以高于前一交易日盘中高点 0.02 元（对于低价股）或 0.05 元（对于高价股）的限价指令进入交易。限价指令只能设定在前一日收盘价之上，只有当股票交易达到该限价时，才会以指定的限价或更高的价格执行。如果股票从来没有触及这个价格，指令就永远不会被执行。有了这个进入协议，就可以确保我们只购买已经朝着我们预测的方向发展的股票。如果不能冲破信号日的高点，它们可能就没有足够的力量继续朝我们预测的方向前进。因此，这种进入方法有时会使你远离那些本应记录为亏损的交易。
- 然而，有时，在信号日之后，该股表现得非常强劲，以至于在你的限价之上出现缺口。在这种情况下，你的限价指令将自动成为指定价格的限制指令，并且只有在开盘后股票交易回到该价格时才会执行。如果股票没有触及你的限价，交易将不会在当天执行。在这种情况下，你可以继续进行新的交易，或者，如果该股票仍然符合设定的关键指标，可以考虑在下一个交易日（信号日后两天）设置一个新的入市指令，刚好高于当天的盘中高点（信号日后一天）。

对于看跌形态

- 在夜间或清晨，对任何通过所有关键指标筛选并发出进入信号的新的候选股，以低于前一交易日盘中低点 0.02 元（对于低价股）或 0.05 元（对于高价股）的限价指令进入交易。如果股票没有触及这个价格，指令就永远不会被执行。
- 如果股票缺口低于你的限价，那么你的限价指令将自动成为指定价格的限制指令，并且只有在开盘后股票交易恢复到该价格时才会执行。如果股票没有触及你的限价，则交易将不会在当天执行。在这种情况下，你可以继续进行新的交易，或者，如果该股票仍然符合设定的关键指标，可以考虑在下一个交易日（信号日后两天）将新的入市指令设置为刚好低于当日盘中低点（信号日后一天）。

显然，使用限价指令买入或卖空的协议并不理想，尽管它会使你避免一些亏损的交易，这是一个优势。这就是我使用这个指令录入系统来处理我所有的股票信用交易的原因（而且我的大多数订阅者都是从事全职工作的）。但它也会让你远离一些赚钱的良机，而且由于赚到的钱往往比亏损的钱多，随着时间的推移，MOC 协议将优于限价指令协议。但事实上，两者之间的差别很小，对许多人来说，后者是唯一的选择。

无论你选择哪种进入的方法，让我补充一条重要的原则：进入方法是交易中最不重要的部分。太多的交易者在进场时就被困住了。他们为买入价亏掉了一两美分而焦虑不安，害怕动手。我曾指导过一些客户，他们最坏的习惯是，仅仅是因为害怕为自己的股票支付一点点钱就放弃了赚钱的机会。不要担心买入。如果你有一个很好的设定，而这一天一直到收盘都没有达到你的买入价，不要吝啬，多支付一些钱，并相应调整你的止损点和盈利目标。

进入交易很容易，知道什么时候退出才是最难的。这不仅很难，而且对大多数普通人来说，在合适的时间退出一笔交易几乎是不可能的。当一笔交易对我们不利时，我们要么惊慌失措，过早抛售，要么抱着不合理的希望，坚持太久。当一笔交易对我们有利时，我们要么因为害怕失去收益而过早退出，要么因为贪婪而坚持太久。真正的交易天才，是能够将市场混乱的噪音转化为有利因素的大师，他们都非常清楚何时退出交易。

那种天才，那种似乎凭直觉就知道价格何时会转向的第六感，很可能是与生俱来的天赋。我们大多数人都无法拥有。而我们必须从交易流量、新闻提要、分析师评论、CNBC 电视台的谈话头条、IBD 评级、FOMC 公告等数以百计的信息来源中汲取大量信息，然后以闪电般的速度分析所有信息，做出坚定而绝对的决定：买入还是卖出？我们需要严格的规则，如果遵循这些规则，我们的情绪和理性思维会受到足够的约束，从而避免我们做出我在引言中描述的那种令人尴尬的交易。在下一节中，我概述了规则。这里提出了几种退出策略。你可以自己尝试每一种策略，以确定哪种策略最适合你的交易风格。

止损

一旦处在交易中，你就需要把退出策略付诸行动。这种策略必须考虑到两种不同的可能性：交易对你不利，你需要退出以减少损失；或者交易对你有利，你需要在势头不可避免地消退之前保住自己的利润。在本节中，我们将讨论这两种可能性中的第一种：如何管理损失。

记住，我们不是头寸交易者，也不是买入并持有者。趋势交易并不是试图抓住一只股票价格的全部走势，而是只要吃到当前趋势的"肉"。我们希望获得较高的胜率（至少 60%，但在某些市场条件下，某些交易系统的胜率可能达到 80%，而第三种期权策略的胜率可能超过 90%），同时我们希望保持较小的损失。很明显，我们希望利润能够持续增长，但从长远来看，对交易者来说更重要的是找到一种方法，确保不会有重大亏损或一系列亏损将我们踢出交易。我们需要做的是，如果交易对我们不利，我们有将损失最小化的方法，就是设定止损点。

你所做的每一笔交易都需要有一个明确的价格，在交易不利于你的情况下，你会毫不犹豫地卖出。这就是我们所说的止损：为了减少损失，你无论如何都会选择一个特定的退出点。再说一遍：每笔交易都需要止损，止损点就是一个确切的价格（不是一个概念，而是在你的头脑中建立一个价格"区域"），在出现亏损或利润减少的情况下，你将在这个价格上平仓。

我给我的私人客户四种设置止损的方法。最适合你的方法取决于你是哪种交易者、你的交易经验、你的看图经验、你对风险的承受能力等。我建议你尝试一下这四种止损方法，看看哪一种对你最有利。记住，唯一错误的止损方法就是不止损。这四种止损方法是：

- 百分比止损法

- 价格形态止损法

- ATR（Average True Range 指标，也称平均真实波幅指标）止损法

- SAR（Stop and Reverse 指标，也称抛物线转向指标）抛物线转向止损法

百分比止损法

百分比止损法是最容易设置的。它是这样的：止损点的设置，只需以买入价为基础计算一个可接受的亏损百分比，并将相应的价格设置为止损价。在趋势交易中，你的预期百分比回报率因股票而异，这取决于股票的波动性以及你正在交易的模式或设置。然而，在大多数情况下，由于这些交易的相对短期性，无论你希望从成功的交易中获得什么，你都希望对任何特定交易设定不超过 −8% 的损失。如果交易对你有利，你应该在每天收盘时调整此止损位，并重新计算当前收盘价的止损百分比。一些在线经纪公司允许设置追踪止损，如果你选择该设置，他们会在每一天的新高（多头）或新低（空头），或每一个新的收盘价上自动重新计算你的止损点。

价格形态止损法

这是一个稍微复杂一些的止损方法，价格形态止损法是我自己使用的方法：这里我们要寻找图表上近期价格支撑位（多头）或阻力位（空头）区域，如果价格超出了该区域，则表明你的交易不太可能成功。价格支撑位或阻力位可能以主要移动平均线、近期价格反转区域或趋势线等形式呈现。熟悉布林线或其他形式的标准差指标（例如 Donchian channels，唐奇安通道指标）的交易者也可以使用这些工具设置价格形态止损点。

价格形态止损法是更合理的止损方法，因为它与买入价格的距离远近无关，而是根据股票本身的价格变化进行更加动态的设置。此外，价格形态止损法可以让你快速了解风险回报比。比如，你的股票正处于一个强劲的上升趋势中，已经回落到50 日均线位置，然后触发了一个高于该均线的3%的回调形态买入信号，同时你计算出了12%的目标价格（设置目标价格将在本章后面讨论）。在移动平均线下方设置一个或两个百分比止损点，可以为这笔交易提供一个极好的风险回报比。但在大多数情况下，这一规则的例外情况包括：价格非常低的股票、贝塔系数非常高的股票，以及具有巨大上涨潜力的股票，但它们往往需要较长的时间才会出现股价变动——我建议在任何已在进行中的交易上，不要去冒损失超过8%的风险。在大多数交易中，你应该将止损点设定在6%左右。例如，我们的趋势交易时事通讯（Trend Trade Newsletter）的平均亏损为6.18%，该通讯自2002 年10 月以来每天都在市场上发布，自那时起已记录了4000 多笔交易。

ATR 止损法

计算止损的第三种方法是使用股票的平均真实波幅指标 ATR。ATR 中 R（波幅）代表一只股票从日内高点到日内低点的日内波动范围；T（真实）代表该方法还包括了前一个交易日的收盘价，因此它包含了任何隔夜缺口；而 A（平均）表示这些数字的运行平均值构成了指标的终值。ATR 是衡量股票日内波动性的一种方法。ATR 随着股票在日内波动幅度扩大而上涨，随着股价稳固、盘中走势稳定而下跌。使用 ATR 设置止损点意味着你要将损失的金额与股票的波动性联系起来：波动性越大，潜在回报越大（因为股票可以朝预期方向进一步移动，目标价格可以随之从买入位置进一步变化），但潜在损失也会越大（因为股票可以朝相反方向移动，止损点必须放在离买入价更远的地方）。这一方法使止损的设置具有动态性，与股票本身的特性有关。也就是说，它能够使你更真实地了解最近交易中发生的事情，而不仅仅是你愿意在这笔交易中接受多少损失。

大多数图表软件包都可以为你计算 ATR。ATR 的默认周期通常设置为 14，这样就可以了。在大多数情况下，两倍的 ATR 值是合理的止损设置。如果这一数字与买入价格的差距超过 8%，该股对于震荡型趋势交易而言可能波动太大，应该以较小的资金规模买入，并更谨慎地设置止损点，或者根本不买入。这突出地体现了使用 ATR 止损法的另一个优点：它可以帮助你调整仓位大小。因此，基金经理在寻求降低投资组合风险的各种头寸管理公式中都使用了这种方法。

SAR 抛物线转向止损法

第四种也是最后一种止损的方法，是 SAR 抛物线转向止损法，这种方法也可以用图表工具来完成。大多数图表工具中都有 SAR 抛物线转向指标（停止转向指标）。这一指标是由威尔斯·怀尔德（Welles Wilder）开发的，是一种以止损反转的方式来交易波动性较大的股票的手段。如果你的多头头寸被止损，你可以立即做空，反之亦然。尽管该指标在大多数股票上的效果并不理想，但它是一个设置止损点的便捷工具。SAR 抛物线由日 K 线上下的一系列点组成。有的在价格低点以下，有的在价格高点以上。当股票上下移动时，这些点会相应改变其位置。它们甚至在股价持平的时候，也会发生从上到下或从下到上的变化。这是因为 SAR 抛物线转向指标被设计成一个价格止损点和一个时间止损点：如果交易对你不利的程度足够大，它将触发 SAR；如果交易没有持续足够长的时间，也会触发 SAR，由此呈现出该工具的抛物线效应。

你的图表工具会告诉你当天的 SAR 值，这个值就是你的止损价。图 22.1 显示的是美国钢铁公司（X）的走势，上面有 SAR 抛物线转向指标。你可以看到 SAR 很好地捕捉到了主要趋势（位置 2），但当股票走势趋于震荡和横盘（位置

1 和位置 3）时，SAR 会出现看涨、看跌、看涨、看跌等一系列转向点，并会导致你在匆忙中赔钱。值得注意的是，从位置 2 的 4 个良好趋势交易中获得的利润将被位置 1 和位置 3 中提到的 13 个交易方向变化点所抵消。因此，我们建议你不要将 SAR 抛物线作为一个独立的系统使用。但作为一个为你的趋势交易而做的止损设置，它可以起到很好的作用。

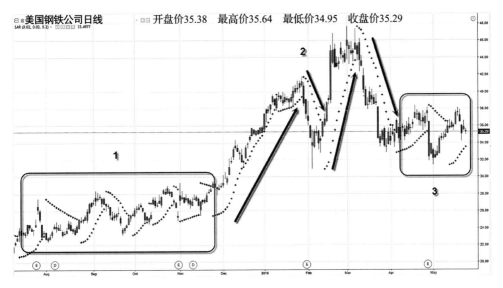

图 22.1　带有 SAR 抛物线转向指标的美国钢铁公司（X）走势图

图由 TradingView.com 提供。

如何保住你的利润

　　第二种可能性是交易对你有利时。这里留给你的是一个更令人愉快但同样困难的决定，即选择何时退出交易以获得最大的利润。对于所有的交易者来说，只有三种可能：过早卖出，错过了更大的行情；过晚卖出，眼看着自己的利润化为乌有；或在接近交易利润最大时卖出。遗憾的是，我并没有"诀窍"可以教你，让你永远避免前两种可能性。但我在这里可以向你展示一种自我控制的方法来构建退出方案，这样你就能把过早或过晚卖出的风险降到最低。你是否达到了最大利润线，那只是运气好坏的问题。

我向我的学生教授以下 4 种在交易中获利的方法。同样，最适合你的方法取决于你是哪种交易者、你的交易经验、你的看图经验、你对风险的承受能力等。我建议你尝试这 4 种获利退出（有时称为目标退出）的方法，看看哪种最适合你。记住，没有人会因为获利而破产。我们将在这里介绍四种获利退出方法：

- 收益百分比退出法
- 价格支撑位或阻力位获利退出法
- ATR 获利退出法
- 追踪获利退出法

收益百分比退出法

最简单的退出方法是收益百分比退出法。在这里，你应该设置一个目标盈利限价指令，当你的买入价变动一定的百分比后结束这笔交易，这个百分比可以是你止损百分比的 1.5 ~ 2.0 倍。例如，你设置了 – 5.0% 的止损点，那么你可以将目标盈利限价指令设置在 7.5% ~ 10.0%。你的止损指令可能会随着股票向对你有利的方向移动而改变，但你必须始终保持你的盈利限价指令。当二者中的任何一个被触发时，就结束这笔交易。

请注意，对于某些经纪商，可以根据交易设置 "一键全部退出指令"（OCA）。OCA 的条件——这适用于全部 4 种类型的获利退出——确保了，如果盘中的波动非常剧烈，你不会在止损位上做多，也不会在目标价位上做空。在大多数情况下，即使是我们筛选的股票贝塔系数很高，出现这种情况的风险也很小。即使你不能在白天关注你的交易，当股价达到了你的目标价格时，止损点也将毫无疑问被取消，反之亦然。

价格支撑位或阻力位获利退出法

设定利润限制指令的一种更为复杂的方法是，寻找近期的价格阻力（多头）或价格支撑（空头）区域，这样，如果价格到达该区域，它可能会吸引众多误判的人（卖方在阻力位抛出，或买方在支撑位买入）。价格支撑位或阻力位往往以主要移动平均线、先前价格反转区域或趋势线的形式呈现。熟悉布林线或其他标准差指标的交易者也可以使用这些工具来设定获利退出点。这是一个更合理的达到获利退出的目标的方法，它需要你具备善于阅读图表的能力。

ATR 获利退出法

获利退出的第三种方法是平均真实波幅（ATR）获利退出法。这是一种设置止损点和目标价位的简单方法，这些止损点和目标价也与你正在交易的股票的实际特征和动态相关。

追踪获利退出法

第四种也是最后一种锁定利润的方法，这是我通常使用的方法，就是简单地为了退出，对你的头寸发生任何积极动作都要做出退出的反应（多头头寸的快速上涨，或空头头寸的快速下跌）。这种方法被称为追踪获利退出法，研究表明，它是迄今为止退出交易最赚钱的方法。为什么会这样？因为它符合交易老手所说的："抱紧你赚钱的股票。"许多交易员喜欢在他们的趋势交易中设定利润或目标退出点，因为它能保证交易顺畅地运转。如果你需要你的交易账户中的钱来支付你的每月账单，这是一个不错的选择。然而，使用这种方法退出的问题是，你错过了少数几次大的行情，而这些大行情本身就是让你成为专业投资人的机会。事实上，你可以在大多数交易中承担损失，但如果你砍掉赔钱的股票，而抱紧你的赚钱的股票，那么每年必然会有两三次赚大钱的机会，足以让你在交易的游戏中持续很长的时间。

杰克·施瓦格在《股市奇才》中讲过这样的故事：在这些访谈中，几乎每一个交易者都会遇到一两次大赚的机会，正是这些机会把他们从业余爱好者推向了专业交易领域。想想 1929 年杰西·利弗莫尔做空纽交所，1987 年黑色星期一保罗·都铎·琼斯做空标准普尔，吉姆·罗杰斯在 20 世纪 90 年代初买下了他能买到的所有大宗商品，然后经历了历史上最伟大的牛市之一。索罗斯做空英镑，德鲁肯米勒押注德国马克，保尔森做空次级债市场。这些交易者都在一次交易中赚了大钱，他们创立了大型交易公司、对冲基金和投资公司。他们现在都安稳地坐在华尔街名人堂里。但如果他们在这些交易中设定了目标退出点呢？你猜怎么着：他们就不会有大财富、大名望、慈善事业以及遗产。因此，如果你不需要用交易账户中的钱来支付账单，并且你想获得最大的回报，那么尽可能地长期坚持交易。使用追踪获利退出法，让市场的变化促使你从交易中离开。

仓位

这个问题本身可以用一整章的篇幅来叙述。仓位是指你决定在每只股票的买卖中投入多少钱。关于这个话题，我有很多话要说。事实上，我已经写了一本关于持仓数量和资本分配的简短手册。如果你想要一份免费的，给我发封电子邮件（drstoxx@drstoxx.com），在标题栏上注明"仓位"，我会发给你的。我还建议你阅读范·撒普的《通向财务自由之路》一书的第 12 章。在书中，你会找到很棒的、彻底的关于利害关系的讨论，能够回答这些问题。

对于交易新手，我在这里可以推荐的是：将你的总交易资金除以你认为自己可以合理管理的交易数量，并且考虑到你的可用时间、风险承受能力和交易风格。记住，开仓的交易越多，你就越有可能抓住一个赚大钱的目标，但每笔交易能赚的钱也就越少。大量的未平仓交易有助于你分散投资，以降低你的整体风险，但随着时间的推移也往往会限制你的股票整体盈利。相反，少量的未平仓交易可以撬动你的赚钱目标，降低佣金成本和税收负担，但也会让你面临更大的风险。那你应该从哪里开始呢？让我抛出几个数字。

找到正确的数字

我本人在交易组合中持有多达 42 只股票，包括我的长期持有股票以及我的每日、每周趋势交易的短线股票。对大多数人来说，42 只股票太多。当我开始交易时，我一次只交易一只股票。我也不建议这样做，太冒险了。所以应该在 1～42 中选择你想要的数量。研究表明，在长期投资组合中，18 只股票是分散投资的理想数字；任何超过这个数字的都没有必要。这就是为什么我在给长期投资者的 IXTHYS 通讯中提到的，最大持股数量为 18 只。一旦达到这个数字，我们就停止新的交易，直到我们卖出一部分股票为止。此外，出于趋势交易的目的，如果你管理的股票太多，会导致分散到每一笔用于交易的资金就太少。所以现在我们把这个范围缩小到 1 ~ 18。

我知道新手通常都喜欢数字 3。也许数字 3 有强大的力量。这会让你大吃一惊。我的"热门股通讯"服务每周只交易 3 只股票，平均每年的投资回报率高达153.3%！这是可能的，只有 3 只股票和 3000 美元的起始资本（每个头寸 1000美元），请看图 22.2。在图 22.2 中，你将看到每周都交易我的"前三大热门股票"，经过连续 8 年的复合增长，3000 美元变成超过 210 万美元！

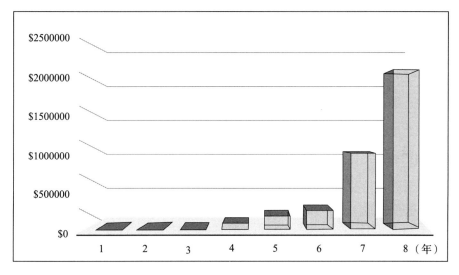

图 22.2　热门股通讯的 8 年回报情况

图由 DrStoxxTrading.com 提供。

我的"低价股通讯"也只持有 3 只股票，并且每周对它们进行调整。它们甚至比热门股表现得更好，其历史业绩中的平均年投资回报率为164.9%。在这里，从 3 只股票、每只 1000 美元开始，一周只换一次，原来的 3000 美元在 8 年内变成 290 多万美元。见图 22.3。

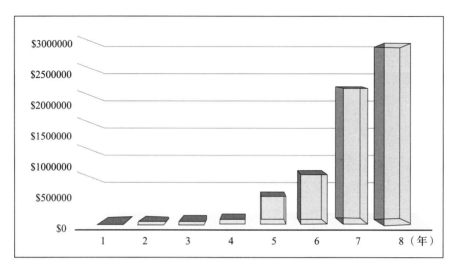

图 22.3　低价股通讯的 8 年回报情况

图由 DrStoxxTrading.com 提供。

鉴于这些数据，我想建议，3 只股票是一个很好的开始，特别是对交易新手而言。我也喜欢数字 10，如果你和我一样，整天都在看图表，分析数据，买进卖出，那么 10 对于你的开仓交易目标数量而言，是一个很好的数字。它足够大，可以为你抵御风险提供一些缓冲，但不会大到让你不得不整天跑来跑去查看图表。所以现在我们缩小了范围：从 3 只到 10 只股票。

让我在这里提供些指导。我建议，如果你是新手，或者你的账户金额不超过10000 美元，请执行以下操作：

- 从 3 笔交易开始。把你的总金额算进去，即使只有 1500 美元，也要把这个金额除以 3。每笔交易只投入这个金额。除了需要保证金的空头头寸外，我不建议进行保证金交易。

- （交易的笔数）逐渐增加到四、五、六等，如果你的账户中超过 3000 美元，那么每 1000 美元开仓一个头寸。因此，如果你有一个 4000 美元的交易账户，你将从 4 个头寸开始。如果你有 7000 美元，就从 7 个开始。

- 如果你有一个 10000 美元的账户，有 10 个头寸，每个头寸 1000 美元，不要再增加头寸数量，而是增加你投入每一笔新交易的资金量（仓位）。每次你买入或卖出一只股票，只需将你的交易账户余额除以 10，然后将该金额计入每笔交易。

- 以这种方式无限期地继续下去。

对于更复杂一点的东西，你可以尝试以下方法。这是我所使用的方法。我为客户交易我们家族的基金和一套托管账户。我必须想办法分散投资，既降低我的风险，又确保我不会挤占任何一只股票的交易，这往往会使我难以获得好的买入价和卖出价。我喜欢做的是通过使用各种各样的交易系统来实现多样化，其中一些系统在本书中介绍过，并根据这些系统的表现来改变仓位的大小。在表现最好的系统的交易中我投入的钱比较多，而表现较差的系统的交易中则投入的钱较少。每个月我都会调整。如果你想尝试这种方法，下面是我建议的方案：

选择要交易的形态或系统的数量。本书中包括 12 个交易形态或系统，这是一个很好的开始。然后，确定你将在任何时间，在每个系统交易多少股。我喜欢每个系统交易 3 只股票。

- 首先，只需在每一笔新交易中投入等量的资金。如果你打算交易，比如，我的 6 种交易形态，回调、反弹、螺旋弹簧、下跌缺口和多空均值回归等，并且你想在任何一个时间进行最多三次交易（最多 18 个持仓），你有一个 50000美元的账户，那么你将在每次新交易中以 2777 美元开始。
- 对于你开始或结束的每一笔交易，记下它来自哪个形态以及你在交易中的净利润或亏损。一定要记住两个数字：整体净利润和该期间的最大亏损。保留这些记录两到三个月，然后计算我所说的每个系统或形态的利润潜力（PP）。要计算 PP，请使用下面这个公式：

$$PP = (NR \times 3)/(DD \times 2)$$

式中，NR——净回报率

DD——最大亏损率

- 你应该通过此公式获得从中到高的数字。PP 越高，你的交易系统就越强大。

你最好的交易系统将在高位的 8 或 9 左右。我目前交易的三个系统的 PP 值是两位数（从 10.2 到 11.7），这是优秀的 PP 值。我的其他系统 PP 值范围从 7.1 到 9.4。

- 接下来，将每种形态的 PP 值相加，然后除以你正在交易的形态数。这为你提供了 PP 的平均值，这也是你将用于所有交易形态的平均基数。

- 然后，将每种交易形态或系统的 PP 值除以 PP 平均值，得出一个百分比。这个百分比略高于或略低于 100%。我的交易系统的这个数值从最弱的 78.1% 到最强的 128% 不等。这些百分比（PSP）将用来调整仓位的大小。

- 这些数字会告诉你每笔新的交易需要投入多少钱。为此，请按照以下步骤操作：

  ◇ 把你的账户总余额除以你计划交易的系统或形态的数量。

  ◇ 用这个数字乘以每个系统或形态的 PSP。

  ◇ 用这个数字除以你计划在每个系统或形态中交易的最大股票数量。这个数字就是使用该系统或形态的仓位。

实时，实盘交易

在这一章以及在整本书的学习中，你需要有一个账户，你需要知道关于它的一切，发现交易目标、买入，并管理进行盈利的趋势交易。在趋势交易中，最重要的部分不在这里，也不可能在这里的：那就是实时、实盘交易的经验。没有任何东西可以替代将这些知识付诸实践的无数个小时，它将引导你找到合理的交易形态，持续盈利地交易，承担合理的小亏损，最终把你的交易账户提升到改变人生的高点。为了将本章所学付诸实践，我建议你采取以下行动：

1. 阅读本章至少两遍。我们都会通过自己片面的理解来阅读，这可能会导致你忽略一些重要的信息。回顾一下这章内容，确保抓住你在第一次阅读中可能遗漏的部分。

2. 花上几个交易日，盯着你的观察名单。没有什么可以代替花几个小时来阅读图表。你需要非常熟悉本书中的这些形态，使它们成为你的第二天性。你需要对一个非常完美的形态有直觉，这种直觉令你几乎等不到第二天就要买入它。

3. 通过电子邮件向我提问。当你有问题的时候伸手求援并不丢脸。我从工作中得到的最大乐趣来自于帮助人们学习如何交易。如果本书中有任何令你困惑的地方，请直接给我发邮件：drstoxx@drstoxx.com。邮件不是发给助理或呼叫中心的，而是直接发给我，我会给你回复的，我保证。

第二十三章
趋势交易将带你去向何方

在本书的最后一章，我想和大家分享两件事。首先，我想谈谈可以从交易中学到的一些人生经验。我的观点是，如果你不愿意吸取这些教训，如果你的自信使你无法建立一种既能很好地控制交易，又能很好地享受生活的态度，那么你和你的家人只能寻找其他方法来改善生活了。

其次，我想和大家分享我对未来十年或二十年内整个股票交易情况的看法。这是基于我对交易游戏的热爱所产生的一种愿景，也是我的一种感觉，那就是它可以为我们社会中一个庞大的、不断增长的、曾经或正在受挫的群体提供巨大的利益：那些工作辛苦、工资过低，以及那些常常被剥削的工人。

以交易为生，交易成就人生

这句话是我在 2002 年 10 月公司成立时给公司的座右铭。座右铭的前半部分取自亚历山大·埃尔德的书名，这本书向我介绍了交易，当然也影响了本书的书名。我一直很喜欢"以交易为生"这句话。它唤起了所有的希望和承诺，这些希望和承诺使许多医生和律师在 20 世纪 90 年代末放弃了他们很赚钱的工作，在郊区家中的地下室设立了交易站，也使许多餐厅服务员和出租车司机在轮班之间购买了亚马逊或苹果公司的股票。交易就是希望：希望过上更好的生活。但与许多其他能带来希望的人生规划不同，交易是一种能够合理实现承诺的人生规划。

我相信，任何拥有正确心态、策略工具和实盘交易经验的人都能成为一名成功的交易者，成功到可以摆脱债务，可以承担孩子的大学教育或婚礼的开支，或者提前退休，甚至在母校提供奖学金。

然而，除了经济上的成功之外，交易培训班也可以成为一位重要的品格老师。这就是我们的座右铭的后半部分：交易不仅可以提供好的生活，它还可以帮助你"成就人生"。交易者有时会因为以自我为中心的自大狂妄而受到批评，毫无疑问，这对一些在商业中的成名者而言是正确的。在许多方面，华尔街的运作与拉斯维加斯很相似：巨额回报的诱惑往往会引发人性中最丑恶的一面。然而，"为钱而狂"的小丑是极少数，那些严肃、有原则、有自制力的，并且以正直和慷慨的精神，为自己和家人的稳定生活而努力的交易者才是绝大多数。我相信他们之所以会这样，至少部分原因是源于他们的交易。交易的有趣之处在于，它用一种独特的方式来养成良好的品行和习惯。

我建议采取五种方法，让交易可以帮助你改善生活。你的妻子（或是丈夫）是否正在因为你打算以交易谋生而倍感焦虑？那么你把本书的这部分给他或她读一读。他们可能会惊讶地发现，与他们结婚的人，很可能会因为开启交易事业而成为更好的伴侣。

交易教会你保持耐心

也许你能从交易中学到的最好的东西就是更有耐心。无论你打算交易几周还是几分钟，成功的交易都需要耐心。耐心是指愿意忍受（单词 Patience 的拉丁文词根意思是"忍受"）预期中的美好姗姗来迟。在交易中，良好的预期就是合理的利润。通常情况下，市场条件是这样的，延迟收获甚至完全没有利润是好的结果。而那些缺乏耐心的交易者会做什么？他们会冲动，会惊慌失措，会犯错误，他们在应该观望的时候进行交易。他们在小亏变成盈利之前放弃，而在小赚变成大赚之前退出。缺乏耐心、冲动的交易者永远不会在交易游戏中获胜。那谁会赢呢？根据圣·托马斯·阿奎那（St. Thomas Aquinas）的说法，只有那些有毅力的人才会赢，他们日复一日地耐心等待，等待市场出现经过时间考验的趋势交易机会。

此外，我还是一个跑步者。我跑过一次马拉松（以后再也不会跑了！）和几次半程马拉松，几次铁人三项，几十次 5 公里和 10 公里赛跑，我每周在家附近的公路上跑 25 ~ 30 英里。跑步很像交易。在长时间的训练跑中，你必须适应安静、高效的配速，以建立承受比赛中更快配速的能力。出发时太快，你就会有在抵达终点之前崩溃的风险。在长跑中形成正确的配速需要耐心：跑步者必须控制自己，而不是冲动地向前冲，以完成目标。交易也是如此。交易游戏是一场马拉松，而不仅仅是冲刺，想要赢，就必须耐心地调整自己的节奏。

交易教会你善于倾听

要正确地阅读图表，你必须密切关注图表所要表达的意思。你必须培养倾听的技能。今天，我们中有太多人擅于关注自己。我们在快乐的时间里进行自我对话，然而当与他人交谈时，我们不断地想办法让谈话回到我们自己想谈的话题。很少有人善于倾听。你想成为一个伟大的交易者吗？那么你必须先成为一个伟大的倾听者。

图表是语言的图形形式。价格走势，技术指标，成交量的起伏，这些是图表告诉我们的词汇。交易者必须能够听到它所说的话，并做出适当的回应。有些图表只会发出噪音，我们要避开那些图表。有些图表能演奏优美的音乐，这些才是我们需要的。无论是哪种情况，我们都需要聆听图表所要表达的内容。培养更强的倾听能力，是一项值得努力的工作。

交易教会你如何宽容

想象一下这样的情景：你在选股，仔细地观察图表，经过几个小时的深入研究，你找出了本周最好的交易。事实上，这个图表是你很长时间以来看到的最好看的图表。最近的市场波动很大，很难交易，但这种情形看起来肯定会赚钱。所以在开盘时，你迅速发出一个限价指令进入交易，果然，半小时后它就成交了。你现在的仓位是 XYZ 的多头。它第一天就以 3% 的利润收盘，这是个不错的开始。它在第二天以 5% 的利润收盘，第三天以比你的买入价高出 7% 的利润收盘。一切都很好，你预计交易将在下周末达到你定的 15% 的利润目标。然而，当晚，该公司却传出了一些令人意想不到的坏消息：收益不会像所有人预期的那样高，因此该公司正在将其预期业绩大幅下调。第二天，股票开盘价低于你的买入价，并且很快就会跌破你的止损价。你带着亏损退出了交易。你的金融家之梦就此破灭。

此时你的感觉如何？我来告诉你。你会产生被背叛和愤恨的感觉。这家公司的管理层让你失望了。他们是白痴。全是他们的错！或者，如果你像我这样神经质，还会责备自己。你应该做更多的研究。你应该趁着赚钱的时候退出。你应该在图表中看到其内部的弱点。你会说，如果这样或如果那样，遗憾和羞耻使你的心情变得更糟。

现在，这些都是完全可以理解的情绪反应和令人失望的经验。但它们是应对交易失败的最佳方式吗？当然不是。随着时间的推移，如果你无法控制这些负面的经历（有时会成批出现）的话，它们最终会把你赶出交易游戏。这正是交易教会我们做的：要超越"责备的游戏"或"羞耻的游戏"，我们需要修炼宽容的艺术。原谅公司的处理不当。原谅图表没有把你的注意力更强烈地吸引到隐蔽的弱点上。原谅你自己不够勤奋，不够有先见之明，或者其他任何不足。宽容并忘记，继续下一个交易。原谅别人的错误和自己的错误是人生中必须学习的一课，也是以交易成就人生的过程中必须学习的一课。

交易教会你控制自己的偏见

这里说的偏见只是对某些预期结果的偏爱。消极地说，偏见会妨碍我们客观地评估一种情况。积极地说，偏见往往是我们第一时间评估一种情况的唯一原因。让我举例说明。人们常说，今天的媒体存在自由主义偏见。为了论证，我们假设那是真的（我在2007年写了这篇文章，今天看上去更加真实）。消极地说，这意味着媒体对一个事件的调查可能无法让我们客观地了解实际发生的事情。相反，我们得到的是从自由主义的角度进行的评估，而不是整个事件。积极地说，这种自由主义偏见很可能是最初发起调查的原因。如果没有这种偏见，人们可能根本就没有足够的兴趣了解一个新闻事件。因此，如果加以控制，偏见可以发挥富有成效的作用：它们产生了对结果的最初兴趣，并赋予结果重要性。

统计学将准确的结果定义为没有任何偏差的结果。科学将精心设计的研究定义为没有任何偏见的研究。但股票交易并不那么客观。我们需要一个最初的偏向，看涨，看跌，或者介于两者之间的东西来激发我们对特定交易结果的最初兴趣，然后是我们对特定交易结果的方向性的投入。我们需要了解市场在短期内的走向，以便我们能够为该市场类型应用最可能获利的交易系统。我们需要知道，在不久的将来，我们正在仔细研究的图表更可能向上、向下还是横向移动。这就是为什么趋势交易者使用基本面分析和技术分析。估值指标和收益预期的调整建立在我们对一组股票的初始偏好上，也就是看涨或是看跌，而移动平均线、趋势线、K 线和技术指标帮助我们建立对单个交易的理性概率偏好。

然而，当交易者过于执着于自己的偏见时，他们就会陷入麻烦。记住这个股市谚语：让市场来吧！这就是说，让市场自己告诉我们它们的走向，而不是由我们告诉它们。如果我们带着偏见进入一个交易，结果证明我们的偏见是错误的，我们就不要紧贴着它，让它去，让市场做它想做的事。过于强烈的偏见将阻止我们在交易失败的情况下做我们应该做的事情：快速止损或者继续前进。偏见也会伤害我们的获利标的。有多少次，我们抱着一只好股票，由于我们的偏见，在账面利润为零的情况下，我们会相信它将给我们带来巨大利润吗？毫无疑问，这样的经历太多了。因此，交易者需要保持对市场的初始偏见，并在实盘交易中真正致力于此，但当这种偏见被证明是误读时，也必须拒绝坚持这种偏见。

交易教会你谦虚

除了略微保持我们的偏见外，交易还教会我们略微保持我们的骄傲。市场太大了，任何凡人都无法征服。有太多的载体、太多的信息注入、太多的市场关联和内部关系，任何一个人都无法掌握所有这些——但是把一系列良好的成绩放在一起，你很快就会觉得自己是市场大师！一旦这种感觉在你身上蔓延，就应该立即摒除这种态度。你不是巴菲特、不是林奇、不是索罗斯、不是坦普尔顿、博格尔、伊坎或艾因霍恩，或者任何其他掌控股市的资本大鳄。我们能做的最好的事情就是学习经过时间考验的系统，这些系统为我们提供了尽可能多的可能性，然后每天努力应用这些系统。

交易心理学家贝内特·麦克道尔（Bennett McDowell）认为，对市场力量采取谦逊、顺从的姿态比激进的姿态更有好处。他写道：

一些在业务中选择必须积极进取的新交易员认为他们需要积极地应对市场。这似乎是合乎逻辑的。事实上，这就是他们之前作为销售人员、经理、高管、医生、企业主、企业家等成功的原因。然而，在交易中，这种激进的行为实际上可能是你最大的弱点。相信你可以强迫市场做你想做的事并让你的交易成功的信念不会出现！市场太大了。事实上，我认识的一些最成功的交易者都是被动地接近市场！他们倾向于"跟随"市场而不是强求结果。[○]

然后，学习这句格言："让市场更加市场化。"本书为你提供了实现这一目标并从中谋生的必要工具。事实上，趋势交易就是趋势跟踪。你会注意到，我们在这里提供的几乎所有形态中（可能除了均值回归形态），在我们进入交易之前，趋势已经存在——无论是价格、指标还是两者兼而有之。骄傲的交易者以超越市场的想法为荣，在别人都在卖出的时候买入，在别人都在买入的时候卖出，希望在其他人看到反转之前抓住它。除非你有内幕消息，或者你像沃伦·巴菲特、彼得·林奇一样精通商业，否则最好坚持行之有效的方法。在趋势交易中起作用的是对市场保持谦逊的态度，让市场按照自己的意愿"市场化"。保持谦虚，倾听，市场可能会泄露它下一步可能会做什么。

另一个需要摒弃骄傲的领域是坚定地坚持你的交易体系。让我给你举一个我最近的记忆中最糟糕的交易案例之一。我买了一家知名的科技公司的股票，在当时是"必须拥有"的股票。盈利正在上升，人们坚定地认为，该公司将如前两个季度一样，业绩超过华尔街的预期。然而，在宣布消息的前一天晚上，为了安全起见，我告诉我的订阅者卖掉他们的股票，把我们当时获得的 12% 的收益锁定。毕竟，根据我们使用的系统，我们已经接近了目标卖出点，那么为什么要冒险呢？然而，即便是我，也决定这样做：隔夜持有该股票，希望第二天能有更高

○ 贝内特·麦克道尔，《交易的艺术：将技术分析科学与基于现实的交易艺术相结合》（约翰·威立父子出版公司，2008 年）。

的回报。唉，当我醒来时发现股票交易价格比我的买入价格低了整整20%（比我的订阅者的卖出价低了32%）。此前，每股收益（TIF）和营收指标都远低于市场预期。当确定没有低位买家来解救我时，我当天卖掉了股票，结果损失惨重。

这种令人痛苦的错误可能会发生在最优秀的交易者身上，但它不可能经常发生在成功的交易者身上。是什么让我多持有了一夜？当然，是贪婪，也是自负，这种自负的态度让我相信我比自己的交易系统更专业。我想要的，不仅仅是金钱本身，还有吹嘘的资本。我一直想让这样的错觉来满足我的虚荣心：我，而不是我的交易系统，在控制我的资金，而我知道我在做什么。事实却是，我不知道自己在做什么，毕竟我的交易系统相当智能！因此，为了你的交易成功，对市场和你的各种交易规则都要采取谦虚的态度。让市场更加市场化，让你的系统系统化，你就会变得更好。

斯托克斯博士的远大愿景：让每个人都成为交易者

几年前我和我的姐夫托尼坐在纽约中央车站的咖啡馆里。当咖啡因开始在我们的大脑中旋转时，我们谈到了我们对交易的共同热爱，以及我们都在寻找将交易提升到一个新水平的方法。那时我已经开发了本书中所教的大部分系统，我们的第一个网站斯托克斯博士网也刚刚推出。托尼是一名计算机程序员，他建议用一种方法可以使我的夜间研究程序自动化。他描述了一种软件，这种软件可以为我们的每一个形态进行筛选，建议买入价和止损点，甚至可以连接在线经纪人（OLB）自动发送交易指令。这样，你就可以在忙于其他事务（比如你的日常工作）的同时，真正让交易为生活服务。

不幸的是，那次谈话之后我们并没有采取更进一步的行动。但那次谈话让我开始思考如何扩大我们的服务范围。在接下来的一年里，我开始编写各种操作手册，介绍不同的交易策略，包括swing交易、日间交易和e-minis交易。这些年来，所有这些产品都卖得很好，并且至今仍在销售。然后，我扩展到线上的"教我交易"课程，把其中一些课程录制了下来，以便交易者从网站上下载。这使得交易者们打电话要求我担任他们的私人交易教练。如今，我已经教过数以百计的金融专业人士、对冲基金经理、保险销售人员、医生、教师和全职父母如何进行交易。后来有人要求我为那些忙于自己交易的客户设立一个基金。所以我们做到了，现在我们仍然为一小部分客户管理基金。后来有人要求我发表一些有关交易的文章。所以，《以趋势交易为生》便由此诞生，之后我又在 McGraw-Hill 出版社出版了两本有关交易的书。简而言之，我对交易的热情很快就发展成一个家庭小作坊。2012 年，我辞去了大学教师的工作，带着我的家人从俄亥俄州搬到了阳光灿烂的佛罗里达州，开始全职从事交易。

现在，是我在斯托克斯博士网掌舵的第十六个年头，我在问自己："下一步做什么？我的梦想会走向何方？"我不确定它会走向何方，但我可以告诉你我希望它走向何方。让我以总结的形式描绘出我希望看到趋势交易在未来十年的愿景。

交易中心

我很想看到在美国各处都有交易和教育中心。我在这里不是指 20 世纪 90 年代臭名昭著的"自营公司"（20 世纪 90 年代，美国出现很多具有实体营业场所，进行电子交易的自营交易公司。这些公司为他们的客户提供教育和资金资源，使他们每天都能从事大量的交易——译者注），很多自营公司要么破产，要么被起诉欺诈。取而代之，我设想的是开设一系列有特许经营权的店面，位于郊区的购物中心或市中心的商业区，那里将有交易站、大量显示金融新闻的最新的平板显示器，并在大屏幕上显示市场最新动态和人们感兴趣的图表。这将是一个很酷、很时髦的、注重室内设计的地方。交易者们可以在这里闲逛、谈论股票、进行交易，并在此过程中学到一两样东西。每个中心的经理都非常擅长解读财务分析和资金变化曲线，他们的市场见解将随时提供给交易者。表现出良好技术形态的股票将通过扩音器播放出来，它们的图表将在大屏幕上出现。在后面的房间里，每天都会有为那些想提高交易技能的人举办的研讨会。交易时段供应浓缩咖啡，收盘后还可以供应啤酒。在那里待着会很有趣，不是吗？

我不确定确保这些交易中心能够赚钱的商业计划是什么。或许它们可以隶属于一些更大的华尔街投资银行，作为其私人客户服务的延伸。这对他们会有什么好处？有很多：扩大客户群，提高客户忠诚度，宣传品牌（比如高盛和星巴克的合作），促进多元化投资（通过拥有商业地产），当然还有佣金收入的增加等。每个月的会员费、佣金分成、饮料、音乐、研讨会和教学资料的销售，都可能使这些独立的店面成为一家颇具吸引力的特许经营场所。

自动提款机

交易中心的一个问题是，交易时间通常是大家都在工作的时候。不是每个人都能靠交易谋生。我们中的一些人必须继续原来的工作。那么谁会在周二上午的10 点在那里度过呢？大多数是退休人员和失业者，而这两类人往往没有开设交易账户所需的可自由支配资金。

因此，这里有一个替代方案，也将服务于同样的目的，使更多的人进入交易的游戏：开发软件，在家里使用，将交易过程完全自动化。如果我们能找到一种方法来使观察名单预筛选和趋势交易形态的筛选完全自动化，如果我们能找到一种方法来自动发出指令，如果相同的软件可以在每个收盘时间更新这些指令，那就意味着，我们相当于拥有一台自动提款机。我们将把我多年的辛勤工作变成一台普通的自动提款机。

这可能吗？当然可能。目前已经有了图表自动识别软件、技术参数筛选软件、指令自动录入和指令管理系统。为什么不能把所有这些打包放在一起呢？为什么我们不能设计软件来做这些事情：①确定大盘的市场类型（如前所述）；②建立看涨和看跌的观察名单；③从这些名单中筛选交易形态，以匹配市场类型；④在无人干预的情况下，自动按照设定来买入和卖出。这当然是可以做到的。

好吧，创建和销售这样一部交易机器面临着一个显而易见的问题。假设我们成功地开发了一台自动取款机，它只会筛选和交易我们所有趋势交易形态中最合适的股票。假设我们当时想向公众提供这个软件。因此，我们聘请了一家一流的广告公司，并把想法说出来。我们开展邮件宣传；我们发直邮传单；我们在电台和电视台上打广告。而后很快就会有源源不断的订单。我们卖出 500 份、1000 份。然后口碑就传开了，我们很快就卖出了 5000 份、10000 份，然后我们做了一些改进，推出了 2.0 版本，又卖出了 10000 份。所以现在有 20000 个交易者使用我们的自动提款机来进行交易。对于一款零售价可能在 2000 美元左右（加上每月的数据费）的软件来说，这是一个合理的数字。

你知道会发生什么吗？让我来解释。假设机器发出信号，以每股 50 美元的价格买入 KLAC（科磊公司）。KLAC 是一只交易量相当大的股票，平均每天交易的股票数量约为 500 万股。但想想看，当 20000 名交易者得到同样的信号，以每股 175.00 美元的价格买入 FFIV（F5 网络）时会发生什么。如果每个交易者的平均仓位为 100 股（有时多一些，有时少一些），那么就有 200 万股，目标是一个 175.00 美元的单一买入价。在开盘的第一分钟试图买入的数量是其日平均交易量的四倍多。那会发生吗？不可能。可能 FFIV 将出现一个上涨缺口，超过 175.00 美元，不再回头，更有可能的是，它以 175.00 美元开盘，上涨一点，一旦所有的买入指令都被消化，就会发生崩盘。这两种情况都不会带来任何盈利的交易。

有解决办法吗？是的，这就是所谓的多样化。我们需要的不是一台提款机而是几十台。我们需要分别为日间交易者、投机者、短线交易者、隔夜交易者和头寸交易者提供提款机；对于高风险承受者和低风险承受者；低价股和蓝筹股；大户和散户交易者；对于职业基金经理和交易他们的个人退休账户的普通人。然后是行业交易提款机，ETF 交易提款机，e-mini 提款机，外汇交易提款机等。通过这种方式，我们分散了资金、指令，因此也分散了风险。

私人交易教练网站

我的关于未来十年趋势交易的最后一个梦想是建立一个私人交易教练网站。这些教练将在几个培训机构中的一个接受培训（见前面提到的交易中心理念），为需要私人教练的交易者提供服务。为什么不呢？今天我们有健身教练、减肥教练、分娩教练和情绪教练。我们雇用教练来帮助我们学习如何做饭，如何编织，为什么不雇用一个教练来帮助我们学习如何交易呢?

我想建立一个专门的、有执照的专业交易者网站，他们为了补充收入，会去客户家里进行一系列一对一的交易培训。在这种私人环境下，交易的方方面面都可以涵盖，从建立观察名单到筛选最佳交易。更高级的技能，如盘口解读、套利交易和对冲等，都可以教给相应的客户。所有客户都将受益于教练指导的各种交易练习，以建立健康的交易者心态。

我知道这种一对一的指导对于帮助一个平庸的交易者，甚至是一个失败的交易者成为一个高水平的交易者确实很有效。我有幸在家里、酒店和海滩上（这一直是我最喜欢的地点）为我的几十位订阅者提供指导，我发现这是非常有益的经历。当然，私下的一对一辅导是传达交易知识最有效的方式。它是交易成功的快捷手段（因此，也是成本最高的手段）。通常情况下，只要发现交易者做错了一件事，然后提出补救措施就行了。在其他情况下，这是一个对整个交易系统做一些严肃的结构性工作的问题。不管辅导如何进行，这是一个非常有效的过程，我希望看到它变得越来越容易。

最后的思考

我在别处写过关于交易的危险性的文章。在我的《日内微趋势交易》(*Micro-Trend Trading for Daily Income*)一书的最后一章中，我讲述了几个交易者的故事，他们的生活在很大程度上由于他们的交易活动而走向了可怕的结局。交易给他们造成了巨大的压力，让他们中的有些人无法承受。它把一个人推上了情绪的过山车，循环往复，永不终结。最具破坏性的是，就像酒精和赌博一样，它可以让人上瘾并且有害身心。这位被称为"历史上最伟大的交易员"的人，通过股票交易积累了相当庞大的财富，却最终饮弹自尽。拥有数百万美元资产的杰西·利弗莫尔在给妻子的遗书中写道："我厌倦了战斗。不能再继续了。这是唯一的出路……我是一个失败者。"交易时间足够长之后，这些话语至少在某种程度上会引起你的共鸣。

正如我在第四章中所说，交易不产生节省劳力的设备，不产生治疗疾病的药物，也并非某种形式的艺术，它唯一的目标就是赚钱。交易的目标是金钱，而金钱可以以一种消极的方式影响一个人的生活，那么交易会以一种消极的方式影响一个人的生活。

简而言之，如果交易能赚钱，而钱又能成为他人莫大的福气，那么交易就能成为莫大的福而不是祸。这就是将交易从一种可恶的财富攫取转变为一种对交易者和其他真正需要的人来说都是一大幸事的关键所在。关键在于：

- 不要把赚钱作为你交易的目标。
- 相反，要把更慷慨作为你交易的目标。

交易是世界财富再分配的最大催化剂。如果你把交易设定在一个高尚的、有前瞻性的计划内，并且旨在慷慨地把赚来的钱给予有需要的人，那么，你在这本书中学到的技能可以为我们的交易增加真正的价值。

亲爱的读者和交易者，如果你想通过交易使你的生活富足而不是更贫乏，那么我给你的建议是：

- 把"慷慨"作为你交易的目标，而非"赚钱"。
- "慷慨"不仅仅是给钱，也是给时间。永远不要让交易比与你的爱人、孩子、家人和朋友共度美好时光更重要。

一如既往，请随时与我联系，可以通过我们的网站（斯托克斯博士网）或通过电子邮件（drstoxx@ drstoxx. com），我非常乐意回答有关交易的问题。